CHOISIR D'ÊTRE HEUREUX

À propos de l'auteure:

Veronica Ray est une écrivaine à la pige qui vit à Minneapolis. Elle est l'auteure de *Design for Growth: Twelve Steps for Adult Children* (Une conception axée sur la croissance: Douze Étapes pour les enfants-adultes) et de la série *Moment to Reflect* (Un moment de réflexion), qui sont des brochures de poche intitulées: *Setting Boundaries* (Fixer des limites), *Accepting Ourselves* (S'accepter), *Letting Go* (Lâcher prise), *Living Our Own Lives* (Vivre sa propre vie), *Our Higher Power* (Notre Puissance supérieure), *Serenity* (La sérénité), *Giving* (Donner) et *Receiving* (Recevoir). Elle a également écrit *Communicating with Love* (Communiquer avec amour) et *Striking a Balance: How to Care without Caretaking* (Réaliser un juste équilibre: Savoir prendre soin sans investissement personnel), deux des brochures de la série *Renewal for Codependents* (Renouvellement pour les codépendants). Tous ces titres sont publiés par Hazelden Educational Materials.

VERONICA RAY

CHOISIR D'ÊTRE HEUREUX

L'art de vivre sans réserve

Traduit par Claire Stein

HAZELDEN®
SCIENCES ET *CULTURE*

L'édition originale de cet ouvrage a été publiée sous le titre
CHOOSING HAPPINESS
The Art of Living Unconditionally
© 1991 Hazelden Foundation
ISBN 0-89486-658-3

Conception de la couverture: Zapp

Tous droits réservés pour l'édition française
© 1998, *Éditions Sciences et Culture Inc.*

Dépôt légal: 2ᵉ trimestre 1998
Bibliothèque nationale du Québec
Bibliothèque nationale du Canada
Bibliothèque nationale de France

ISBN 2-89092-223-5

Éditions Sciences et Culture
5090, rue de Bellechasse
Montréal (Québec) Canada H1T 2A2
(514) 253-0403   Fax : (514) 256-5078
Internet: http://www.sciences-culture.qc.ca
E-mail: admin@sciences-culture.qc.ca

Nous reconnaissons l'aide financière du gouvernement du Canada
par l'entremise du Programme d'Aide au Développement de
l'Industrie de l'Édition pour nos activités d'édition.

Imprimé au Canada

Note de Éditions Sciences et Culture

La recouvrance

Nous avons traduit par recouvrance le mot américain *recovery*. Il nous est apparu nécessaire de le définir.

Dans les livres en langue anglaise, on rencontre fréquemment l'expression "la recouvrance est un processus" (*recovery is a process*). La lecture d'ouvrages américains sur le sujet nous a permis de préciser tout le champ notionnel du mot "recouvrance".

La recouvrance est un lent et graduel processus de prise de conscience, d'acceptation et de changement qui amène une personne à améliorer sa santé physique, à rétablir sa vie émotionnelle, à réhabiliter son état mental et à reconnaître l'existence d'un pouvoir spirituel.

L'individu, en se joignant à un groupe de soutien, adopte progressivement de nouveaux principes pour restaurer sa dignité humaine et redevenir un être humain entier.

Les citations

Pour chacune des citations contenues dans cet ouvrage, nous avons fait une traduction libre de l'anglais au français. Nous pensons avoir réussi à rendre le plus précisément possible l'idée d'origine de chacun des auteurs cités.

Table des matières

Remerciements

Je suis très heureuse d'avoir vécu l'expérience de la rédaction de ce livre. Je remercie mes éditeurs, Rebecca Post et Judy Delaney, pour leur aide, leur encouragement et leur travail. Je remercie toutes les personnes qui ont partagé leurs histoires et leurs pensées avec moi, afin que je puisse les partager avec vous. Je remercie mon mari et ma fille pour leur amour inconditionnel, et Dieu pour *tout*.

CHAPITRE 1

Des vies conditionnelles

Que sont les «si» et les «mais» qui limitent ma jouissance de la vie?

— John Powell

Combien de fois pensons-nous: *Je serais heureux si...* ou *Je serai heureux quand...*? Combien de fois nous est-il arrivé de nous sentir calmes, contents et satisfaits de nous, mais pour plonger aussitôt dans la peur, la colère ou le désespoir lorsqu'un événement se produisait ou ne se produisait pas dans notre vie? Ou même simplement en entendant parler d'un malheur qui frappait une autre personne? Combien de conditions, croyons-nous, faut-il réunir dans notre vie extérieure pour connaître le bonheur intérieur?

Parfois, nous nous convainquons que nous serons heureux lorsque nous aurons perdu un peu de poids, obtenu un emploi ou une promotion, trouvé une relation affectueuse, épousé quelqu'un, eu un enfant ou atteint quelque autre but externe. Mais lorsque le but est atteint, il y en a toujours d'autres pour prendre sa place. Le bonheur semble toujours juste au-delà de notre portée.

Nous avons tous vu des autocollants et des affiches énonçant la loi de Murphy, ou loi de l'emmerdement maximal: «Tout ce qui peut aller mal, ira mal». Et pourtant, lorsque quelque chose va mal, nous sommes souvent étonnés. Nous sommes perplexes, pris au dépourvu, en déséquilibre, et même souvent en colère. Notre sérénité et notre bonheur peuvent se volatiliser. Ce dont nous croyions avoir besoin pour être bien a disparu, et maintenant où en sommes-nous?

La réalité, c'est qu'il arrive que les voitures tombent en panne, que les vendeurs soient grossiers, qu'un imbroglio se produise dans des réservations et que des rendez-vous soient annulés. Nos héros peuvent tout à coup s'avérer faibles ou corrompus. Les personnes dépendantes dans notre vie peuvent ne pas avoir choisi la recouvrance. Les êtres qui nous sont chers peuvent mourir ou nous quitter. Nous pouvons perdre notre emploi, une relation, notre santé ou de l'argent. Nous vieillissons tous. Des événements se produisent, des choses changent — c'est la nature de la vie.

Est-il possible de vivre dans ce monde, avec toute sa confusion, sa souffrance et son injustice, et de ne pas en être affecté? Bien sûr que non. Les questions qui se posent sont celles-ci: *Comment* en êtes-vous affecté et *à quel point?* Est-ce qu'une remarque fortuite d'un collègue de travail nous plonge dans une dépression? Est-ce que les actualités rapportant des accidents, des catastrophes ou des crimes détruisent notre confiance dans les ascenseurs, les avions ou les gens? Est-ce que l'erreur d'un vendeur nous met dans une colère telle que nous refusons à jamais de faire des emplettes dans ce magasin? Est-ce qu'une conversation de cinq minutes avec un parent nous remplit de culpabilité ou d'inquiétude pendant des heures ou même des jours?

Quelle part de notre bonheur et de notre sérénité sommes-nous prêts à attribuer aux circonstances extérieures de la vie? Si nous *savons* que des choses peuvent et vont aller mal, pourquoi continuons-nous à chercher la perfection? Pourquoi reportons-nous le fait d'être heureux, agissant comme si un jour la chance allait enfin tourner en notre faveur? Pourquoi permettons-nous que tout ce qui se passe à l'extérieur de nous crée une folle avalanche de pensées, de sentiments et d'attitudes à l'intérieur de nous?

Il est clair que la *connaissance* de la nature des choses dans notre monde extérieur n'est pas la même chose que son *acceptation*. Pour la plupart d'entre nous, la loi de Murphy est un sujet de plainte amère. Mais faut-il qu'il en soit ainsi? Et si nous acceptions paisiblement la réalité que souvent les choses ne se passeront pas comme nous le voudrions? Et si nous croyions vraiment, au plus profond de notre cœur, que tout ira bien, quoi qu'il se passe dans notre vie extérieure ou dans le monde?

Tant que nous tiendrons les circonstances extérieures responsables de notre état d'esprit intérieur, nous vivrons sur des montagnes russes d'émotions intenses. Tant que nous ne pourrons être heureux que si notre équipe gagne, nous serons très souvent malheureux. Tant que nous continuerons à viser un bonheur à venir, une sérénité lointaine et un contentement futur, nous n'atteindrons jamais le rêve impossible.

Le monde n'est pas fait pour que les choses se passent en votre faveur ou en ma faveur, ou à la faveur de quiconque. La loi de Murphy, comme la plupart des platitudes, contient beaucoup de vérités. Mais plutôt qu'une expression de ressentiment et d'apitoiement sur soi, elle peut être un phare nous rappelant que nous *pouvons* vivre avec les réalités de ce monde. Nous pouvons y faire face avec humour, souplesse et sérénité. Nous pouvons vraiment être OK, quoi qu'il arrive.

L'équanimité

Comment atteindre cet état de maîtrise de soi et de paix intérieure? En découvrant le puits sans fond de l'acceptation et de la tranquillité qui réside en chacun de nous. Il y a un lieu à l'intérieur de chacun de nous où seuls l'amour, la paix et l'équanimité totale règnent. L'*équanimité* est un mot que nous n'entendons pas souvent de nos jours. Il signifie une égalité d'humeur, un calme et une paix de l'esprit, du corps et du cœur.

Il y a près de cent ans, James Allen écrivait, dans un petit ouvrage intitulé *As A Man Thinketh* (Sur la pensée de l'homme): «Qui n'aime pas un cœur tranquille, une vie harmonieuse et équilibrée? Peu importe qu'il pleuve ou que le soleil brille, ou quels que soient les changements à se produire dans la vie de ceux qui possèdent ces douces bénédictions, puisqu'ils sont toujours doux, sereins et calmes.» Voilà l'*équanimité*, et c'est le sujet de ce livre.

Nous pouvons commencer notre cheminement vers ce lieu de paix et d'équilibre intérieur en nous rappelant souvent la Prière de la sérénité et en méditant sur sa véritable signification.

Mon Dieu, donnez-moi la sérénité
d'accepter les choses que je ne peux changer,
le courage de changer les choses que je peux,
et la sagesse d'en connaître la différence.

Accepter ce que nous ne pouvons pas changer veut dire jouir pleinement d'assister à une partie de hockey, quel que soit le vainqueur. Cela veut dire savoir que ce ne sera pas la fin du monde si nous changeons d'emploi, prenons un vol plus tardif ou ne pouvons pas nous permettre l'achat d'une nouvelle voiture. Cela veut dire savoir que la société et tous ses habitants ne sont pas parfaits — et *c'est OK*. La véritable acceptation signifie plus qu'une tolérance réticente; elle signifie que notre paix intérieure et notre bonheur ne sont pas compromis par un événement ou une situation extérieure.

Mais quelle est cette petite voix nous répétant que cette attitude est quelque peu irresponsable? Dans son livre intitulé *Notes on How to Live in the World... and Still be Happy* (Notes sur la façon de vivre dans le monde... et de continuer d'être heureux), Hugh Prather écrit: «Il existe une culpabilité profondément incrustée sous une apparence enjouée et une grande crainte que, lorsque nous prenons le temps d'être heureux, nous ne protégeons pas nos propres intérêts et ne faisons certainement pas tout ce que nous pouvons pour la société.»

Demandons-nous ce que toutes nos inquiétudes, nos plaintes, nos appréhensions et notre colère font réellement pour nous, pour les autres ou pour la société. Une vigilance constante à l'égard du monde entier et des problèmes des autres ne les allège en aucune façon. Nous nous croyons en quelque sorte plus à l'abri de ces dangers si nous y pensons souvent, mais ce n'est là qu'illusion. Un grand nombre de nos craintes et de nos inquiétudes portent sur des éléments qui ne toucheront jamais notre vie. Mais il peut nous arriver encore de nous sentir coupables de vouloir, d'attendre ou de poursuivre le vrai bonheur et le contentement dans la vie.

Pouvons-nous utiliser la paix intérieure comme excuse pour les comptes impayés, les promesses non remplies ou le comportement destructeur et insouciant? Bien sûr que non. Dans la Prière de la sérénité, nous demandons le courage de changer les choses que nous *pouvons* changer, et c'est là que se trouvent nos responsabilités personnelles. La seule chose que nous pouvons changer, c'est nous-mêmes. Nous sommes totalement responsables de nos pensées, de nos actions et de nos attitudes. Nous nous acquittons de nos responsabilités et contribuons positivement à la société qui nous entoure en faisant de notre mieux dans ces domaines. Et notre mieux s'améliore avec le temps, la pratique et le fait de ne pas perdre de temps et d'énergie sur des choses que nous ne pourrons jamais maîtriser.

Accepter la responsabilité de notre bonheur ne signifie pas que nous ne ferons plus jamais face à des difficultés. Parfois, des imprévus se produiront et des événements que nous attendons ne se produiront pas. Nous n'obtiendrons pas toujours ce que nous pensons vouloir, et ce que nous obtenons finit parfois par ne pas être si extraordinaire. Nous éprouverons encore de la peine, de la tristesse, de la déception et de la colère de temps à autre. Mais ces sentiments ne doivent pas nous blesser aussi profondément ou durer aussi longtemps, au point de gâcher notre journée, notre semaine ou notre vie.

En développant notre force intérieure, notre sérénité et notre croissance spirituelle, nous arriverons de plus en plus à accepter en toute quiétude ce qui se produit à l'extérieur de nous-mêmes. Les hauts et les bas de la vie deviendront semblables à des collines ondulantes plutôt qu'à des sommets terrifiants et des vallées bouleversantes.

Lorsque nous apprendrons à nous connaître véritablement nous-mêmes, à nous aimer et à centrer notre énergie personnelle sur notre *soi* spirituel supérieur, nous *saurons* — profondément et parfaitement — que nous serons OK, quoi qu'il nous arrive ou se produise autour de nous. Nous saurons que même la sensation d'inconfort que nous éprouvons pendant un certain temps est parfois correcte. Nous renoncerons au passé et aurons confiance que l'avenir ne nous apportera rien avec lequel nous ne pourrons pas composer, apprendre ou grandir. La seule condition requise pour trouver la paix et le bonheur véritables, c'est de les chercher dans le seul endroit où ils peuvent se trouver — au plus profond de nous-mêmes.

Dans ce livre, nous examinerons nos croyances sur le bonheur, la spiritualité, le travail, l'argent, les autres personnes, notre corps et notre environnement. Nous verrons comment nous avons permis aux circonstances extérieures de notre vie de déterminer notre état d'esprit intérieur. Nous découvrirons également des façons nouvelles d'examiner des situations passées et des moyens positifs de changer les choses que nous pouvons changer. Nous trouverons une nouvelle vérité et une nouvelle joie dans certaines vieilles banalités, et nous apprendrons à les appliquer à notre vie.

Nous découvrirons une nouvelle forme de bonheur qui ne dépend d'aucune condition extérieure. Nous commencerons à tendre vers cet état paisible et heureux de l'*équanimité*. Nous ne créerons pas une vie exempte de collines et de vallées, mais nous commencerons peut-être à apprendre à jouir de la promenade.

CHAPITRE 2

Le bonheur

Comment atteindre, comment conserver et comment retrouver le bonheur, voilà pour la plupart des gens, en tout temps, le véritable motif caché de toutes leurs actions et de tout ce qu'ils sont prêts à supporter.

— William James

Nous avons tous un historique personnel du bonheur. Dans notre vie, nous avons défini et connu le bonheur de bien des façons. Si nous examinons ces histoires, nous pouvons tirer des leçons sur notre croissance et notre cheminement vers une expérience plus mûrie du bonheur.

L'histoire de bonheur de Karine

«Durant la plus grande partie de ma vie, j'ai été une personne plutôt malheureuse», nous dit Karine. «L'alcoolisme qui sévissait dans ma famille a enveloppé mon enfance de crainte, de méfiance, de colère et de confusion. Je m'imaginais que, une fois grande, tout serait différent et que je vivrais heureuse jusqu'à la fin de mes jours.

«À l'adolescence, continue Karine, j'avais déjà appris à étouffer mes sentiments et à éviter la souffrance en me convainquant que je n'aimais personne ni rien. Je prévoyais consacrer ma vie à une carrière et garder les gens à distance. En surface, je croyais que la vie n'était que malheur et que rien n'avait réellement beaucoup d'importance. Secrètement, je m'attendais encore à vivre heureuse jusqu'à la fin de mes jours — un jour.»

Karine a consacré le début de sa vingtaine à s'investir personnellement, à rechercher l'approbation et à plaire aux autres. «J'avais l'impression que ma tristesse sous-jacente était en quelque sorte de ma faute, dit-elle, qu'il y avait quelque chose qui n'allait pas en moi pour que je me sente malheureuse alors que les conditions extérieures de ma vie semblaient relativement bonnes.»

L'année de ses trente ans, quelque chose a changé en Karine. «Je me suis mise à sentir que si je voulais vraiment "vivre heureuse jusqu'à la fin de mes jours", il fallait que ce soit maintenant ou jamais. J'ai tout examiné dans ma vie, puis j'ai décidé de garder ce qui était bon et de me débarrasser de tout ce qui, selon moi, me rendait malheureuse. J'ai quitté un emploi que je détestais et j'en ai accepté un moins rémunérateur que j'aimais. Je suis retournée aux études grâce à des prêts, à des bourses et à une grande détermination. J'ai apporté plusieurs autres changements dans ma vie extérieure, mais ce qui importe encore plus, j'ai commencé à voir la vie comme des possibilités et des occasions, plutôt que comme des obligations et des pièges dangereux.

«La seule chose qui a réellement changé cette année-là, c'est dans mon esprit, dit Karine. Tous les changements dans ma vie extérieure avaient été à ma portée tout ce temps, mais je ne pouvais simplement pas les voir tant que je ne m'étais pas donné la permission de le faire.

«Ce ne fut que la première étape de mon cheminement vers la paix intérieure et le bonheur véritable. Depuis, j'ai appris que ce n'était pas le travail, l'école ou quelque autre élément à l'extérieur de moi-même qui me rendait heureuse. *C'était ma décision de commencer à être heureuse.* C'était mon choix d'être prête à apprendre où je pouvais trouver le bonheur. C'était renoncer à certaines croyances, certains comportements et certaines relations périmés, et en accepter de nouveaux dans ma vie. C'était la découverte que *la réponse se trouvait en moi tout ce temps.*»

Tout le monde veut être heureux

Nous y pensons, nous en parlons et nous chantons des chansons sur ce thème. Nous le souhaitons, le planifions, l'espérons, le prions et l'attendons avec impatience. Même nos plus graves erreurs et nos comportements les plus autodestructeurs proviennent d'un désir de nous rendre heureux de quelque façon.

Tout le monde reconnaît que le bonheur est un ingrédient nécessaire, ou à tout le moins désirable, de la vie. Mais qu'*est*-ce que le bonheur exactement? Est-ce que tous définissent et connaissent le bonheur de la même façon? Pourquoi certaines personnes semblent-elles plus heureuses que d'autres, peu importe leur situation? Qu'est-ce qui rend une personne heureuse?

Les vieilles définitions

Pour la plupart, nous définissons probablement le bonheur comme l'obtention d'une chose que nous voulons ou la libération d'une chose que nous ne voulons pas. Nous définissons donc le bonheur différemment selon ce que nous voulons qu'il se produise à un moment donné. Nous attribuons la responsabilité de notre bonheur à une quelconque condition extérieure de notre vie.

Nous pouvons croire que le bonheur exige une certaine forme de liberté, comme un congé de l'école ou du travail. Nous pouvons penser que le plaisir physique et le confort sont nécessaires à notre bonheur. Certains d'entre nous peuvent s'entourer de commodités luxueuses ou consacrer leur temps à rechercher les sensations ultimes qu'apportent la nourriture, le sexe, les drogues ou quoi que ce soit qui puisse les amener à se sentir bien.

Nous pouvons penser que la surexcitation est l'ingrédient essentiel du bonheur et, ainsi, provoquer le drame ou même le danger dans notre vie. Nous pouvons passer notre temps à aller d'un endroit à un autre, à terminer et à commencer des relations, à changer d'emploi, de robe ou de mode de vie aussi fréquemment que possible.

Nous pensons peut-être que le bonheur vient de l'approbation et de l'acceptation des autres; alors nous tentons de réussir par quelque moyen qui, croyons-nous, saura impressionner notre entourage. Ou nous consacrons peut-être notre temps et notre énergie à essayer de rendre les autres heureux, dans l'attente implicite qu'eux, à leur tour, nous rendront heureux.

Les anciennes sources

Ces croyances viennent des foyers de notre enfance, de nos familles, de nos écoles, de nos églises et de la société en général. Les images que nous recevons de la télévision et d'autres médias de masse influent énormément sur nos croyances et nos attitudes. Mais ce sont nos familles d'origine qui ont le plus d'influence sur notre système de croyances.

Même si les moyens qu'ont pris nos parents pour chercher le bonheur n'ont manifestement pas eu de succès, nous n'avons pas manqué d'en tirer une leçon — par la parole ou par l'exemple — sur la façon de vivre et de chercher le bonheur. Nous avons peut-être tendance, à un certain niveau, à croire que nos parents ont simplement échoué dans leur tâche, plutôt que d'examiner la tâche elle-même. Nous croyons alors que nous allons réussir là où ils ont échoué, puis nous adoptons à peu près les mêmes comportements qu'eux.

Les anciens résultats

Quelles que soient nos croyances au sujet du bonheur, nous sommes condamnés à l'échec si nous nous attendons à ce qu'il soit déclenché par des circonstances extérieures, qui changent continuellement. Nous consacrerons notre vie à la poursuite de «doses» provisoires de bonheur. Notre profond désir d'un véritable bonheur demeurera à jamais insatisfait.

Si nous définissons le bonheur comme un état de perfection, où tout se passe comme nous l'aimerions, nous ne serons jamais heureux. Si nous dépendons d'une autre personne pour notre bonheur, nous nous résignons à la souffrance et à la douleur lorsque cette personne ne fait pas ce que nous voulons ou ce que nous attendons. Si nous définissons le bonheur comme étant le plaisir, les sensations fortes ou l'aventure, notre bonheur sera, au mieux, éphémère et irrégulier. Il pourrait également conduire à la maladie, au danger ou à la tragédie.

Le bonheur est un choix

Le bonheur est un sentiment intérieur que tout est bien. C'est l'absence de peur, de confusion et de conflit. C'est un lieu de repos, de contentement et de joie. C'est la tranquillité de l'esprit. Le plus important à apprendre au sujet du bonheur, je crois, c'est qu'il s'agit d'un *choix*. Il est toujours à notre portée; il est à l'intérieur de chacun de nous.

Ce dont il faut se rappeler, c'est qu'il y a toujours une autre façon de regarder les choses. Lorsque nous sommes malheureux — c'est-à-dire lorsque nous avons perdu contact avec notre paix naturelle fondamentale et avec notre contentement — c'est parce que nous nous sommes empêtrés dans une perspective malheureuse. Nous nous attachons obstinément à cette perspective, perdant de vue les choix qui s'offrent à nous. Même dans des situations difficiles, il y a toujours des alternatives.

Le bonheur et la culpabilité

Si le bonheur est un choix constant, pourquoi choisit-on parfois autre chose? C'est peut-être parce que nous ne savons pas que nous avons le choix, ou nous pensons que nous ne le méritons pas. Nous choisissons la culpabilité, la peur ou l'inquiétude à propos de choses que nous ne pouvons pas contrôler, au lieu de choisir le bonheur.

Dans son livre intitulé *Love & Guilt & the Meaning of Life, Etc.* (L'amour, la culpabilité et la signification de la vie, etc.), Judith Viorst écrit: «Montrez-moi une personne heureuse et je vous montrerai un être humain très inquiet, qui se demande toujours "Qu'est-ce que j'ai fait pour mériter tant de bonheur?" et "Quel prix devrai-je payer pour ce bonheur?"»

Notre tristesse peut parfois aussi comporter une tendance vers l'arrogance. Nous voyons peut-être les gens qui semblent heureux comme étant frivoles, égoïstes ou pas très intelligents. À la fin des années 1980, lorsque Bobby McFerrin chantait: «Don't Worry, Be Happy» (Ne vous inquiétez pas et soyez heureux), certaines personnes considéraient cela comme un appel à l'irresponsabilité hédonistique. Leur culpabilité était déclenchée, et elles mettaient la chanson sur le même pied que la morale des années 1960 de Timothy Leary: «Soyez conscient de votre entourage, prenez de la drogue et abandonnez-vous». Ce n'est que si nous accordons de l'importance à l'inquiétude, si nous croyons pouvoir tout contrôler et si nous voyons le bonheur comme étant mauvais, qu'une phrase simple et positive comme «Ne vous inquiétez pas et soyez heureux» peut sembler si menaçante.

Le bonheur ne peut avoir eu si mauvaise presse que si nous l'avons défini comme étant une recherche irresponsable du plaisir. Puisque nous voulons tous le bonheur, cette définition prolonge le conflit constant entre notre désir de bonheur et notre désir d'être des personnes bonnes et responsables. Notre confusion provient de plusieurs sources. La religion et notre conscience sociale sont deux sources puissantes de culpabilité face au bonheur.

Le bonheur et la religion

Au cours des siècles, la religion a parfois tenté d'encourager les comportements positifs et aimants en condamnant notre désir de bonheur. On nous a peut-être enseigné, directement ou indirectement, que la détresse, la souffrance et l'abnégation, pour une raison quelconque, nous rendent bons. Il est important de se rappeler que nos affiliations religieuses ne sont pas les mêmes que notre relation avec Dieu. Nos prêtres, ministres et rabbins sont seulement humains. Ils peuvent, par inadvertance ou par erreur, nous amener à craindre le bonheur.

Cependant, nous pouvons considérer la religion d'une autre façon, sans la rejeter entièrement pour autant. Dans l'histoire classique *Pollyanna*, l'héroïne rappelle à un ministre antagoniste que la Bible contient plus de 800 directives pour nous guider vers le bonheur. Pollyanna affirme: «Si Dieu s'est donné la peine de nous dire *800 fois* d'être heureux et de nous réjouir, Il doit avoir voulu que nous le fassions!» La clarté et la simplicité de ce point de vue d'enfant démolissent nos justifications religieuses et nos excuses de culpabilité face au bonheur.

Âgée de quatre-vingt-dix ans, Maria se rappelle le conseil que son père lui a donné alors qu'elle grandissait dans un petit village d'Italie. «Il insistait toujours pour que j'aille à l'église en dépit de mes plaintes relatives au sermon du vieux prêtre de notre village, dit-elle. Mais mon père disait toujours: "Tu n'es pas obligée d'écouter le prêtre si tu ne le veux pas. Ne lui porte pas attention, tout simplement. Mais vas-y et dis tes prières dans la maison de Dieu."» Maria attribue au conseil de son père sa foi inébranlable en Dieu tout au long de sa vie. Il lui a enseigné ce que les programmes Douze Étapes nous disent aujourd'hui — *prenez ce qui vous convient et laissez le reste.* C'est vrai pour la religion comme pour les programmes Douze Étapes. Parce qu'elle n'a pas «jeté le bébé avec l'eau du bain», la foi de Maria a grandi, s'est épanouie au cours des années et est devenue le fondement de son bonheur.

Les faux-fuyants du bonheur

Une autre source de conflit face au bonheur provient de notre vie sociale et politique. Comment pouvons-nous être heureux lorsqu'il y a dans le monde tant de guerre, de faim, de sans-abri, de pauvreté, de maladie, d'injustice, d'ignorance, de cruauté et de souffrance? Comment pouvons-nous en prendre conscience, en être affectés et contribuer à apporter des changements positifs, tout en étant *heureux*?

Il est facile de se sentir découragé ou déprimé en pensant à tous les problèmes du monde. Mais le découragement et la dépression n'ont jamais provoqué de changements positifs. L'inquiétude, la colère, la peur et la tristesse peuvent nous amener à nous sentir vertueux, conscients, concernés et informés, mais ils n'apportent rien au soulagement ou à l'élimination des problèmes. L'association de toute action à un point de vue négatif engendre une attitude à la fois autodestructrice et improductive. Mais l'action positive qui découle d'une attitude positive peut créer des changements remarquables. Le fait de choisir notre propre bonheur

intérieur véritable nous permet de répandre cette énergie positive dans la société.

Je crois que les personnes les plus heureuses sur
cette terre sont celles qui font une contribution véritablement positive à l'humanité. Est-ce que Mère Teresa
s'inquiétait du fait que son travail auprès des pauvres
n'était qu'une toute petite goutte dans l'énorme mer de
la souffrance humaine? Si elle avait choisi une perspective aussi négative, il lui aurait certainement été
impossible de se lever chaque matin et d'accomplir tout
le travail merveilleux qui fut le sien. Sans un profond
sentiment fait de foi, d'espérance et de paix — qui sont
les éléments principaux du véritable bonheur — comment aurait-elle apporté tant d'amour aux autres?
Notre tristesse n'aide personne et ne rend pas le monde
meilleur.

Un nouveau concept du bonheur

Une fois que nous avons surmonté les obstacles liés
à la croyance qu'un bonheur profond, constant et sous-
jacent est impossible ou immoral, nous pouvons passer
à la découverte de ce qu'il est et à la façon de le trouver
et de le conserver.

Lorsque nous renonçons à cette croyance que le bonheur consiste en des moments éphémères de soulagement entre les crises et la douleur, nous pouvons
commencer à le voir comme notre bien-être fondamental. Nous pouvons voir le bien-être comme beaucoup
plus que l'absence de maladie ou de souffrance. C'est
une foi fondamentale constante que tout est ou sera
bien. Même lorsque des événements qui paraissent
pénibles ou douloureux se produisent, le bien-être est la

conviction que nous pouvons survivre, prendre soin de nous-mêmes, apprendre, grandir et retrouver notre équilibre. Un état d'*équilibre* tel que même des vents puissants, des pluies torrentielles et des vagues fracassantes ne peuvent pas nous jeter par-dessus bord.

Le bonheur réel, véritable et durable ne se trouve pas dans l'aventure, la surexcitation, le confort physique ou le plaisir. On ne l'obtient pas en faisant plaisir aux autres ou en nous menant nous-mêmes vers un état imaginaire de perfection. On ne le trouve que dans la satisfaction calme, la foi, l'espoir et la tranquillité.

La satisfaction

Apprendre à être satisfait est une étape importante vers le véritable bonheur. Cela veut dire accepter les choses telles qu'elles sont, ne pas essayer de les contrôler et découvrir tout le bien qu'il y a à voir partout. Le Talmud, le livre juif des enseignements rabbiniques, nous dit qu'un homme riche est celui qui se contente de ce qu'il a. La Prière de la sérénité nous rappelle que l'acceptation des choses que nous ne pouvons pas contrôler est la clé d'une vie paisible et heureuse.

La satisfaction ne veut pas dire la complaisance, le fatalisme ou la dénégation. Comme l'écrit Paul Pearsall dans son livre *Super Joy* (Joie ultime): «Il existe une différence réelle entre nier les vrais problèmes et éviter de se tourmenter pour des choses que nous ne pouvons pas changer.» La satisfaction signifie être entièrement où nous sommes maintenant et savoir que c'est là où nous avons besoin d'être. Nous pouvons quand même espérer, faire des projets et travailler à la poursuite d'un avenir meilleur, tout en nous concentrant sur le bien qui est à portée de notre main.

La foi

Le bonheur vient de notre façon de regarder le monde — de nos croyances profondes et de nos attitudes envers la vie. La foi est la partie essentielle de notre perception du monde. Je crois qu'il n'existe personne qui soit sans foi. La question est seulement de savoir *où* nous plaçons notre foi.

Certains d'entre nous ont foi en leur carrière, leurs croyances politiques ou leurs connaissances scientifiques. D'autres peuvent placer leur foi dans leurs propres capacités intellectuelles, leur corps ou leur personnalité. Certains se tournent vers la nourriture, le sexe, la drogue, l'argent ou l'alcool comme objet de leur foi. Nous sommes nombreux à mettre notre foi en d'autres personnes — nos familles, nos amis, nos amants ou nos chefs, politiques ou religieux.

Mais parfois, notre véritable foi se cache sous une de ces étiquettes. Par exemple, deux personnes peuvent toutes deux dire qu'elles ont la foi en Dieu. L'une peut voir Dieu comme un esprit aimant, accueillant, compréhensif et indulgent, vers qui elle se tourne en communion bienheureuse lorsque Dieu choisit de mettre fin à sa vie sur terre. L'autre peut voir Dieu comme un ogre qui porte des jugements, qui est en colère, qui punit et ne pardonne pas, qui va la plonger dans une souffrance atroce et éternelle si elle lui déplaît. Ces deux personnes ont clairement placé leur foi en un Dieu très différent — pour l'une, Dieu est amour; pour l'autre, Dieu est crainte.

Il est important d'élaborer notre propre concept d'une Puissance supérieure positive, aimante et obligeante afin de découvrir le bonheur profond et intérieur que nous recherchons. Lorsque nous déplaçons notre foi en des personnes et en des circonstances extérieures à nous vers notre propre spiritualité et vers notre relation à notre Puissance supérieure, nous trouvons tous les éléments du bonheur en nous.

Il peut exister un nombre infini de représentations d'une Puissance supérieure, mais ce qui importe, c'est de voir notre Puissance supérieure comme un être aimant, indulgent, compréhensif, paisible, doux et bon. Notre Puissance supérieure est la force qui peut nous guérir et nous aider à grandir. Elle est la sagesse dont nous avons besoin pour nous guider dans notre vie.

L'espoir

Leo Buscaglia écrit dans *Bus 9 to Paradise* (L'autobus n° 9 en direction du paradis): «Le monde est rempli de possibilités, et du moment qu'il y a des possibilités, il y a de l'espoir.» Nous pouvons seulement perdre espoir lorsque nous refusons de voir les possibilités. Par exemple, perdre un emploi n'est pas la fin du monde. Nous pouvons en chercher un autre semblable, essayer un tout nouveau genre de travail, retourner aux études ou déménager ailleurs où les emplois sont plus abondants. Nous pouvons essayer de nous lancer en affaires, de vendre des articles de fabrication artisanale ou d'offrir des services à la pige. Nos options sont presque illimitées. L'espoir ouvre notre esprit à la confiance que nous pouvons faire quelque chose d'autre que ce que nous avions peut-être prévu, qu'il existe toujours d'autres possibilités.

Nous choisissons l'impuissance de bien des façons. Nous décidons que c'est la fin du monde si nous n'obtenons pas l'objet précis d'un désir. Nous refusons d'essayer des choses avant de vraiment savoir si elles vont fonctionner. Nous attendons de l'avenir qu'il soit une répétition du passé, présumant que les situations ne peuvent pas être différentes. La plus grande affirmation d'espoir que j'ai lue a été écrite par George Bernard Shaw et rendue célèbre dans un discours par Robert Kennedy: «Certains voient les choses comme elles sont et demandent: "Pourquoi?". Je rêve de choses qui n'ont jamais existé et je demande: "Pourquoi pas?"»

L'espoir est cette part de nous qui n'abandonne jamais, qui *sait* que tout sera bien, avec une certitude et une confiance totales. C'est la part de nous qui dit: *je traverse peut-être un tunnel sombre maintenant, mais je sais qu'il y a une lumière au bout, même si je ne peux pas encore la voir.*

L'espoir est essentiel aux êtres humains. C'est un don merveilleux que nous avons tous à notre disposition, tout le temps. C'est ce qui nous garde vivants. Lorsque nous croyons dans notre avenir, dans l'avenir des autres et du monde, nous pouvons supporter le présent avec courage et joie. Même si nous ne pouvons voir clairement que l'espoir d'une bonne journée, *aujourd'hui*, c'est suffisant. Demain, nous pouvons espérer encore une autre bonne journée. Le monde est en effet rempli de possibilités.

La tranquillité

Des mots comme *tranquillité, équanimité* et *sérénité* peuvent être merveilleux, mais que veulent-ils réellement dire? Ils signifient équilibre, paix et calme. Ils signifient absence de conflit, de peur et d'inquiétude. Ils signifient atteindre cet endroit calme à l'intérieur de chacun de nous, où toutes les inquiétudes, les frustrations et les exaspérations de la vie n'ont pas de sens.

Dans un merveilleux petit livre intitulé *The Majesty of Calmness* (La majesté du calme), William George Jordan a écrit: «Le calme vient de l'intérieur. C'est la paix et le repos des profondeurs de notre nature. La fureur de la tempête et du vent n'agite que la surface de la mer... au-dessous, il y a le calme profond, sans trouble. Pour être prêts à faire face aux grandes crises de la vie, nous devons apprendre la sérénité dans notre vie quotidienne. Le calme est le summum de la maîtrise de soi.» Lorsque nous nous maîtrisons en ne réagissant pas intempestivement sous l'empire de la colère, de la peur ou du désespoir, nous donnons à notre paix intérieure naturelle une chance de prendre le dessus.

Redéfinir le bonheur

L'auteur Hugh Prather écrit: «Le bonheur est douceur, paix, concentration, simplicité, pardon, humour, intrépidité, confiance et maintenant.» Cette merveilleuse explication décrit non seulement ce à quoi ressemble le bonheur, mais aussi où et comment l'obtenir. Remarquez qu'aucun des éléments énumérés n'est une condition extérieure à nous-mêmes. Ce sont des attitudes, des points de vue, des *choix* que nous pouvons tous adopter.

Nous ressentons la douceur en étant doux; la tranquillité d'esprit en nous comportant paisiblement; la concentration en utilisant notre esprit pour nous concentrer sur le bien-être intérieur et le bonheur. Nous trouvons la simplicité dans notre vie en simplifiant nos pensées, nos attitudes, nos croyances et notre mode de vie. Nous ressentons la bénédiction du pardon en pardonnant. Nous devenons enjoués en choisissant la perception de l'humour. Nous devenons intrépides en

renonçant à nos peurs innées et en les confiant à notre
Puissance supérieure. Nous commençons à connaître la
confiance en permettant à notre Puissance supérieure
de travailler dans notre vie. Et le temps de faire tout
cela, c'est *maintenant*.

Si nous nous rappelons d'être doux et paisibles, de
nous concentrer sur la joie et la satisfaction, d'avoir des
pensées et des désirs clairs et simples, de nous pardonner nous-mêmes et de pardonner aux autres, d'être
ouverts à l'humour, intrépides et confiants en notre
Puissance supérieure, et toujours entièrement présents
dans le maintenant, nous serons effectivement heureux. Et si nous sommes heureux, tous ces états
d'esprit suivront.

Choisir d'être heureux

Tout le long de ce livre, nous examinerons nos
croyances d'une façon *pragmatique*. En d'autres mots,
nous nous demanderons quels *effets* nos croyances ont
sur nous, sur les autres et sur la société. Si nos croyances n'ont pas d'effets positifs sur notre perception et sur
notre expérience de la vie, nous pouvons les changer. Il
suffit de nous rappeler la définition du bonheur de
Hugh Prather et d'élaborer un nouveau système de
croyances.

Lorsque nous plaçons notre foi dans une force positive et aimante ou en Dieu, nous pouvons avoir confiance dans la bonté générale de la vie, quelles que
soient les frustrations quotidiennes. Lorsque nous nous
concentrons sur la paix plutôt que sur le conflit, sur la
douceur plutôt que sur l'agression, sur la joie plutôt que
sur la douleur, et sur l'amour plutôt que sur la crainte,

nous pouvons y découvrir la paix, la douceur, la joie et l'amour qui étaient là tout ce temps. Nous pouvons choisir d'être heureux.

Définissons maintenant le bonheur comme étant notre bien-être supérieur. Concentrons-nous sur cette nouvelle notion du bonheur en nous attaquant aux défis quotidiens de la vie. *Être heureux d'abord.* Laissez votre bonheur intérieur naturel guider vos choix. Puis vaquez à vos affaires quotidiennes et faites face à ce qui se produit. Poursuivez toutes les actions extérieures que vous voulez, mais rappelez-vous qu'en elles-mêmes elles ne feront pas votre bonheur, et que si elles ne sont pas satisfaites, *vous serez quand même bien.* Laissez le véritable bonheur surgir du plus profond de votre être et occuper la place qui lui revient au centre de votre vie.

Exercice un

Écrivez votre propre histoire du bonheur. Examinez vos croyances et vos attitudes à l'égard de votre propre bien-être et de votre bonheur. Voyez comment vos croyances et vos attitudes ont évolué au cours des années. Comment aimeriez-vous les changer maintenant pour vous aider à trouver votre bien-être et votre bonheur suprêmes?

Exercice deux

Jouez le «jeu du ravissement». C'était le jeu de Pollyanna; elle s'amusait à trouver une raison d'être ravie à propos de tout. Trouvez quelque chose de positif, même si c'est infime, dans chaque événement, relation, situation et personne dans votre vie. Jouez ce jeu tous les jours, plusieurs fois par jour, jusqu'à ce qu'il devienne une seconde nature pour vous.

Exercice trois

Ressentez votre bonheur. Définissez le vrai bonheur clairement pour vous-même. Non pas ce dont vous pensez avoir besoin, mais ce que vous ressentez. Fermez vos yeux et trouvez ce lieu au plus profond de vous-même où réside ce sentiment. Retirez-vous dans ce lieu et ressentez le bonheur — l'amour, la paix, la douceur, la joie, la confiance, l'espoir et l'intrépidité — qui vous remplit tout entier. Essayez de vous rappeler ce sentiment en divers endroits et dans diverses situations. Découvrez que vous pouvez ressentir cette satisfaction paisible où que vous soyez et à quelque moment que vous choisissiez.

CHAPITRE 3

Notre identité

Chaque décision que vous prenez découle de ce que vous pensez être et représente la valeur que vous accordez à vous-même.

— Un cours sur les miracles

Notre identité personnelle et notre image de soi influent sur tout ce que nous pensons, ressentons et faisons. Ce que nous croyons à propos de nous-mêmes est fondamental quant à notre perspective des choses. Si nous nous voyons simplement comme un corps et un esprit conscients, il est fort à parier que nous allons continuer à chercher désespérément la perfection dans ces domaines. Si nous nous voyons comme incapables d'amour, de paix, de joie, de coopération et de pardon, nous ne serons pas capables de voir les occasions pour que ces sentiments fleurissent dans notre vie.

Les êtres humains débattent la question de leur identité depuis le début des temps. Nous nous sommes tournés vers la philosophie, la religion et la science pour y trouver des réponses: des théories, des idées et des possibilités innombrables en ont jailli. Mais nous éprouvons souvent de la désillusion et même de la colère lorsque ces réponses s'avèrent imparfaites ou incomplètes. La vérité, à ce point de l'histoire, c'est que nous ne connaissons pas la signification de la vie avec une certitude absolue.

Nous voulons tous en arriver à une compréhension claire et simple de nous-mêmes et de notre monde. Mais comme personne ne peut tout contrôler, personne ne peut tout savoir. Une fois ce fait accepté, nous pouvons très bien nous accommoder pleinement et heureusement de cette limite. Il n'est pas nécessaire d'avoir toutes les réponses et, qui plus est, nous *ne pouvons pas avoir toutes les réponses*. Cette acceptation nous libère afin d'être plus ouverts pour entendre les vérités qui murmurent déjà dans notre cœur. Reconnaître notre confusion peut être la première étape vers le lâcher-prise face à nos anciennes croyances et à nos anciens comportements autodestructeurs.

Lorsque nous renonçons à notre désir de preuve indiscutable des vérités absolues, nous pouvons commencer à accepter certaines idées directrices réconfortantes et utiles. Si nous acceptons que certaines questions demeureront toujours sans réponse, nous pouvons choisir nos croyances relatives à l'état d'être humain en fonction de leur apport dans notre vie et des contributions que nous apportons aux autres. Nous pouvons choisir de voir la vie et nous-mêmes d'une manière qui nous aide à vivre une vie meilleure, plus saine et plus heureuse.

Pour chacun de nous, la «vérité» est faite de nos propres perceptions. Que nous nous en rendions compte ou pas, nous choisissons constamment nos perceptions, nos croyances, nos attitudes et nos comportements.

Lorsque ce choix commence à devenir conscient, nous pouvons apprendre à éviter les perceptions qui provoquent notre tristesse et nos actions autodestructrices. Nous pouvons choisir, de façon pragmatique, les perceptions qui nous aident plutôt que celles qui nous nuisent.

Homme ou papillon?

Il existe une vieille légende chinoise selon laquelle un homme avait rêvé qu'il était un papillon. C'était le plus joli rêve imaginable. Il se sentait flotter dans l'espace, léger et libre. Il éprouvait un sentiment de bonheur total et merveilleux. Tout dans ce rêve était beau, paisible et joyeux. Selon cette légende, lorsque l'homme se réveilla, il ne fut plus jamais certain s'il était réellement un homme qui avait rêvé qu'il était un papillon ou un papillon qui rêvait maintenant qu'il était un homme.

Cette histoire illustre la déchirure que nous ressentons comme êtres humains. Nous sommes incertains de notre identité — sommes-nous corps, intelligence, émotions ou esprit? Sommes-nous naturellement aimants, paisibles, heureux, furieux, craintifs, agressifs ou coopératifs? Toutes ces émotions, et plus encore, semblent faire partie de l'être humain, mais certaines obtiennent plus d'attention que d'autres — elles sont plus bruyantes. Il est difficile de ne pas tenir compte d'un sentiment de rage à l'intérieur de nous, et il est facile de ne pas entendre la voix tranquille de la paix, de la douceur et de l'amour. Mais cela ne signifie pas que la part aimante n'est pas là.

Pour simplifier ce tableau très embrouillé, tenons-nous-en à l'idée de l'homme ou du papillon. Appelons tous ces sentiments bruyants — pensées, croyances et actions — notre *ego*. C'est notre partie «homme» — craintive, défensive, furieuse, territoriale et inquiète. Cette partie de nous ressent clairement les besoins et les désirs de survie et de plaisir et, de fait, elle ne ressent que cela. Dans son livre intitulé *Goodbye to Guilt* (Adieu à la culpabilité), Jerry Jampolsky définit notre ego comme «notre corps et/ou personnalité, ou *soi inférieur*».

Mais au sein de chacun de nous vit également un *soi supérieur,* un *papillon* : un esprit purement aimant, paisible et joyeux, insensible à tout élément du monde extérieur. Cette partie de nous est tranquille, douce, paisible, indulgente, accueillante et sans peur. De Platon à Spinoza, puis à Thornton Wilder, les êtres humains ont toujours exprimé le sentiment qu'ils sont en quelque sorte éternels. Ce papillon, ou *esprit,* est la partie éternelle en nous. Cette partie est exempte des soucis et des préoccupations du monde, et elle est reliée à notre Puissance supérieure ainsi qu'aux esprits de tous les autres gens.

Ego ou esprit?

Dans le premier chapitre, j'ai affirmé qu'il y a toujours une autre façon de voir les choses, et que nous choisissons d'être malheureux en nous attachant à un seul point de vue. Bien que certaines situations semblent parfois complexes, il n'y a réellement que deux façons de voir les choses — du point de vue de notre *ego* ou du point de vue de notre *esprit*.

L'auteur Hugh Prather parle dans ses écrits de notre *soi heureux* et de notre *soi malheureux*. Scott Peck

écrit: «Nous avons tous un soi malade et un soi sain.»
J'utilise les mots *ego* et *esprit* pour ces mêmes deux
parties de nous. Une partie est malade, malheureuse,
autodestructrice et repose sur une image de soi selon
laquelle nous sommes constitués d'un esprit distinct,
d'un corps distinct et d'une personnalité distincte.
L'autre partie est saine, heureuse, constructive et fon-
dée sur la connaissance que nous faisons partie d'un
tout harmonieux avec les autres et Dieu.

Lorsqu'un événement quelconque semble nous rendre malheureux, rappelons-nous de nous demander
quel point de vue nous choisissons. Le point de vue de
notre *ego* est facile à repérer si nous cherchons la peur,
l'impuissance, la colère, ou un désir intense d'avoir raison ou de prouver à l'autre qu'il a tort. D'un autre côté,
le point de vue de notre *esprit* est toujours calme,
aimant, indulgent, doux, paisible et sans peur.

Dans chaque cas, nous choisissons entre le point de
vue de notre *ego* (homme) ou de notre *esprit* (papillon).
Il n'y a pas d'autre point de vue. Mais cette déchirure à
l'intérieur de nous peut être colmatée en permettant à
la partie aimante et paisible de nous-mêmes de guider
et d'aider la partie craintive et autodestructrice. Notre
esprit peut conduire notre *ego* à se comporter sainement, affectueusement et heureusement. Pour cela,
nous devons nous servir de notre intelligence comme
lien entre notre *ego* et notre *esprit*.

Utiliser notre intelligence

John Milton a écrit: «L'intelligence est son propre
lieu et, en soi, peut faire un paradis de l'enfer, un enfer
du paradis.» Notre intelligence choisit le point de vue

qu'elle veut voir — celui de notre *ego* ou celui de notre *esprit*. Elle peut vivre dans un enfer que nous nous imposons nous-mêmes, fait de pensées craintives et colériques, ou dans un paradis de pensées aimantes et paisibles. C'est à nous de choisir comment utiliser notre intelligence.

Par exemple, si quelqu'un nous adresse une parole peu aimable, notre *ego* percevra cela probablement aussitôt comme une attaque contre laquelle il doit se défendre. Cette situation nous remplira de colère, d'hostilité et de peur. Elle peut nous inciter à attaquer l'autre personne verbalement ou autrement. Mais si nous comprenons notre *ego* et son point de vue effrayé et défensif, nous pouvons faire appel à notre autre façon de voir les choses — celle de notre *esprit*. Notre intelligence peut voir la perspective aimante, indulgente et compréhensive de notre *esprit*, puis aider notre *ego* à se calmer et à tempérer sa réaction.

Puisque nous sommes à la fois *ego* et *esprit*, nous ne pouvons pas toujours nous comporter d'une façon parfaitement aimante. Mais nous pouvons prendre le contrôle de nos actions avant que notre *ego* s'emporte et cause du mal. Si nous avons déjà causé du mal, nous pouvons toujours trouver la perspective de notre *esprit* une fois que nous nous sommes calmés, puis nous amender comme il se doit.

À mesure que nous nous habituons à nous voir comme réagissant soit avec notre *ego*, soit avec notre *esprit*, nous pouvons apprendre à reconnaître les sentiments et les réactions de notre *ego* plus rapidement, et laisser ainsi notre *esprit* prendre le dessus plus tôt. Nos sentiments et nos comportements tristes et autodestructeurs peuvent perdre de leur intensité et de leur durabilité.

Simplifier notre perspective de nos réactions, de nos croyances, de nos sentiments et de nos comportements, en les identifiant comme appartenant à notre *ego* ou à notre *esprit*, peut nous aider à nous accepter et à améliorer notre vie. Nous n'avons pas à être en colère ou impatients avec nous-mêmes. Ce ne serait là que notre *ego* se battant contre lui-même. Plutôt, nous pouvons accepter que nous avons ces deux parties ou ces deux points de vue en nous, et apprendre à travailler avec eux pour produire les meilleurs résultats.

Notre ego

Dans sa pièce intitulée *Our Town* (Notre ville), Thornton Wilder a écrit: «Chaque fois que vous vous approchez de la race humaine, vous découvrez des couches superposées d'absurdités.» Notre *ego* n'est pas fondamentalement *mauvais*, il possède simplement certaines capacités, certaines limites et un point de vue précis. Ce n'est pas notre but de faire disparaître notre *ego*, même si cela était possible, mais plutôt, nous devons apprendre à le comprendre, à l'accepter et à l'utiliser pour notre bien-être suprême.

Notre *ego* peut être considéré comme un niveau de conscience qui comprend une grande partie de ce que nous pensons être, y compris notre corps et notre personnalité. Il est convaincu qu'il *est* nous, complet en lui-même. Il prend tout à contresens et crée nos comportements et nos croyances autodestructeurs. Il nous convainc qu'il peut nous assurer la sécurité et le bonheur, mais il ne le fait jamais.

Notre *ego* est la partie de nous qui a toujours besoin d'avoir raison, d'avoir le dernier mot. Le conflit est important pour lui, et il se sent toujours menacé. Ses seuls modes de communication sont l'attaque et la défense. Mais il les déguise souvent sous des rationalisations et des justifications élaborées. Il nie, ment, triche, confond, blesse, blâme, déteste et craint. Et tout ce temps, il est certain de n'agir que dans notre meilleur intérêt.

Les jeux que joue l'ego

La première étape pour apprendre à penser et à agir du point de vue de notre *esprit* est de reconnaître les traits caractéristiques de notre *ego*. Nous avons déjà parlé de son intrépidité, de sa colère, de sa façon d'être sur la défensive et de son impuissance. Mais notre *ego* a aussi bien des moyens trompeurs de nous persuader de suivre ses mauvais conseils. Lorsque nous apprenons à reconnaître ces pièges, nous pouvons commencer à les éviter.

La dénégation

L'un des jeux favoris de notre *ego* est la dénégation. Il nous persuade de demeurer aveugles aux dangers réels et aux erreurs parce qu'y faire face signifierait réévaluer nos choix à partir d'un autre point de vue. Notre *ego* a tendance à voir chaque autre point de vue — même celui de notre esprit aimant et paisible — comme son ennemi. Notre *ego* pense que la réalité va le détruire. Si nous refusons de voir les réalités autour de nous, nous pouvons penser tout ce que notre *ego* veut que nous pensions.

La rationalisation

Nous, êtres humains, pouvons faire en sorte qu'à peu près tout semble avoir du sens si nous y mettons l'effort nécessaire. Nous pouvons justifier presque n'importe quelle action par de «bons» motifs. C'est la façon qu'emploie notre *ego* pour nous empêcher de voir l'erreur dans son point de vue fondamental. La rationalisation utilise le raisonnement de notre intelligence pour croire aux excuses et aux «raisons» qui paraissent sensées afin de justifier des croyances et des comportements autodestructeurs ou malheureux.

Le blâme

Notre *ego* trouve toujours quelqu'un ou quelque circonstance extérieure à blâmer pour notre malheur et nos erreurs. Pour lui, il y a toujours une personne qui a raison et l'autre qui a tort — et il veut toujours avoir raison. Nous évitons d'accepter notre impuissance face aux autres et notre responsabilité par rapport à nous-mêmes en attribuant tous nos revers et nos problèmes à des forces terribles à l'œuvre contre nous. Nous demeurons enlisés dans la colère et l'apitoiement sur nous-mêmes plutôt que de renoncer au passé, aux autres et aux circonstances qui ne peuvent être maîtrisées.

La concurrence

Puisque notre *ego* voit tous les autres comme des ennemis, il ne peut jamais accepter leur succès ni s'en réjouir. Il ne se sent bien qu'à propos de lui-même si son action est supérieure de quelque façon à celle d'un autre. Mais le sentiment est faux et éphémère — il y a *toujours* quelqu'un de mieux que nous, de quelque façon. L'*ego* n'accepte jamais cette réalité, alors il continue à provoquer en nous un sentiment d'inconfort parce que nous ne sommes pas les meilleurs dans tout ce que nous faisons, tout le temps.

La croyance très forte de notre *ego* dans la privation nous dit: «Si tu as un certain succès ou fais certains gains, tu m'enlèves quelque chose à *moi*.» Ainsi, il doit toujours être en concurrence pour toute bonne chose, puisqu'il ne peut pas comprendre le partage ou croire qu'il y a suffisamment de bien pour tout le monde.

La complication

Les réponses simples, claires, évidentes même ne sont pas le fait de notre *ego*. L'*ego* ressemble à un chien qui court perpétuellement après sa queue: il peut nous faire tourner en rond dans une lutte sans fin plutôt que de faire face à une simple vérité. Il préfère nous convaincre que tout est complexe et difficile, plutôt que d'être ouvert aux solutions simples et à un point de vue aimant, accueillant, indulgent et positif.

Notre *ego* dit: *Même si la paix, l'amour et la joie étaient possibles, ils seraient ennuyants!* Pour notre *ego*, la complication et le stress semblent plus vivants que la simplicité et la paix. Alors il évite la joie de l'amour, de la paix et de la coopération.

La projection

Nous faisons de la projection quand nous refusons de voir les pensées, les croyances, les attitudes, les erreurs ou les comportements qui nous sont propres, mais que nous les voyons chez les autres. Cette attitude nous permet d'éviter d'être responsables de nous-mêmes et de ne pas voir nos sentiments et nos réactions dans une autre perspective. C'est un point de vue défensif qui rejette le blâme, qui nous évite d'avoir à faire face aux réalités de nos perceptions fautives et de nos erreurs. Jerry Jampolsky définit la projection comme étant «un mécanisme qui dit: "l'ennemi est à l'extérieur de nous-mêmes."» En fait, l'ennemi — ce qui nous fait mal — est l'*ego* à l'intérieur de nous-mêmes.

La fixation

La fixation est l'attitude fondamentale selon laquelle nous devons réunir certaines conditions pour être heureux. Notre *ego* est sûr que le bonheur se trouve à l'extérieur de nous-mêmes. La principale caractéristique de cet aspect de notre *ego*, c'est qu'il n'est *jamais satisfait*. Quel que soit l'objet de sa fixation, il n'en a jamais assez. Il y a toujours quelque chose de mieux demain, et le lendemain, et le surlendemain encore. Les buts de l'*ego* sont nombreux, toujours changeants et souvent en contradiction.

Le transfert

Le transfert est le terme utilisé en psychothérapie pour répondre aux relations et aux situations actuelles comme si elles étaient celles du passé. Notre *ego* nous convainc que le passé prédit exactement l'avenir; alors nous omettons d'être totalement présents et ouverts aux possibilités réelles, ici et maintenant. Nous voyons le présent à travers un brouillard de malentendus et de jugements périmés. Nous répétons continuellement les mêmes erreurs, sans même nous en rendre compte. Nous demeurons centrés sur les erreurs du passé, incapables de voir nos possibilités et nos responsabilités actuelles. Notre véritable identité comme êtres spirituels ne peut se trouver que dans le présent; alors notre *ego* évite d'y faire face en se concentrant sur le passé.

Le corps égale le soi

Notre *ego* ne veut pas reconnaître que nous sommes autre chose que *lui*. Il se sent menacé et n'accepte pas que nous puissions vivre paisiblement et heureusement en collaboration avec notre *esprit*. Lorsque nous commençons à nous éveiller à notre spiritualité, il devient craintif et essaie de nous distraire de cette révélation. Il peut même se servir de la douleur, de la maladie, de la faim ou du sexe pour nous convaincre que nous ne sommes rien de plus que notre corps. Il peut trouver des moyens de nous rappeler notre distinction physique des autres, nous empêchant de prendre conscience que nous sommes tous reliés dans notre spiritualité et notre Puissance supérieure.

La peur

Le peur est la marque de commerce de notre *ego* et sa caractéristique première. Il a peur de tout, percevant des menaces partout. La peur nous maintient empêtrés dans l'inquiétude face à l'avenir. Cette peur peut nous immobiliser, nuire à notre croissance et faire du tort à chaque domaine de notre vie. Elle peut nous couper de l'amour, de la paix, de la joie et de la sérénité. Elle peut nous tenir loin des autres et du meilleur de nous-mêmes. Notre *ego* croit, erronément, qu'il nous protège, prend soin de nous, nous aide. Mais la peur est le principal obstacle entre nous et notre véritable succès et notre bonheur véritable dans la vie.

Notre *ego* ne changera jamais par lui-même. Il est comme un enfant qui est incapable de grandir. C'est pourquoi nous réagissons et nous nous comportons si souvent de façon autodestructrice, même longtemps après avoir compris qu'il doit en être autrement. Mais notre *ego* n'a pas à nous mener. Nous pouvons apprendre à reconnaître sa confusion, ses erreurs, sa peur et sa souffrance. Nous pouvons apprendre à choisir l'amour plutôt que la peur, et la joie plutôt que la souffrance.

Notre esprit

Notre *esprit* est directement à l'opposé de notre *ego* sous bien des aspects. Il est incapable d'éprouver de la colère, de la souffrance, de l'inquiétude, de la peur ou du chagrin. Il ne se sent jamais menacé de quelque façon, parce qu'il est absolument sûr de son invulnérabilité. Il sait qu'il est éternel, uni à tous les autres *esprits* et relié à une Puissance supérieure.

Notre *esprit* n'est capable que d'amour et de joie illimités. Il n'est absolument pas intéressé à savoir qui a raison ou qui a tort. Il n'a que faire des conflits. Il estime la paix, l'amour et le partage par-dessus tout. Il reconnaît l'abondance de l'univers comme étant toujours infinie et à la disposition de tous. Il n'offre que l'amour inconditionnel, l'acceptation et le pardon. Il est purement joyeux, généreux, satisfait et doux, et il connaît toujours notre meilleur intérêt.

L'esprit des autres

La reconnaissance de notre propre spiritualité peut transformer notre image de soi, notre comportement et notre vie. De même, la reconnaissance de l'*esprit* des autres peut transformer notre perspective et toutes nos relations. Mais il est parfois difficile de voir la partie spirituelle et bienveillante d'une autre personne, particulièrement lorsqu'elle a fait des choses nuisibles ou exprime une attitude insensible, égocentrique.

Nous pouvons commencer par reconnaître que nous avons tous un *ego* perpétuellement craintif qui exprime des croyances autodestructrices. Nous pouvons penser, avec compréhension: *Regardez ce que leur ego a fait*, plutôt que de penser avec condamnation: *Regardez ce qu'ils ont fait*. Si nous prenons un moment pour laisser passer notre *ego*-réaction initiale et pour fermer les yeux sur celles des autres, nous pouvons aller au-delà de ces réactions, vers des relations plus paisibles et plus heureuses avec autrui. Cet exercice peut nous aider à cesser de définir les gens par leur *ego*, à commencer à fermer les yeux sur leurs fautes et leurs erreurs, et à les leur pardonner. Puis, au lieu de chercher ce que nous pouvons juger de *bon* en eux (ce qui peut parfois être très difficile à trouver), nous pouvons nous contenter de *savoir* qu'ils ont aussi en eux un *esprit* parfait et aimant —même si nous ne pouvons pas le voir sous toutes ces couches superposées d'*ego*-absurdités.

La croissance spirituelle

Je ne crois pas du tout que notre *esprit* ait besoin de grandir ou d'évoluer. Je crois qu'il est déjà parfait. Ce que «croissance spirituelle» ou «évolution» signifie pour moi, c'est que nous, comme êtres humains, avons besoin de grandir dans notre prise de conscience de cet aspect spirituel de nous-mêmes et de commencer à le connaître. Nous avons besoin d'apprendre à voir son point de vue et à entendre ses conseils. Puis, nous pouvons apprendre à projeter ses qualités à l'extérieur de nous-mêmes, dans notre vie et dans la société. Ainsi, notre *esprit* grandit au sens où il s'étend, touchant l'esprit des autres et grandissant en même temps qu'eux.

Tous les jours, chaque situation et chaque relation contient des occasions de nous ouvrir au point de vue de notre *esprit* et à ses conseils. Nous avons sans cesse des occasions d'étendre la partie spirituelle, supérieure et meilleure de nous-mêmes en direction des autres. Qui que nous soyons ou quelle que soit notre situation particulière, nous pouvons tous découvrir le pouvoir et la paix de notre spiritualité.

Nous devons prendre le temps nécessaire pour notre croissance spirituelle et ne pas nous permettre de devenir impatients. Les merveilleuses découvertes que nous pouvons faire en cours de route sont innombrables. Mais nous devons leur permettre de se déployer à leur propre rythme. Il faudra peut-être compter des mois ou même des années avant que nous constations avoir fait du chemin dans notre évolution spirituelle. Comme nous le rappelle l'ouvrage de méditation *God Calling* (L'appel de Dieu): «Lorsqu'il grimpe une pente abrupte, un homme est souvent plus conscient de la faiblesse de ses pieds qui trébuchent que de la vue, de la splendeur du décor ou même de son progrès vers le sommet.» La foi, l'espoir et la persévérance favoriseront notre croissance spirituelle.

Notre vérité intérieure

Comme notre *ego* est si bruyant et exigeant, il masque souvent notre conscience de notre propre spiritualité. Mais puisque nous ne pouvons jamais connaître le véritable bonheur par l'entremise de notre *ego*, nous éprouvons un sentiment agaçant d'insatisfaction jusqu'à ce que nous nous tournions vers notre *esprit*. Lorsque nous sommes en conflit avec nous-mêmes, ce conflit se reflète dans notre vie extérieure. C'est une sorte de trahison de soi que de placer le centre de notre énergie personnelle à l'extérieur de notre *soi* véritable, comme nous le faisons quand nous nous définissons par notre *ego*. Cela nous rend malades, las et malheureux d'agir ainsi à l'encontre de notre propre vérité intérieure.

Nous devons chacun faire par nous-mêmes l'expérience de notre spiritualité. Lire, penser, parler ou écrire à ce propos ne nous donne pas l'*expérience* de la spiritualité. Ces actions peuvent nous aider à nous orienter dans la direction nécessaire pour nous ouvrir à notre propre spiritualité, mais éventuellement, nous devons nous tourner vers l'intérieur.

Au plus profond de nous-mêmes, nous savons tous que nous sommes des êtres spirituels. Tant que nous ignorons cette partie de nous-mêmes, nous pouvons éprouver une espèce de douleur tenaillante, comme un vague souvenir, un désir de quelque chose que nous ne pouvons pas véritablement nommer. Nous pouvons ressentir une sorte de nostalgie à l'égard de notre *esprit* chaque fois que nous reconnaissons une beauté exceptionnelle ou vivons des moments d'amour inconditionnel. Nous pouvons faire l'expérience de brefs éclairs d'inspiration ou de paix parfaite, quand nous *savons* que nous sommes plus que notre *ego*.

Il y a un caractère familier, une impression de *rentrer chez soi*, dans la découverte — ou plutôt la redécouverte — de notre spiritualité. C'est comme entendre une vieille chanson et vous rappeler soudain de l'endroit où vous vous trouviez quand vous l'avez entendue pour la première fois et de la personne avec qui vous étiez, et de vous rappeler les sentiments que vous éprouviez alors. Pensez à une vieille chanson d'amour qui vous rappelle une personne intime que vous avez connue. Combien plus puissante, plus belle, plus émouvante est la reconnaissance de notre spiritualité que même ce doux souvenir!

Ce n'est qu'en redécouvrant notre *esprit* et en commençant à le laisser grandir dans notre prise de conscience libérée que nous pourrons faire l'expérience de la paix, de l'harmonie et de l'équilibre entre notre corps, notre intelligence et notre esprit. Pour certains d'entre nous, ce processus commence par une expérience qui suscite une transformation — un éveil spirituel.

L'éveil spirituel

Dans *The Varieties of Religious Experience* (La diversité des expériences religieuses), William James mentionne les caractéristiques suivantes d'une expérience spirituelle:

- elle défie toute description; elle doit faire l'objet d'une expérience directe pour être comprise.

- elle apporte un sentiment de certitude, de connaissance ou de profonde perspicacité dans une vérité qui ne peut être saisie par les moyens sensoriels ou intellectuels habituels.

- elle ne dure pas longtemps.

- c'est comme si la personne se refusait à contrôler ou ne contrôlait pas l'expérience; cette dernière comprend le sentiment d'une présence ou d'une Puissance supérieure.

- c'est une expérience profonde mémorable, qui laisse une sensation de son importance.

- elle change la vie intérieure de la personne qui la vit.

- elle change le comportement extérieur, les attitudes, le caractère et la perspective de la personne qui la vit.

Nous avons tous vécu des expériences spirituelles variant en intensité et en effets. Du *déjà vu*, une inspiration créatrice, une connaissance intuitive et un amour profond sont les expériences quotidiennes de notre spiritualité. Les sentiments intenses, saisissants même, d'émerveillement et d'appréciation de la beauté de la nature; un soudain choc de reconnaissance ou de compréhension; un sentiment momentané d'unicité avec l'humanité et l'univers — ce sont toutes des expériences spirituelles.

Mais ces expériences communes ne nous touchent pas nécessairement d'une façon spectaculaire ou durable. Elles peuvent être considérées comme des impressions fugitives ou des avant-premières d'un éveil spirituel plus profond et qui suscite des transformations. Pour certains d'entre nous, une expérience profondément douloureuse — une certaine sensation de «toucher le fond» — apporte l'ouverture nécessaire à l'expérience d'un véritable éveil spirituel.

L'histoire de Linda

Linda se décrit comme ayant été une «fille dévergondée» durant ses années d'adolescence. «J'ai choisi l'alcool et les drogues comme exutoire au stress, explique-t-elle. J'avais vraiment une très faible estime de moi et j'utilisais la boisson, la marijuana, le LSD et les amphétamines pour me sentir mieux. Je me tenais avec une bande vraiment extravagante, nous faisions la fête tout le temps et mes notes à l'école étaient en chute libre. Rien pour moi n'avait d'importance.»

À dix-sept ans, Linda s'était retrouvée à l'hôpital avec une fracture du crâne. Elle était sortie avec ses amis faire une virée de boisson et de drogue qui avait duré toute la nuit et elle avait été victime d'un accident de voiture. Confrontée à une intervention chirurgicale, la seule chose à laquelle Linda pouvait penser était la perspective de voir ses beaux cheveux longs rasés. «Je ne me trouvais pas jolie du tout, se rappelle-t-elle, mais je trouvais que mes cheveux étaient ma plus belle caractéristique. J'ai pleuré beaucoup à l'idée de perdre cette seule partie de mon corps que j'aimais. Il y avait de fortes chances pour que je sois épileptique pour le reste de ma vie, ou même que je meurs. Mais je n'ai jamais pensé à cela. Une seule chose importait, la perte de mes cheveux.»

Après trois jours à l'hôpital et d'innombrables examens et radiographies, Linda était prête à passer au bistouri. La nuit avant l'intervention, elle vécut ce qu'elle appelle une «conversion». Seule dans sa chambre, elle se sentait flotter hors de son corps. «C'était une sensation très plaisante et paisible, dit-elle. Je flottais en quelque sorte au plafond. Parfois, j'étais aussi dans le téléviseur fixé au mur. C'était totalement différent de tout ce que j'avais jamais connu — même sous l'effet de la drogue. Je me regardais là sur le lit, et j'avais cette forte sensation d'une voix intérieure. Elle disait que je pouvais partir ou rester; mais si je restais, je ne pourrais pas continuer à être telle que j'étais auparavant. Je sentais qu'on me disait que j'avais certaines aptitudes et que je devais commencer à m'en servir, sinon je ne pourrais pas continuer à vivre.»

«Je sentais qu'il aurait été tout à fait correct de traverser de l'autre côté à ce moment-là et de mourir — je sentais intensément que la mort n'a rien d'épeurant. Mais je sentais également qu'on m'avait donné une chance de changer et de faire en sorte que ma vie ait un sens. On me donnait un choix très clair, un choix que je ne savais pas être à ma disposition jusque-là. Je subis l'intervention le lendemain et les médecins trouvèrent des caillots au cerveau qui ne paraissaient pas sur les électroencéphalogrammes ou l'examen tomodensitométrique. Ils n'arrêtaient pas de répéter qu'ils ne pouvaient pas croire que j'étais en vie. Mais je savais que j'avais choisi de vivre.»

Linda demeura à l'hôpital pendant plusieurs semaines. «Même avec mes cheveux rasés, cette teinture d'iode qu'ils avaient appliquée sur un côté de ma tête et les bandages partout, je ne me sentais pas laide du tout. Je me rappelle la visite de mes amis qui me voyaient comme ça et je me sentais tout à fait paisible et satisfaite, même si j'avais perdu mes cheveux. Ça n'avait tout simplement plus d'importance.»

Linda dit qu'elle n'avait jamais senti le besoin de raconter cette expérience, de la faire valider ou de la prouver à qui que ce soit. «Je *savais* simplement ce qui s'était passé, et ça n'avait pas d'importance que quelqu'un d'autre le sache, ou me croit, ou comprenne. Je n'en doutais tout simplement pas.» Selon elle, ce sentiment de certitude que cette expérience s'était produite avait également donné un «but profond» au reste de sa vie. «L'expérience m'a donné un fort sentiment que Dieu était en moi — que, quelles que soient mes habiletés créatrices, elles faisaient partie de cet *état de Dieu* en moi, et j'avais la responsabilité de m'en servir.»

Certaines personnes pourraient balayer cette histoire, et d'autres de même genre, du revers de la main comme étant des hallucinations provoquées par la drogue, le traumatisme ou l'état de manque. Il appartient à chacun de décider si de telles histoires constituent une preuve de l'existence de Dieu ou de la spiritualité humaine. Mais d'un point de vue purement pragmatique, la valeur de ces expériences ne peut pas être niée. Linda a abandonné son comportement de «dévergondée», a cessé de dépendre de la drogue et de l'alcool, et a amélioré ses notes suffisamment pour obtenir une bourse d'études universitaires. Elle a découvert et développé ses talents et ses habiletés, et elle a bâti une carrière fructueuse en aidant autrui. Elle dit maintenant: «Je *sais* que cette fracture du crâne m'a sauvé la vie.»

Lorsque la vie nous donne des expériences inspirantes qui provoquent des transformations, nous n'avons pas besoin d'avoir des preuves documentées de ce qui les a causées ou de ce qu'elles signifient. Nous pouvons écouter notre propre cœur et simplement les accepter comme des dons de Dieu, de l'énergie positive de l'univers ou de notre propre *soi* supérieur.

Hors de l'obscurité

Comme l'homme qui avait rêvé qu'il était un papillon, une fois éveillés à notre spiritualité, nous ne pouvons plus jamais être tout à fait sûrs que nous sommes seulement un *ego*. Comme nous avons ouvert une fenêtre à la lumière de notre *soi* spirituel, l'obscurité dans notre esprit ne peut plus jamais être aussi sombre.

Pour la plupart d'entre nous, la découverte de notre véritable identité spirituelle ne se produit pas subitement. Nous devons persister à y demeurer ouverts et à tirer parti de toutes les occasions de croissance spirituelle. Nous le faisons par une prise de conscience patiente de la leçon que chaque moment présent nous apporte. Nous le faisons en acceptant où nous sommes maintenant, aujourd'hui, sans anxiété face à notre situation passée ou à celle qui nous attend.

Nous pouvons nous aider nous-mêmes à faire l'expérience de notre spiritualité par l'intermédiaire de la prière, de la méditation et en faisant «comme si» — en essayant de découvrir la partie aimante de nous-mêmes, en nous comportant d'une manière aimante. Nous pouvons reconnaître notre *ego* et notre *esprit* par la façon dont ils se manifestent dans nos pensées, nos actions et notre vie. Nous pouvons nous servir de notre intelligence pour choisir le point de vue de notre *esprit*.

Notre bonheur intérieur profond et la capacité de supporter tous les problèmes et toutes les expériences de la vie humaine dépendent de la reconnaissance de notre véritable identité spirituelle. Nous sommes beaucoup plus que notre corps, nos désirs, nos erreurs et nos comportements. Nous sommes capables de vivre spirituellement, affectueusement, paisiblement et joyeusement, même dans le monde tel qu'il est. Tout ce qu'il faut changer, c'est notre état d'esprit.

Exercice un

Identification des jeux de l'ego. Lisez la liste des jeux de l'*ego* dans ce chapitre (la dénégation, la rationalisation, le blâme, la concurrence, la complication, la projection, la fixation, le transfert, le corps égale le *soi* et la peur). Choisissez-en un qui vous semble pertinent pour vous. Trouvez-en des exemples précis dans vos attitudes et votre comportement.

Exercice deux

Une visualisation. Imaginez-vous seul dans une magnifique pièce. Cette pièce est votre propre intelligence. Il y a deux fenêtres dans cette pièce: une qui donne sur le monde du point de vue de votre *ego* et l'autre qui donne sur le monde par l'intermédiaire des yeux de votre *esprit*. Rappelez-vous que votre *ego* ne voit que par la peur, la colère, le blâme et la séparation. Votre *esprit* ne voit que par l'amour, la paix, la joie et l'unité.

Pensez maintenant à une certaine relation ou à un problème particulier que vous vivez. Regardez-le d'abord par la fenêtre de votre *ego*. Observez seulement le point de vue de votre *ego*. Puis détournez-vous de cette fenêtre et regardez par celle de votre *esprit*. Voyez le problème d'une nouvelle façon. Voyez dans la situation l'amour, la paix, la joie, le pardon, la guérison et le partage. Rappelez-vous que votre intelligence a le pouvoir de vous détourner de la fenêtre de votre *ego* vers celle de votre *esprit*.

CHAPITRE 4

Les relations

C'est dans les relations que nous recherchons le bonheur avec le plus d'espoir, et c'est en elles qu'il se trouve le plus immanquablement étouffé; et pourtant, nous continuons de voir en elles notre ultime libération d'un désert de souffrance.

— Hugh Prather

Les relations avec autrui occupent une place importante dans notre vie à tous. Elles peuvent également en être la partie la plus problématique. Un grand nombre des problèmes que nous vivons dans nos relations sont attribuables à des questions de contrôle de notre *ego* et de désir d'autoprotection, ou à nos attentes et nos suppositions face aux autres. Nous pouvons attendre de nos relations qu'elles nous procurent le bonheur et comblent tous nos besoins. Nous ne voulons peut-être pas avoir à consacrer d'efforts à nos relations, à grandir dans notre compréhension et notre capacité de communiquer, à faire des compromis et à accepter les autres tels qu'ils sont.

Délit de fuite

Dans ses relations, Marc se désigne comme un adepte du «délit de fuite». Voici ce qu'il affirme: «J'entre dans un lieu, je regarde qui s'y trouve, je vois tout ce qui se passe, j'ai un certain effet sur l'espace dans son ensemble, puis c'est: "Bon, je dois partir, à plus tard, au revoir!" et je file. Tout le monde s'étonne: "Qu'est-ce qui s'est passé ? Qui était-ce?" Et la fois suivante, j'entre et je répète le même stratagème. Ainsi, j'entretiens *presque* une relation avec chacun. Ensuite, j'espère pouvoir choisir les personnes avec lesquelles je veux m'engager plus avant.»

Marc dit qu'il fait cela pour éviter d'avoir mal. «Je veux voir les cartes que quelqu'un a en main avant de m'engager dans le jeu, dit-il. À moins d'être sûr de pouvoir m'investir dans une personne, je ne veux pas lui donner les munitions pour me tirer dessus.» Mais Marc a découvert que cette tentative d'autoprotection fait souvent du mal à lui comme aux autres. «J'ai blessé bien des gens en étant *presque* leur ami — en agissant amicalement, mais sans réellement être leur ami, dit-il. C'est une grande source de confusion et de souffrance. Les relations comportent une grande part de responsabilité.»

Nous tentons souvent d'éviter notre responsabilité dans les relations en nous convainquant que nous ne sommes pas dans la relation. Nous nous y sentons «presque», mais pas entièrement présents ni participants. Nous nous leurrons en croyant que nous ne sommes pas réellement là; alors si quelqu'un souffre ou que les choses tournent mal, nous ne nous sentirons pas responsables.

Mais la vérité, c'est que nous *sommes* en relation avec chacun dans notre vie — même si ces personnes ne la traversent que pendant cinq minutes. Nous avons une certaine responsabilité par rapport à la nature de chacune de nos relations. Nous y choisissons notre rôle — ce que nous sommes prêts à faire, à donner et à être en elles. En étant «presque» là, nous choisissons de ne pas donner de nous-mêmes ou de ne pas permettre aux autres de choisir leur rôle dans la relation. Nous essayons de contrôler tout cela nous-mêmes.

Chaud et froid

On peut aussi éviter l'engagement et la responsabilité dans nos relations par des mouvements répétés d'avance et de retrait. Nous envoyons tour à tour des messages du genre «viens ici» et «va-t'en», rendant l'autre personne peu sûre de nous et la relation, instable.

Alain dit: «J'agis selon la tactique du chaud et du froid. Je fais comme si je voulais être ami, puis comme si je ne le voulais pas, puis comme si je le voulais et ainsi de suite; les gens ne tardent pas à se dire: "Hé! ou tu veux ou tu ne veux pas!" et ils en ont bien le droit, parce que mon attitude est pour eux une grande source de confusion. C'est vraiment un jeu à sens unique, où je dis: "Ceci est *ma* relation et c'est à moi de décider ce que je veux en faire en tout temps." Et ce n'est pas juste, ce n'est pas ça, une relation. C'est simplement moi qui fait ce que je veux. Ce n'est pas être *en relation* avec une autre personne.»

Mais Alain *est* en relation avec ces personnes; il a simplement choisi un rôle très contrôlant pour lui-même. Il ne tient pas compte de l'autre personne et ne permet pas qu'elle choisisse ce qu'elle espère tirer de cette relation.

Les relations impliquent toujours un risque. En acceptant *d'être* en relation avec autrui plutôt que de croire que nous pouvons choisir de l'être «presque» ou pas réellement, nous prenons le risque du rejet, du désaccord, de la séparation et de la souffrance. Nous prenons également le risque de l'amour, du compromis, de la compréhension et du partage avec autrui.

Pourquoi les éléments positifs des relations comme l'amour et le partage avec autrui sont-ils des *risques*? Parce que nous avons souvent aussi peur d'être aimés que de ne *pas* l'être. Lorsque les gens nous manifestent de l'amour, de l'intérêt à nous connaître davantage, nous devons décider comment réagir et si nous voulons aller de l'avant en investissant davantage de notre personne dans la relation. Alain dit qu'il joue à «chaud et froid» parce qu'il a peur de s'engager dans une relation. Il affirme: «Dans le cas de certaines personnes, particulièrement les femmes, si elles m'aiment beaucoup, elles peuvent être très menaçantes. J'ai l'impression que si j'essaie de m'engager de quelque façon ou d'être responsable de la partie de la relation qui me plaît, je risque de tout gâcher.»

Nous pouvons apprendre, par nos relations, non seulement à avoir confiance, mais aussi à être *dignes de confiance*. Nous apprenons, si nous nous le permettons, à donner et à prendre, à pardonner et à être pardonnés, à être d'accord et en désaccord, à comprendre et à être compris. Nous apprenons à accepter de «gâcher» un peu parfois, à tirer des leçons, à grandir et à aller de l'avant à partir de là. Les erreurs ne doivent pas toujours signifier la fin d'une relation, et la fin d'une relation ne doit pas toujours signifier la fin du monde.

Les relations peuvent nous amener à nous dépasser et peuvent nous enseigner à nous guérir. Nous pouvons aussi être blessés dans une relation. Et même avec les meilleures intentions, il arrive parfois que nous blessions autrui. Mais *toutes* nos expériences de relations peuvent nous aider à grandir dans notre compréhension et notre amour pour nous-mêmes et pour les autres.

La famille

On dit souvent qu'on peut choisir ses amis, mais pas sa famille. Beaucoup d'entre nous pensent que s'ils le pouvaient, ils choisiraient des relations familiales bien différentes des leurs. Nos relations familiales sont souvent les plus difficiles, les plus pénibles et les plus compliquées de toutes.

Notre famille d'origine — le noyau de personnes avec lesquelles nous avons grandi — nous en dit long sur les relations. Si celles que nous avons vécues et observées comme enfants étaient difficiles et malheureuses, nous transportons souvent ces difficultés dans d'autres relations plus tard. Et même après avoir examiné nos relations d'enfance et avoir réussi à entretenir avec autrui des relations plus saines et plus heureuses en tant qu'adultes, ces vieux liens familiaux peuvent continuer à être tendus.

Par exemple, le simple fait d'être dans la même pièce que nos parents peut déclencher tous ces vieux sentiments de peur, de colère ou de tristesse de l'enfant qui vit encore au plus profond de nous. Il peut arriver que nous ayons peur d'exprimer nos sentiments ou nos opinions véritables, peur d'être en désaccord avec eux, peur d'être nous-mêmes. Nous permettons peut-être à nos parents de nous traiter comme des enfants ou suivant les rôles dans lesquels ils nous ont cantonnés il y a des années et continuent toujours de le faire dans leur esprit.

Les rôles forcés

Elizabeth était l'aînée de quatre enfants. Elle trouve que sa famille lui a attribué le rôle de «la bonne fille». «Les autres avaient aussi leur rôle, explique-t-elle. Il y avait "l'artiste", "le dévergondé" et "la jolie". Mais j'étais "la bonne fille", "la fille *parfaite*" — fiable, responsable et obéissante, une bonne élève qui aidait toujours à la maison et ne causait aucun problème à la famille.»

Au sein de sa famille, ce rôle a collé à la peau d'Elizabeth toute sa vie, jusqu'à la quarantaine. «Mes parents voient *toujours* en moi "la bonne fille", dit-elle. Ils ne me voient pas *moi*. Je suis toujours censée leur aider et être la fille fiable et obéissante. Mes frères et ma sœur peuvent avoir toutes sortes de problèmes, sortir et faire tout ce qu'ils veulent, et c'est correct, mais pas moi. Ma famille n'accepte même pas le fait que je sois une alcoolique en recouvrance.»

Il est difficile pour Elizabeth de s'affirmer au sein de sa famille. «Quand je suis avec eux, je retombe dans la vieille routine, explique-t-elle. Je ne les contredis pas, je ne leur explique pas clairement qui je suis maintenant, je ne leur refuse rien. J'éprouve de la confusion à l'égard de mes propres pensées, de mes opinions et de mon identité quand je suis avec eux. Chaque fois que j'*ai* essayé de m'affirmer avec eux, ils ont agi comme si j'avais porté un coup à la famille. Je trouve que ça ne vaut même pas la peine de me battre contre eux.»

Elizabeth continue: «Ils mettent sur le dos de mon mari chacune de mes croyances, attitudes, décisions ou actions qui va à l'encontre du choix qu'ils auraient fait pour moi. Ils disent: "Elizabeth ne ferait jamais cela", même si je *viens* de le faire! Ils affirment que mon mari m'influence et m'éloigne d'eux. Alors je n'essaie même plus de me faire comprendre d'eux. Mais je me sens mal. La seule façon pour moi d'être moi-même, c'est de m'abstenir complètement de les voir.»

Comme Elizabeth, beaucoup d'entre nous se voient attribuer des rôles très précis dans leur famille. Réussir à en sortir est une étape en avant dans notre croissance personnelle et notre épanouissement. Nous pouvons examiner nos systèmes familiaux et les rôles que nous y assumons, choisir les croyances et les comportements que nous voulons conserver, et lâcher prise face au reste.

Mais notre famille peut ne pas être prête à renoncer à la perception qu'elle a de nous suivant l'ancien rôle. Elle peut ne pas être en mesure de nous voir comme nous voyons notre *soi* adulte. Il peut simplement être plus facile pour elle de blâmer un conjoint, un ami, l'école, l'emploi ou la ville pour les changements qu'elle ne peut nier voir en nous. Il peut être très difficile pour nos parents d'accepter la réalité que leur enfant a grandi et a fait certains choix qu'ils n'auraient pas faits pour nous ou qu'ils ne se seraient pas attendus que nous fassions nous-mêmes.

Tout ce que nous pouvons faire dans ce cas, c'est essayer de comprendre qu'ils se sentent menacés et accepter qu'ils ne *peuvent pas* nous voir comme nous nous voyons nous-mêmes. Nous pouvons lâcher prise face au sentiment que nous avons besoin de leur reconnaissance, de leur acceptation et de leur approbation de la personne que nous sommes. Nous pouvons accepter notre relation telle qu'elle est et choisir de ne pas en perdre le sommeil. Peut-être qu'un jour, nos relations familiales changeront, et peut-être pas. De toute manière, nous pouvons conserver notre propre image de nous-mêmes, effectuer nos propres choix, vivre notre vie et savoir que nous sommes corrects, même sans la compréhension totale de notre famille.

Le syndrome de «la famille parfaite»

D'autres problèmes dans les relations familiales se produisent non en raison de nos attentes face aux individus, mais à cause de l'image idéalisée de ce qu'une famille doit être. Du moment que nous entretenons des fantasmes d'être «la famille parfaite» ou quelque autre symbole fictif, notre propre famille bien réelle nous paraîtra insatisfaisante.

Les trois grands enfants de Marthe vivent dans trois régions éloignées l'une de l'autre. Divorcée depuis vingt ans, Marthe voit maintenant ses enfants et leur famille une fois par année ou tous les deux ans. «J'ai toujours eu cet idéal de la famille parfaite, dit-elle. Je sais que je n'aurai jamais ce mariage de conte de fée avec le petit jardin entouré d'une clôture blanche en lattes, mais je ne comprends toujours pas pourquoi nous ne pouvons pas, malgré tout, être une famille proche, heureuse et aimante. Mes enfants ne s'appellent pas, ne s'écrivent pas, ne se visitent pas. Ils n'ont même pas une pensée l'un pour l'autre à l'occasion des anniversaires ou des jours de fête. Je passe mon temps à leur télé-

phoner pour le leur rappeler; je demande ce qui ne va
pas, mais ça ne donne rien. Ils sont dispersés un peu
partout, sans communication entre eux. Je ne le comprends vraiment pas. On ne se coupe tout simplement
pas de sa famille ainsi.»

Du moment que l'esprit de Marthe persiste à croire
qu'elle a besoin de cette image d'une famille aux liens
étroits pour être heureuse, elle ne sera jamais heureuse. Nous ne pouvons pas exercer de contrôle sur la
façon dont les gens choisissent de vivre leur vie, même
les membres de notre famille. Nous ne pouvons pas
savoir ce qui est mieux pour eux, ni les rendre confor-
mes à nos idées de «ce qui ne se fait pas».

Mais il suffit d'accepter la réalité pour nous rendre
compte que notre bonheur ne dépend pas de ce que les
autres membres de la famille pensent, ressentent ou
font. Nous pouvons apprendre à renoncer à nos vieux
fantasmes d'une *vraie* famille et accepter ce qu'elle *est*
réellement.

La belle-famille et le remariage

Si nous ne pouvons pas choisir nos familles d'origine, nous avons également très peu de contrôle sur les
familles qui deviennent les nôtres ou sur les gens qui
deviennent membres de notre famille par le mariage.
Ces relations sont fréquemment tendues et peuvent
mettre à rude épreuve les liens primaires de notre
famille.

Après la mort de la mère de Grégoire, son père, âgé
de cinquante-cinq ans, s'est joint à un groupe de soutien
pour personnes en deuil. Il y a fait la rencontre d'une
femme de vingt-quatre ans, est tombé en amour avec
elle et s'est rapidement remarié. Grégoire a fait beau-

coup d'efforts pour demeurer calme et soutenir la décision de son père. Il a adopté une attitude de tolérance,
conservant une bonne relation ouverte avec son père.
Mais les autres membres de la famille ont fait connaître en termes on ne peut plus clairs leur réaction négative à cette nouvelle. La colère et la tension se sont
répandues à travers la famille. Des désaccords ont
surgi dans des relations jusqu'alors étroites et heureuses. Selon Grégoire: «Nous ne semblons tout simplement plus être une famille depuis ce temps.»

Le remariage est parfois difficile à accepter pour les
familles. De nouvelles relations peuvent devenir tendues sous le poids d'anciennes loyautés. Les vieilles
images de la famille et de ses membres doivent faire
place aux nouvelles. Mais si nous lâchons prise face à
notre attachement au passé et aux fantasmes, nous
pouvons conserver des relations familiales solides. Puis,
si tout finit bien, nous pouvons partager la joie de la
famille. Également, nous pouvons être une source
d'amour et de soutien plutôt que de récrimination et de
«je-vous-l'avais-dit».

Le même principe s'applique lorsqu'un membre de
la famille présente une nouvelle personne ou quand
nous avons à faire face à la famille d'un amant ou d'un
conjoint. Nous ne pouvons pas nous attendre nécessairement à aimer toutes ces personnes, à apprécier leur
compagnie ou à avoir beaucoup d'affinités avec elles.
Mais s'il arrive que tel est le cas, c'est merveilleux.
Sinon, peu importe. Notre bonheur et notre paix intérieure ne dépendent pas de ce que quiconque fait,
pense, ressent ou des personnes avec qui on a choisi
d'être.

Lorsque nous renonçons à toutes nos attentes et
suppositions, nous pouvons nous ouvrir davantage à la

découverte de sentiments positifs à l'égard des autres. Nous pouvons accepter les personnes telles qu'elles sont et apprendre que notre bien-être ne dépend pas d'elles. Les conflits, qui surgissent au sein d'une belle-famille ou à cause des relations avec cette dernière, peuvent être atténués, sinon résolus, en renonçant simplement à notre attachement au passé ou à des fantasmes familiaux. Il est inutile de nous mettre à dos les personnes que nous aimons en jugeant celles qu'elles aiment.

Les enfants

Sophie a attendu d'avoir trente ans, d'avoir une carrière et d'être mariée depuis cinq ans avant de décider d'avoir un enfant. Lorsque sa fille est née, Sophie affirme qu'elle éprouvait de «l'amour véritable» pour la première fois de sa vie. «Je me rappelle vivement tenir mon bébé en pensant: *Oh la la! C'est ça l'amour. Je n'ai jamais aimé personne de cette façon auparavant — même pas mon mari.* J'ai su tout de suite que c'était en quelque sorte *différent* et spécial. Je l'aimais plus que je pensais pouvoir aimer un autre être humain. Elle est encore aujourd'hui la seule personne que j'ai aimée de cette façon — totalement et *sans condition*.»

Ce lien spécial que ressentent les parents à l'égard de leurs enfants peut être merveilleux. Il peut également rendre la relation plus difficile en ce sens que tout dans cette relation est important pour eux. Nous essayons de donner à nos enfants tout ce dont ils ont besoin pour grandir et devenir forts, sains, intelligents, en sécurité et heureux. Nous investissons beaucoup de nous-mêmes dans l'éducation que nous leur donnons. Quand les choses se passent bien pour nos enfants,

nous sommes heureux et fiers. Quand elles tournent
mal, nous avons le cœur brisé.

Nous ne pouvons pas nous empêcher de faire des
projets et d'entretenir des attentes à l'égard de nos
enfants, et c'est là que les choses commencent souvent à
se gâter. Il arrive que les événements ne se déroulent
pas de la façon prévue. Toutes ces possibilités que nous
croyions offrir à nos enfants peuvent leur paraître des
fardeaux, des pièges ou des obligations. Ils peuvent
faire plusieurs des mêmes erreurs que nous avons faites, quoi que nous fassions ou leur disions. Nous voulons seulement leur éviter toute souffrance, grande et
petite, mais on dirait que les enfants se précipitent vers
ce qui peut leur causer de la souffrance.

Sophie affirme: «Je suis convaincue, après seize ans
de rôle parental, que les *parents* sont ceux qui grandis-
sent pendant toute la durée de l'éducation de leur
enfant. J'ai appris tellement de choses au sujet du
lâcher prise et de l'acceptation des personnes et des
événements tels qu'ils se présentent.»

Après huit ans de leçons, la fille de Sophie a abandonné le piano. Sophie a essayé de le cacher, mais la
décision de sa fille l'a vraiment bouleversée. «J'avais
envie de crier après elle, de la forcer à continuer, de lui
dire qu'elle le regretterait plus tard dans la vie. Mais je
n'ai rien fait. Je lui ai dit que la décision lui appartenait. Je lui ai dit calmement que je la trouvais talen-
tueuse et que je serais contente si elle continuait ses
leçons, mais que si elle ne voulait pas, je ne la forcerais
pas. Ce fut la chose la plus difficile que je lui aie jamais
dite.»

La fille de Sophie a abandonné ses leçons de piano
et n'a jamais rejoué depuis. Mais Sophie a décidé que

c'était correct. «J'ai renoncé à mes idées sur ce qu'elle devrait être et devrait faire. Je la laisse, *elle*, me montrer qui elle est, et je découvre que c'est infiniment agréable. Je peux l'aimer, être fière d'elle et heureuse pour elle, quelle que soit sa décision.»

Les rôles parentaux nous touchent à des degrés divers, selon notre point de vue, notre sensibilité et notre ouverture d'esprit. Mais au cœur de l'expérience du rôle parental se trouve l'*occasion* d'une croissance incomparable. Lorsque nous nous ouvrons à tout ce que nous pouvons apprendre de nos enfants durant toute notre vie, nous pouvons nous-mêmes continuer de grandir encore. Lorsque nous renonçons à attendre de trouver le bonheur *par* nos enfants, nous découvrons le bonheur des relations paisibles et aimantes avec eux.

L'amour

Nous sommes nombreux à voir nos relations avec autrui à quatre niveaux: *amour, sympathie, indifférence* et *aversion* ou *haine*. La plupart des gens tombent dans la catégorie *indifférence*. Ce sont des personnes avec lesquelles nous n'avons pas de véritable relation — soit parce que nous ne les avons jamais rencontrées, soit parce que nous n'avons partagé avec elles que quelques minutes sans importance.

La majorité des personnes que nous côtoyons chaque jour peuvent se diviser en *celles que nous aimons* et *celles que nous n'aimons pas*: collègues de travail, camarades de classe, connaissances, certains membres de la parenté et amis. Nous les jugeons d'après leur apparence, leurs paroles et leurs actions, les croyances et les attitudes qu'ils expriment et la façon dont ils nous traitent. Nous leur faisons parfois faire la navette entre les catégories *sympathie* et *aversion*. À d'autres moments, nous transformons ces *sympathies* en relations d'*aversion* ou même de *haine*; mais ce qui s'est habituellement produit, c'est que la personne a tout simplement cessé de combler un besoin en nous, ou peut-être que nos attentes, nos fantasmes ou nos suppositions à son sujet se sont révélées fausses.

Seul un petit nombre de personnes tombe dans la catégorie *amour*. Nous avons toutes sortes de définitions conduisant à ce que nous appelons «amour»: admiration, affection, confiance, respect, souci du bien-être, loyauté, intimité et attirance, pour n'en nommer que quelques-unes. Il y a également un élément à *caractère spécial* dans ce que nous appelons une relation d'amour, quelque chose qui la rend en quelque sorte *exclusive*. C'est un peu comme les secrets partagés, la fidélité sexuelle ou les liens familiaux. Ou il peut s'agir d'un élément moins tangible et plus difficile à définir.

Un homme a dit: «L'amour véritable porte sur des personnes très particulières. Personne d'autre ne peut répondre à ce modèle. Ce n'est pas comme être "en amour", alors que vous êtes heureux parce que certains de vos besoins et de vos désirs sont comblés — rôle que bien d'autres personnes pourraient sans doute assumer tout aussi bien. L'amour véritable est vraiment concentré sur cette personne bien précise.»

Nous définissons parfois l'amour comme une action plutôt qu'un sentiment. Une femme dit: «C'est avoir à cœur le bien-être d'une autre personne et ce que nous pouvons y ajouter.» Il arrive que ce que nous appelons «amour» se transforme en dépendance ou même en obsession. Nous divisons l'amour en genres, comme *pla-*

tonique, maternel ou *romantique*. Nous nous livrons à de grands débats philosophiques sur ce qu'est réellement l'amour et sur le nombre de personnes avec lesquelles nous pouvons le partager. Bien que nous le désirions beaucoup, en parlions, chantions des chansons et écrivions à son sujet, et si important qu'il soit pour nous, nous semblons être passablement déconcertés par l'amour.

«*Aime chacun, fie-toi à peu*»

Il y a une autre façon de regarder toute cette question de l'amour et des relations. Nous pouvons *simplifier* notre point de vue très compliqué. Premièrement, nous pouvons éliminer les catégories *aversion* ou *haine* et *indifférence*. Leur seul but est de faire croire à notre *ego* que nous pouvons choisir de ne pas entrer en relation avec certaines personnes ou que nous pouvons nous protéger en jugeant certaines personnes et en leur en voulant.

De toute évidence, nous ne pouvons pas interagir directement avec toutes les personnes du monde, mais nous *sommes* constamment en relation avec elles. Nous partageons la planète et influons les uns sur les autres de bien des façons sans même nous en rendre compte. En outre, nous ne pouvons pas aimer tout le monde, fermer les yeux sur leur comportement ou jouir de leur compagnie, mais nous *pouvons* cesser de les juger et de leur en vouloir. Une fois que nous aurons éliminé ces deux catégories négatives, nous pourrons nous concentrer sur les deux catégories positives.

William Shakespeare a écrit: «Aime chacun, fie-toi à peu.» Nous pouvons aimer tous les autres en les acceptant tels qu'ils sont et en leur souhaitant seulement la paix, la joie et la guérison de l'esprit, du cœur et du corps. Cela ne signifie aucunement une acceptation bête de l'abus ou de torts quelconques. Comme l'écrit Hugh Prather: «Ouvrir son cœur ne veut pas dire ouvrir sa maison, sa bourse, sa porte ou toute autre action. Comme composante du bonheur, l'acceptation est purement mentale.» L'acceptation et le pardon requis pour «aimer chacun» sont des *attitudes*, non des actions. Mais ces attitudes d'amour universel se manifesteront dans notre propre paix intérieure, notre bonheur et notre responsabilité extérieure à l'égard des autres.

Cette nouvelle sorte d'amour est universelle, inconditionnelle et *inclusive* plutôt qu'exclusive. Cela veut dire apprécier la paix et la compréhension plus que les disputes et les récriminations. Cela veut dire essayer d'entrer en relation avec les autres au niveau de notre *esprit* et du leur, plutôt que de ne communiquer qu'au niveau de nos *ego*. Cela veut dire ouverture, acceptation et pardon.

Le pardon

Le pardon est un élément clé de l'amour universel et inconditionnel. Nous pouvons le mettre en pratique de bien des façons et dans *toutes* nos relations. Nous pouvons commencer par de petits exercices de pardon à l'égard de ceux avec qui nous avons des relations en apparence insignifiantes.

Lucie nous raconte son expérience avec le pardon: «Mon mari et moi commandons de la pizza d'un restaurant local qui assure la livraison, dit-elle. Selon la publicité courante, votre commande parvient à votre domicile dans les trente minutes, sinon vous obtenez un rabais. Nous réglons toujours notre minuterie aussitôt notre commande passée, puis, habituellement, le livreur arrive juste au moment où la minuterie se déclenche. Mais une fois, elle a sonné et il n'était pas encore arrivé.

«Pendant que nous attendions, nous parlions du rabais, nous demandant si nous devrions l'exiger ou non. Nous avions parlé du pardon et des efforts nécessaires pour l'intégrer à notre vie. Pour nous, l'occasion semblait parfaite de le mettre en pratique. Nous avons décidé de ne rien dire et de payer le plein prix. Nous avions déjà préparé l'argent, de toute façon, alors ce n'était pas un problème. Nous nous demandions même si le livreur prendrait la peine de le mentionner, puisque l'heure de notre appel était toujours clairement indiquée sur la boîte.

«Le livreur arriva avec près de dix minutes de retard, n'en fit pas état, et nous avons payé le plein prix — nous lui avons même remis un pourboire comme d'habitude. Mais mon mari et moi ne nous sentions pas en colère, nous n'avions pas l'impression de nous être fait avoir. De fait, nous nous sentions *très bien* — comme si nous avions accompli une sorte de bonne action. Nous avions choisi de considérer qu'avoir raison était moins important qu'être calmes, paisibles et heureux. Fait intéressant, nous avons commandé de la pizza du même restaurant bien des fois depuis, et elle est toujours arrivée dans les quinze minutes!»

De tels petits exercices de pardon peuvent nous apprendre comme il est facile de lâcher prise face à un grand nombre de nos récriminations quotidiennes. À la vérité, elles ne comptent pas tant que cela. Mais qu'en est-il des choses importantes? Celles qui ont vraiment de l'importance et qui touchent nos vies de très près?

Comment pouvons-nous pardonner les véritables tragédies et atrocités qui remplissent le monde?

Le pardon n'est pas facile dans ces cas, parce qu'il
déclenche l'attachement de notre *ego* à la peur, à la
colère et au châtiment. Bien sûr, nos systèmes de police
et de justice criminelle sont nécessaires pour protéger
les innocents. Et nous avons le droit et la responsabilité
de mettre fin aux relations avec des personnes qui nous
font du tort. Mais dans notre cœur et dans notre esprit,
nous pouvons souhaiter pour ces coupables la guérison
et la paix plutôt que la vengeance. La colère, la peur et
les représailles ne peuvent pas annuler un tort une fois
qu'il a été fait, mais elles peuvent nous faire du tort.

Le pardon est pour nous-mêmes, non pour ceux contre qui nous avons des récriminations. Il nous libère de
notre propre colère et de notre peur qui nous empoison-
nent. Il efface les sentiments négatifs et les attitudes
négatives dans notre esprit, faisant place aux sentiments positifs et aux attitudes positives. Il n'est pas
nécessaire d'entrer en contact direct avec les personnes
auxquelles nous pardonnons. Il suffit de renoncer à
notre propre attachement aux sentiments de colère, de
peur et de vengeance.

Des petits exercices réguliers de pardon — comme
l'histoire de la livraison de la pizza que Lucie a racontée
— peuvent nous aider à mettre en pratique le renoncement à nos récriminations plus importantes. Nous pouvons prendre l'habitude du pardon, de sorte qu'il nous
vienne plus rapidement et plus naturellement.

Dans *The Power of Your Subconscious Mind* (Le
pouvoir de votre subconscient), Joseph Murphy écrit
que l'épreuve décisive du pardon est la façon dont vous
vous sentez lorsque vous apprenez quelque nouvelle

merveilleuse au sujet d'une personne qui vous a blessé dans le passé. Si vous éprouvez une réaction négative, c'est que vous ne lui avez pas encore totalement pardonné. Lorsque vous apprenez la bonne nouvelle et que vous n'en êtes pas affecté, «psychologiquement et spirituellement», c'est que vous lui avez réellement pardonné. Cet état d'esprit nous libère pour trouver le véritable bonheur en nous-mêmes.

Les relations spéciales

«Fie-toi à peu» est généralement ce que nous faisons déjà, même si nous ne lui donnons pas ce nom. Ce sont là nos relations spéciales: les personnes que nous aimons et admirons, dont nous jouissons de la présence et avec lesquelles nous entrons en relation à un niveau donné. Nous choisissons de fréquenter certaines personnes parce qu'elles comblent des besoins particuliers en nous.

Ces relations peuvent avoir une durée variable, selon les circonstances et l'évolution de nos besoins. Par exemple, un camarade de chambre au collège peut être la personne la plus proche de nous pendant plusieurs années, puis, après la remise des diplômes, il est possible que nous ne le revoyions jamais. Les personnes avec lesquelles nous sortons, travaillons, allons à l'école ou près desquelles nous vivons vont et viennent dans notre vie.

Certaines de nos «sympathies» sont très fortes et nous pouvons les appeler «amour». Grâce à elles, nous nous sentons en sécurité, acceptés, compris et importants. Ce sont des relations *exaltantes* — sexuellement, mentalement ou stimulantes et satisfaisantes sur le plan émotif. Nous voulons qu'elles durent toujours. Ou plutôt, nous voulons que ce *sentiment* dure toujours.

Mais là encore, nous changeons, nos besoins changent, les autres changent et nos relations changent également. Ce merveilleux sentiment que nous voulions voir durer toujours ne dure pas. Cette réalité peut nous laisser avec un sentiment de déception ou même de désespoir. Nous pouvons éprouver de la colère ou blâmer l'autre personne. Nous pouvons commencer à chercher quelqu'un d'autre qui sera la *bonne* personne, ou nous pouvons nous tenir à l'écart des relations étroites pour éviter de connaître encore une fois la souffrance de la séparation.

Le problème ici est causé par notre insistance à rendre notre bonheur dépendant de nos relations d'«amour». Comme l'écrit Jerry Jampolsky: «Chaque fois que je remets entre les mains d'une autre personne le pouvoir de déterminer mon bonheur, je me retrouve en situation d'angoisse et de conflit.» Si nous nous concentrons plutôt sur notre propre paix intérieure et sur notre bonheur, nous pouvons essayer d'aimer chacun et d'avoir de la «sympathie» pour quelques-uns. Toutes nos relations de «sympathie» peuvent alors être vues comme des expériences enrichissantes, peu importe leur intensité, leur durée ou leur résultat.

Nos illusions et nos fantasmes au sujet de l'amour se révèlent faux maintes et maintes fois. Mais quand nous nous y attachons comme des personnes qui se noient s'accrochent à un canot de sauvetage, nous oublions que si nous nous détendons et lâchons prise, nous pourrons flotter *par nous-mêmes*.

Être seul

Il est naturel pour les êtres humains d'être attirés les uns vers les autres. Nous nous organisons en nations, en villes, en quartiers et en familles. Nous créons des groupes fondés sur des intérêts, des buts, des passe-temps, des carrières, des croyances et des problèmes que nous partageons. Nous remplissons nos vies de relations dont l'intensité et l'objet varient.

Je crois que, comme humains, nous sommes attirés les uns vers les autres parce que nous sentons, peut-être inconsciemment, qu'à un niveau spirituel profond nous sommes tous un. Nous sommes naturellement portés à nous regrouper parce que cette unité est notre état naturel. Mais puisque notre paix, notre bonheur et notre spiritualité se trouvent profondément en nous-mêmes, nous pouvons en faire l'expérience dans la solitude, et nous avons souvent *besoin* de le faire.

Lorsque le mariage malheureux d'Anne s'est brisé, elle a ressenti le besoin d'être seule pour un certain temps. Invitée à passer la veille et le jour de Noël avec des amis, elle a choisi plutôt de rester à la maison, complètement seule. «J'étais contente quand mon mari a quitté la maison le jour de l'Action de Grâces, mais je me sentais un peu bizarre de passer Noël seule, dit-elle. Pourtant, je sentais qu'il *fallait* quand même que je le fasse.»

Ce moment de solitude s'est avéré pour Anne ce qu'elle appelle «un moment spécial qui a complètement changé ma vie». Plutôt que de se sentir seule ou effrayée, Anne déclare: «Tout à coup, j'ai eu l'impression que toute la maison était *pleine* — pleine d'esprit, de vie et d'amour, et d'un fort sentiment de paix. Je me suis soudainement sentie plus *en sécurité* que jamais. Je savais que tout irait bien, quoi qu'il arrive. Je sentais un lien spirituel très fort avec quelque chose à l'extérieur de moi-même — quelque chose de beaucoup, beaucoup plus grand. J'ai subitement compris que ma sécurité ne dépendait que de ce lien. Je savais que, quoi qu'il arrive, j'aurais toujours ce lien spirituel et que tout irait bien.»

Nous avons tous besoin d'un peu de temps seuls pour scruter nos propres pensées, apprendre à nous connaître et, peut-être, pour découvrir, comme l'a fait Anne, notre spiritualité. Nous avons parfois besoin de nous retirer des relations pour un certain temps, de façon à nous reposer, à guérir et à grandir. Il nous faut parfois laisser de nouvelles croyances, de nouvelles attitudes et de nouveaux comportements «prendre racine» et se consolider en nous pendant un certain temps avant de commencer à les mettre en pratique avec autrui.

Thomas, qui vit seul, se désigne lui-même comme «une personne fondamentalement isolée». Alcoolique et toxicomane en recouvrance, il dit: «Les gens blaguent maintenant au sujet de mon caractère "antisocial". Auparavant, j'étais *tellement* social — "social" n'est pas un mot assez fort pour me décrire. Je vivais ma vie à travers d'autres personnes, les drogues et l'alcool. Je pense que j'ai passé une période où j'étais extrêmement effrayé de socialiser parce que j'avais l'impression que je retomberais dans les mêmes modèles. J'avais aussi l'impression, pendant un certain temps, qu'une partie de tout ce processus de recouvrance m'appartenait à moi et à moi seul, et j'étais occupé à en faire l'expérience. Alors je me tenais à l'écart des autres.»

Thomas est maintenant en recouvrance depuis plusieurs années et n'a plus peur de fréquenter des gens. Il

a appris à établir un équilibre entre le temps qu'il consacre aux autres et celui qu'il passe seul. Il affirme:
«Maintenant je découvre que, lorsque je sors et que je
passe beaucoup de temps avec d'autres personnes, j'ai
besoin d'être seul ensuite pour réfléchir. J'ai consacré
bien du temps à réfléchir à ces choses — comment j'ai
agi et comment d'autres personnes ont agi. Je pose
beaucoup de "pourquoi" dans mon esprit au sujet de
certaines choses — comme *Pourquoi cette situation
s'est-elle produite de cette façon, et qu'est-ce que je ressens à ce propos, et qu'est-ce que je veux faire à ce propos
maintenant?* J'ai réellement besoin de mes moments
seul pour faire tout cela.»

Nos moments de solitude peuvent être remplis
d'introspection, de méditation ou de prières saines et
utiles. C'est une merveilleuse occasion de faire une
pause dans nos relations personnelles et sociales, de
prendre un certain recul et de nous rapprocher de nous-
mêmes et de notre Puissance supérieure. Nous pouvons
employer ces moments pour clarifier nos pensées et nos
sentiments, régénérer notre contact avec notre spiritualité et revenir vers nos relations avec de nouvelles ressources à partager.

La solitude

La solitude est parfois pénible à supporter. Nous
avons peut-être l'impression de ne pas avoir la sorte ou
le nombre de relations que nous aimerions. Ces
moments de solitude peuvent nous sembler plus pénibles que spirituels, plus solitaires que ressourçants.

Thomas affirme qu'il en a appris davantage sur son
besoin des autres durant ses moments de solitude.

«Une partie de votre spiritualité est ce que vous partagez avec la spiritualité des autres, dit-il. Je crois qu'il y a de la spiritualité dans la solitude et la méditation, mais il est nécessaire que l'esprit d'une autre personne soit présent afin d'exercer une certaine partie de votre spiritualité.» Nous désirons ardemment exercer cette partie de notre spiritualité pour nous joindre aux autres en toute tendresse et paix.

Lorsque nous nous concentrons sur notre bien-être, notre croissance et notre spiritualité personnels, et que nous trouvons des moyens positifs d'occuper nos loisirs, les relations ne peuvent manquer de s'ouvrir à nous. Par exemple, le travail bénévole est souvent un moyen extraordinaire de rencontrer des gens partageant les mêmes intérêts et d'apporter en même temps une contribution à notre collectivité. Les hôpitaux, les banques alimentaires, les bibliothèques, les centres communautaires et les campagnes politiques ont toujours besoin de bénévoles. Le théâtre amateur et les groupes musicaux, les organisations religieuses et les clubs d'intérêts particuliers sont à votre portée dans toutes les collectivités. Une grande variété de cours sont offerts à bon marché ou même gratuitement dans bien des écoles, centres communautaires et bibliothèques.

Il existe des groupes de soutien si nous voulons échanger avec d'autres personnes vivant des problèmes semblables aux nôtres. Il y a des groupes pour les dépendances à l'alcool, à la drogue, au sexe et au jeu, aux troubles alimentaires, aux maladies chroniques et au deuil. Il y a des groupes pour les parents et les chefs de famille monoparentale, les personnes divorcées ou les veufs et les veuves. Il y a un groupe pour les goûts et les besoins de chacun. Tout ce qu'il suffit de faire, c'est de prendre la peine de chercher celui qui nous convient

— et si nous n'aimons pas le premier que nous avons choisi, rien n'empêche d'en essayer un autre.

Nous risquons de saboter nos chances de faire des expériences merveilleuses si nous nous attachons à des attentes précises face aux gens ou aux relations. Les stratégies pour se faire des amis ou trouver des partenaires sont vouées à l'échec. Le désir désespéré de trouver une personne qui partage notre vie conduit à une intimité impulsive et à des souffrances suprêmes. Les amitiés se forment lorsque des intérêts communs nous rassemblent d'abord.

Des relations vont se former si nous leur en laissons l'occasion. Mais nous devons nous concentrer *d'abord* sur notre propre croissance et épanouissement, notre propre spiritualité et notre propre relation avec nous-mêmes. Si nous nous servons à bon escient des moments où nous sommes seuls, nous deviendrons petit à petit prêts à nous ouvrir au monde pour nous partager nous-mêmes. Puis d'autres apparaîtront et se partageront avec nous.

Les dénouements et les commencements

Les relations, comme les gens, changent constamment. Elles peuvent devenir plus étroites, plus chaleureuses, plus heureuses, plus saines, plus profondes, plus fortes et plus satisfaisantes. Elles peuvent également devenir plus faibles, plus froides et plus distantes. Tous ces changements exigent de nous que nous réévaluions et ajustions notre point de vue sur les relations et le rôle que nous y jouons.

Ce sont les dénouements qui nous posent souvent le plus de problèmes. Nous avons créé quelque chose qui comblait un certain vide dans notre vie et sa disparition nous force à effectuer un réaménagement de nous-mêmes, de notre temps et, peut-être, de notre lieu de travail ou de notre foyer. Nous devons également ajuster notre image de soi sans la relation. En outre, nous devons mettre de l'ordre dans nos sentiments face à l'autre personne et à la façon dont la relation a évolué et a pris fin. Si tout cela vous paraît beaucoup de travail, c'est que ce l'est habituellement. Mais c'est également une des meilleures occasions de croissance personnelle que nous puissions vivre.

Richard nous apprend que «le dénouement d'une expérience amoureuse» a été l'une des choses les plus pénibles qu'il ait jamais vécue. Le plus difficile a été mon combat avec moi-même pour comprendre que je ne pouvais pas défaire ce qui était arrivé à la relation, dit-il. Elle battait de l'aile et devenait peu à peu un problème de taille, et je ne pouvais rien y changer. Je voulais — et j'essayais désespérément de le faire — revenir au point où la relation était encore toute nouvelle.»

Richard poursuit: «Lorsque la relation a finalement pris fin, j'étais rempli d'apitoiement sur moi-même. Je sentais que j'avais travaillé tellement fort et que j'avais fait ceci et que j'avais fait cela, et pourtant cette relation se retrouvait dans un cul-de-sac.» Après une période d'amertume, Richard commença à se rendre compte à quel point il avait tenté de contrôler la relation. Il déclare: «J'ai appris à être plus sensible à l'apport des autres et à ne pas faire autant d'hypothèses sur les relations qu'auparavant.»

En étant disposés à tirer une leçon de nos erreurs dans les relations plutôt que de blâmer les autres, nous pouvons rendre ces expériences extrêmement précieuses pour nous. Si nous renonçons à notre peur, à notre orgueil, à notre colère et à l'illusion de la protection de notre *ego*, nous pouvons apprendre bien des leçons importantes. Nous pouvons prendre le temps dont nous avons besoin pour *grandir grâce à* l'expérience plutôt que de simplement essayer d'y survivre.

Le temps a aidé Richard à prendre du recul et acquérir de la perspective. Il affirme: «Cela m'a permis de constater le peu de temps que nous avions passé ensemble par rapport à tout le reste de ma vie, et de voir qu'il restait encore une grande tranche de ma vie à venir. C'est devenu une expérience d'apprentissage plutôt qu'un obstacle à mon évolution. Finalement, le moment est venu où j'ai senti que cette relation, cette partie de ma vie, était *OK*. Cela n'a pas marché — ou plutôt, cela *a* marché, la relation a été ce qu'elle a été — et c'était correct. Je n'avais pas à pleurer là-dessus sans arrêt pour le reste de mes jours.»

L'expérience pénible de Richard lui a permis d'acquérir une certaine perspicacité, l'acceptation et l'espoir de vivre de meilleures relations à l'avenir. Il en a tiré une grande compréhension qu'il n'aurait peut-être pas acquise autrement. Les problèmes que nous vivons dans nos relations et leur dénouement peuvent nous donner des leçons de vie et nous aider à grandir si nous leur en laissons l'occasion. Même si nous avons mal pendant un certain temps, nous pouvons y gagner beaucoup plus que nous n'avons perdu.

Les dénouements font place aux nouveaux commencements. Une fois que nous avons appris ce que nous pouvons tirer de ces expériences, nous y renonçons pour faire de la place dans notre esprit, notre cœur et notre vie à de nouvelles relations. Nous ne pouvons pas passer à de nouvelles expériences tant que nous nous accrochons avec entêtement à la vieille souffrance ou même aux souvenirs attendrissants. Nous devons accepter les dénouements à l'intérieur de nous-mêmes avant de pouvoir nous tourner vers l'extérieur.

Les nouveaux commencements sont exaltants. Ils nous réveillent, baignés d'émotions, de pensées et d'expériences toutes fraîches. Si nous leur apportons tout ce que nous avons appris, ils peuvent être meilleurs que tout ce que nous avons vécu dans le passé. Chaque nouveau commencement est une chance d'en apprendre davantage sur nous-mêmes et sur les autres, d'aller au-delà de nous-mêmes autrement, d'apprendre combien nous avons à donner et combien les autres ont à nous donner.

Lorsque nous renonçons à notre désir de contrôle, à nos attentes et à nos suppositions, ainsi qu'au désir de la protection de notre *ego*, nous pouvons nous ouvrir à de merveilleuses nouvelles relations. Nous pouvons nous engager avec les autres dans l'amour et la paix. Nous pouvons vivre notre unité spirituelle avec tous les autres êtres humains et notre Puissance supérieure. Nous pouvons remplir notre vie de relations heureuses et saines.

Exercice un

Les rôles familiaux. Quel rôle avez-vous joué dans votre famille? Y avait-il une étiquette qui l'accompagnait? Comment vous sentez-vous au sujet de ce rôle maintenant? Essayez-vous encore de le jouer auprès des membres de votre famille? Auprès des autres? Quelles parties de ce rôle aimez-vous et voulez-vous conserver? Quelles parties aimeriez-vous rejeter? Par où pouvez-vous commencer?

Exercice deux

Les fantasmes. Comment vous représentez-vous une famille idéale? Une relation amoureuse idéale? Une amitié idéale? Quelles sont vos attentes face aux autres dans le cadre de ces représentations? Est-ce que les autres comblent vos attentes? Comment vous sentez-vous lorsqu'ils ne les comblent pas? Pouvez-vous voir des moyens par lesquels vous essayez de contrôler les autres ou les relations? Qu'arriverait-il si vous abandonniez tous vos fantasmes et toutes vos attentes face aux autres? Essayez de le faire dans une relation précise et voyez ce qui se passe réellement.

Exercice trois

Le pardon. Cet exercice comporte deux parties: adopter une attitude indulgente et faire un geste de pardon. Premièrement, pensez à quelqu'un qui vous a blessé de quelque façon. Décidez dans votre esprit de renoncer à la récrimination. Maintenant, conservez à l'esprit l'image de cette personne et demandez à votre *esprit* et à votre Puissance supérieure de vous montrer ce qu'ils voient dans cette personne. Demandez une nouvelle façon de voir votre relation. Deuxièmement, faites un petit geste de pardon. Il peut s'agir d'un geste comme celui de l'histoire de la livraison tardive de pizza que Lucie nous a racontée. Rendez-vous compte que cela n'a tout simplement pas d'importance. Vous vous sentez bien sans la colère et sans le sentiment de justice auquel vous renoncez — de fait, vous avez l'impression qu'un grand poids s'est retiré de vos épaules.

Exercice quatre

Être seul. Prenez le temps d'être seul avec vous-même chaque jour. Fermez le téléviseur, la radio et coupez court à toute autre distraction. Passez simplement un peu de temps avec *vous* en essayant de connaître vos propres pensées, vos propres sentiments. Essayez de trouver la partie la plus aimante et la plus paisible de vous-même. Profitez de ce moment et inscrivez-le dans votre horaire quotidien.

CHAPITRE 5

Les problèmes des autres

Il n'est pas nécessaire que les autres changent pour que nous connaissions la tranquillité d'esprit.

— Jerry Jampolsky

Les problèmes des autres peuvent nous toucher de bien des façons, posant un véritable défi à notre sérénité, à notre équilibre ou à notre équanimité. Si nous permettons le déclenchement de nos *ego*-réactions, nous risquons de réagir aux problèmes des autres avec culpabilité, colère, inquiétude, peur ou quelque autre forme d'attitude défensive. Nous nous sentons peut-être responsables d'arranger ce qui ne va pas ou coupables de ne pas pouvoir le faire. Nous pouvons nous retrouver sur le tapis roulant de l'attaque et de la défense cher à notre *ego*.

Mireille et sa mère

Mireille dit que sa vie se déroule assez bien la plupart du temps. Elle a un mariage heureux, un travail qu'elle aime, une nouvelle maison et elle se sent généralement satisfaite. Mais lorsque Mireille parle avec sa mère au téléphone, c'est une tout autre affaire. «Je m'inquiète tellement à son sujet, nous dit Mireille. Elle est veuve, elle vit seule dans une autre ville et, à cause d'un handicap physique, elle ne peut pas obtenir d'emploi ni conduire de voiture. Elle refuse absolument de vendre la maison et de déménager plus près de moi. Lorsque les prestations de retraite de mon père sont arrivées à échéance, je me suis rendue folle d'inquiétude. Heureusement, ma situation me permettait de commencer à lui envoyer un peu d'argent chaque mois, mais ce n'est jamais suffisant. Elle parle encore constamment de son état de pauvreté. Je ne sais pas ce que je peux faire de plus.»

Mireille dit qu'elle pense beaucoup aux problèmes de sa mère. «J'ai l'impression que mon image de moi en tant que bonne personne repose sur la façon dont je prends soin d'elle, dit-elle. Je fais ce que je peux, mais je ne peux pas prendre soin de ses émotions. Je me sens attaquée par ses récriminations incessantes, même si je lui envoie effectivement de l'argent et que je l'appelle constamment.»

Même si Mireille sait qu'elle fait tout ce qu'elle peut, et que l'argent qu'elle envoie à sa mère lui est vraiment utile, elle éprouve quand même de la culpabilité, de l'inquiétude et de la colère chaque fois qu'elle parle à sa mère. «La culpabilité et l'inquiétude viennent en tête d'une longue liste de fantasmes "Et si...", précise-t-elle. La colère provient du fait que *je sais* que je ne suis pas responsable de son bonheur, mais que, malgré tout, *je sens* que je le suis quand même.»

Au-delà du stade de la bienveillance

Chaque fois que nous dépassons le stade de la bienveillance et de la compassion pour vraiment essayer de régler les problèmes d'une autre personne, nous nous retrouvons en plein cœur d'une lutte d'*ego*. Nous nous sentons attaqués par le manque de sérénité de l'autre, sa tristesse et la réalité de ses problèmes. La personne peut se sentir attaquée par le problème, par notre tentative d'aide ou par notre incapacité à y réussir. Nous pouvons nous sentir à la fois sur la défensive et amers.

Nous ne pouvons pas prendre soin de nous, de notre véritable bonheur, de notre tranquillité d'esprit et de notre bien-être tout en essayant de contrôler la vie d'une autre personne, ses problèmes ou ses sentiments. Nous ne pouvons pas rendre une autre personne heureuse, et nous n'avons pas besoin de son bonheur pour trouver le nôtre. Si nous nous rappelons que le bonheur — notre bien-être suprême — provient de l'intérieur de chacun de nous, nous pouvons voir que toutes nos manipulations extérieures sont futiles.

Lorsque nous reconnaissons les réactions défensives de notre *ego* aux problèmes des autres, nous pouvons commencer à nous tourner vers notre *esprit* pour adopter un autre point de vue. Le point de vue de notre *esprit* est aimant et généreux, mais pas d'une façon obsessionnelle, contrôlante ou menée par la culpabilité. Il est également aussi aimant envers nous-mêmes qu'envers les autres. Dans certaines relations comme celles des parents et des enfants-adultes, nous sommes particulièrement exposés au point de vue de notre *ego* plutôt qu'à celui de notre *esprit*.

Les enfants-adultes

À mesure que vieillissent nos parents, nous avons peut-être le sentiment d'une dette envers eux. Après tout, ils nous ont élevés et se sont sans doute sacrifiés pour nous de bien des façons. Comme Mireille, nous nous sentons quelque peu responsables de leur bonheur et de leur bien-être. Mais nous devons examiner attentivement ce que nous pouvons faire et ne pas faire pour eux de façon réaliste.

Nous pouvons, à l'instar de Mireille, les aider financièrement, s'il nous est possible de le faire. Nous pouvons les conduire au magasin ou chez le médecin si nous en avons le temps et demeurons assez près d'eux. Nous pouvons leur téléphoner ou leur rendre visite à l'occasion pour voir comment ils se portent et leur laisser savoir que nous nous soucions d'eux. Parfois, nous pouvons être en mesure de faire des petites choses qui leur sont importantes, comme déplacer du mobilier lourd.

Souvent, nous pouvons aider nos parents par des moyens concrets, comme leur obtenir l'aide dont ils ont besoin, mais nous ne pouvons jamais assumer ni contrôler leurs sentiments. Même si nous les appelons ou leur rendons visite régulièrement, ils peuvent continuer de se sentir seuls. Nous leur obtenons les meilleurs services médicaux possibles, mais voilà qu'ils se plaignent, ne font pas confiance aux médecins et aux infirmières, refusent un traitement ou même nous accusent de ne pas prendre soin d'eux. Quel que soit le

cas, il *leur* appartient de choisir leurs propres sentiments. Nous ne pouvons pas contrôler ces sentiments
par aucune de nos actions.

Essayer de gagner l'amour de nos parents

Nous essayons parfois, peut-être inconsciemment,
d'obtenir quelque chose de nos parents dont nous avons
eu besoin comme enfants et n'avons pas alors obtenu.
Peut-être le faisons-nous en nous ajustant constamment à leurs demandes, dans un effort pour obtenir
leur amour ou éviter leur désapprobation.

Lorsqu'il s'est marié, Alex a commencé à se rendre
compte de tout le temps qu'il consacrait à faire des choses pour ses parents. Sa nouvelle épouse était surprise
lorsqu'il laissait tout tomber et se précipitait chez eux
chaque fois qu'ils lui téléphonaient. «Mes parents appelaient chaque fois qu'un vieil ami de la famille se trouvait en ville, et ils s'attendaient à ce que je me rende
chez eux et passe un moment avec cette personne,
même si je ne la connaissais pas, dit Alex. Il ne m'est
jamais arrivé de dire non jusqu'à ce que mon épouse
commence à se fâcher parce que je bouleversais les
plans qu'elle et moi avions déjà faits. Je la laissais parfois seule avec des invités chez nous pour me rendre
chez mes parents. Parfois, j'interrompais une soirée
tranquille, seul avec elle, parce qu'ils appelaient et me
demandaient de faire quelque chose pour eux. Ma
femme ne pouvait pas comprendre pourquoi je traitais
chaque demande ou invitation de ma famille comme
une "performance sur commande". Quand sa famille
téléphonait, elle disait souvent: "Désolée, je suis occu-
pée" sans même y repenser. Je me sentais toujours bien
trop coupable pour faire quelque chose du genre.»

En examinant ses sentiments à l'égard de ses parents âgés, Alex s'est rendu compte qu'il avait peur qu'ils deviennent gravement malades ou même qu'ils meurent sans même lui avoir donné l'amour inconditionnel et l'approbation qu'il avait toujours voulu d'eux. Il ne pouvait rien leur refuser tant qu'il croyait qu'il pourrait un jour obtenir cette approbation en se conformant à leur moindre désir.

Le besoin que nous éprouvons de l'approbation de nos parents vient de l'image de soi vulnérable de notre *ego* et de la peur de l'abandon. Notre *ego* se sent attaqué par tout signe de désapprobation, de désaccord ou de détresse — particulièrement venant de nos parents. Nous nous mettons à défendre notre image de nous-mêmes, notre aptitude à être aimés ou même notre sécurité. Notre *ego* se sent menacé dans son essence même lorsque nos parents semblent nous rejeter de quelque façon.

Que nos parents tombent malades ou non n'a rien à voir avec le fait de prendre soin de nous, même s'ils n'approuvent pas les moyens que nous choisissons pour le faire. Nous ne pouvons pas les forcer à nous donner ce que nous avons voulu d'eux durant notre enfance et n'avons jamais obtenu. Nous *pouvons* refuser de nous sentir responsables de leur santé, de leur bonheur et de leur bien-être.

La culpabilité et la honte

En tant qu'adultes, il nous arrive sans doute de ramener à la surface d'autres problèmes de relations provenant de notre enfance. Par exemple, nos relations avec nos frères et sœurs peuvent influer sur la façon dont nous percevons les problèmes des autres à l'âge adulte et y réagissons.

Rina dit qu'elle joue souvent «à l'idiote», dans un effort pour que les autres se sentent plus intelligents qu'elle. Elle se sent coupable de connaître une réponse lorsque les autres semblent mystifiés. Elle dit que la culpabilité et la honte la consument chaque fois qu'elle atteint un but ou reçoit une reconnaissance quelconque pour un succès dans un domaine ou un autre de sa vie. Elle est également furieuse d'être incapable de jouir de ses succès, et tout aussi furieuse lorsque les autres ne soulignent pas ses réalisations ou les banalisent. En scrutant sa famille d'origine, Rina a commencé à comprendre d'où venaient ces sentiments.

«Mon frère avait une difficulté d'apprentissage, explique-t-elle. À cette époque, il n'y avait pas tous ces programmes spéciaux et toute l'aide pour ces genres de problèmes qu'il y a maintenant. On ne faisait que murmurer dans la famille qu'il était un peu "lent". Nous étions toujours sensés faire très attention pour ne pas qu'il se sente stupide ou inadéquat. Ainsi, quand j'obtenais des A, personne n'y portait attention, mais lorsqu'il obtenait des C, tout le monde le félicitait sans arrêt.»

Rina a appris à minimiser ses résultats scolaires et même à s'en sentir coupable. «Je me sentais mal parce que l'école était facile pour moi, dit-elle. Je ne participais à aucun concours et je ne faisais pas de demande de bourse que je savais avoir des chances d'obtenir. J'ai refusé de fréquenter des collèges privés de prestige, et je suis allée à une université publique à proximité, sans grande fanfare, même si j'étais la première personne de ma famille à faire des études universitaires. Quand j'ai été nommée sur le palmarès du doyen, je ne l'ai dit à personne. De fait, j'en avais honte.»

Maintenant adulte, Rina sait qu'elle prend les problèmes des autres comme un signe qu'elle doit se sentir coupable et honteuse. «Je me sens responsable des sentiments des autres personnes relativement à leur bonheur et à leur image de soi, dit-elle, et je crois qu'au plus profond de moi ça signifie que je ne peux pas avoir une bonne image de moi-même.»

La culpabilité face au succès

Beaucoup d'entre nous se sentent coupables de leur succès ou de leur absence de problèmes dans certains domaines de leur vie. Si nous avons grandi dans une famille où un des membres souffrait d'un handicap particulier qui exigeait beaucoup de temps, d'argent et d'attention de la famille, nous en avons peut-être été secrètement contrariés et, par conséquent, nous en éprouvions de la culpabilité. Avoir une habileté particulière, un talent ou un intérêt dans un domaine où une autre personne est faible peut alors engendrer chez nous de la culpabilité ou de la honte.

Cette culpabilité ou cette honte est créée par notre *ego* en réaction à un sentiment d'attaque par le malheur d'un autre. Pourquoi devrions-nous nous sentir «attaqués» par les problèmes des autres? Parce que *notre image de soi comme une bonne personne peut être ébranlée par le fait que notre situation est plus reluisante que celle d'un autre.* Rappelez-vous, notre *ego* ne connaît que l'attaque et la défense. Ce sont là ses réactions à *tout*, même aux bonnes choses qui nous arrivent, et même s'il doit nous attaquer nous-mêmes à coup de sentiments négatifs comme la culpabilité et la honte.

Notre *ego* peut engendrer de la culpabilité et de la peur face à la perte lorsque nous faisons une acquisition qui est nouvelle pour nous ou que les autres n'ont toujours pas. Pierre est un homme d'affaires prospère qui s'est enrichi en travaillant fort et en devenant très avisé en matière d'investissements. Il a bien pris soin de gagner tout son argent de la façon la plus légale et morale qui soit. Mais il dit se sentir encore coupable de ses succès et de sa richesse. «Je viens d'une famille relativement pauvre, dit-il. Nous n'avions jamais plus que le strict minimum, et même cela était parfois difficile à obtenir.»

Pierre éprouve encore de la culpabilité parce qu'il y a de la pauvreté dans le monde. «Je sais que quoi que je fasse, je ne peux pas régler ça, dit-il. Je ne peux pas nourrir tous les affamés, et parfois je me sens mal à cause de cela.» Même si Pierre aide sa famille et contribue généreusement aux œuvres de charité, il dit qu'il a peur que le fait d'avoir tout cet argent en prive d'autres. «Je sais que ce n'est pas vrai, explique-t-il. Je le *sais*, mais je ne le *sens* pas. Ce que je ressens, c'est une responsabilité envers *tout le monde*. Pourquoi en aurais-je plus que tout le monde?

De nombreux alcooliques, toxicomanes et codépendants en recouvrance éprouvent ce même genre de culpabilité. Comment pouvons-nous jouir de notre santé et de notre bonheur de fraîche date pendant que d'autres personnes souffrent encore? Comment la vie peut-elle devenir bonne pour nous et être si terrible pour d'autres? Tant que d'autres personnes souffrent quelque part, de quelque façon, comment pouvons-nous être heureux sans au moins éprouver un sentiment de malaise?

Nous ne pouvons pas partager
ce que nous n'avons pas

La culpabilité, la peur et la honte ne font pas de nous de bonnes personnes. Il s'agit seulement de jeux que joue notre *ego* pour nous maintenir dans la tristesse. Ces jeux cachent la joie pure de notre *esprit* derrière l'attaque et la défense de notre *ego*. Comme l'écrit Jerry Jampolsky: «La culpabilité et la peur ne peuvent pas coexister avec l'amour.» Mais nous pouvons y renoncer et les remplacer par l'amour, la paix, l'acceptation et la joie.

Nous trouvons notre bonté à l'intérieur de notre *soi* véritable, de notre esprit — et non dans la culpabilité, la honte ou le renoncement. Nous vivons doucement, généreusement et affectueusement lorsque nous sommes guidés par notre sagesse spirituelle plutôt que par la peur de notre *ego*. Notre culpabilité et notre honte n'allègent les problèmes de personne; elles ne font que créer des problèmes pour nous-mêmes.

Nous devons nous rappeler que pour partager l'amour, la paix, l'abondance, la joie, la compréhension et le pardon avec les autres, il faut être en relation avec ces qualités à l'intérieur de nous. Elles sont toujours à notre disposition au niveau de notre *esprit*. Mais les points de vue négatifs comme la culpabilité et la honte nous maintiennent centrés au niveau de notre *ego*, qui est incapable de tels sentiments. *Notre propre croissance spirituelle et notre bien-être sont ce qui nous permet de vraiment aider et aimer les autres.*

L'inquiétude

L'inquiétude nous donne l'illusion que nous faisons réellement quelque chose pour régler un problème ou éviter un tort. En réalité, tout ce que nous faisons, c'est augmenter au maximum notre niveau d'anxiété et créer un stress négatif en nous-mêmes. C'est comme faire tourner nos roues dans le sable — on dirait qu'il y a beaucoup de mouvement, mais nous n'allons nulle part. L'inquiétude est très amusante pour notre *ego*, mais elle est une absurdité totale pour notre *esprit*.

Nos sujets d'inquiétude peuvent varier de l'emploi de notre conjoint à l'économie mondiale. Nous nous inquiétons peut-être au sujet des enfants du voisin ou de la guerre dans un pays lointain. Nous nous en faisons peut-être pour des catastrophes qui ne se sont jamais produites et qui ne se produiront jamais. Nous nous inquiétons peut-être de ce qu'une autre personne devrait ou ne devrait pas penser, ressentir, vouloir, avoir ou faire.

Lorsque nous nous inquiétons au sujet des problèmes des autres, nous oublions d'avoir confiance qu'eux-mêmes et leur Puissance supérieure peuvent s'en occuper. Nous nous détournons de l'espoir et de la foi naturels de notre *esprit* et, plutôt, nous laissons le champ libre à la tentative futile de notre *ego* pour contrôler des gens et des événements. Nous évitons aussi les pensées constructives au sujet de nous-mêmes et de nos propres problèmes. L'inquiétude est véritablement une perte de temps et d'énergie, mais elle est souvent notre réaction aux problèmes des autres. Nous imaginons parfois tous les malheurs qui pourraient arriver à nos parents, nos enfants, notre conjoint, notre amant, nos amis et nos collègues de travail. Nous avons peut-être l'impression que toute cette inquiétude les aide de quelque façon ou, au moins, leur prouve que nous nous soucions d'eux. Nous croyons sans doute que notre inquiétude est naturelle et indépendante de notre volonté.

Nous pouvons apprendre à reconnaître la différence entre la bienveillance et une inquiétude inefficace. Nous pouvons renoncer à nos pensées anxieuses sur ce qui pourrait arriver aux personnes qui nous sont chères, et porter toute notre attention sur les véritables choix et les vrais problèmes auxquels nous avons à faire face. Nous pouvons renoncer à la peur de notre *ego* et la remplacer par la foi, l'espoir, l'amour et la confiance de notre *esprit*.

Le mariage

Le mariage et les autres relations impliquant un engagement peuvent particulièrement prêter à confusion quant à la question des limites personnelles. Si «ce qui est à moi est à toi et ce qui est à toi est à moi», est-ce que cela comprend les problèmes? Est-ce que le problème de notre conjoint au travail est *notre* problème? Sommes-nous responsables des dépendances, des interrelations, de la santé et du bonheur de notre amant?

L'intimité de ces relations peut faire en sorte que nous nous sentions engagés dans tous les aspects de notre vie mutuelle. Mais il existe une différence entre prendre soin ou partager et se sentir responsable. Nous pouvons partager nos sentiments, s'accorder mutuellement un espace sûr pour échanger, et essayer de se comprendre et de se soutenir. Mais nous ne pouvons pas résoudre nos problèmes respectifs, ni contrôler les choix et les sentiments de l'autre.

Le conjoint surprotecteur

Benoît et sa femme, Rose-Marie, ont décidé très tôt dans leur relation de ne pas avoir d'enfants, mais de consacrer leur vie à leur carrière. «Rose-Marie est très engagée dans son travail, et revient à la maison chaque soir avec beaucoup d'histoires sur sa journée au bureau et sur les décisions qu'elle a eu à prendre, nous dit Benoît. Je suis très intéressé par ce qu'elle fait, pense et ressent. Alors, lorsqu'elle me parle de son travail, j'ai tendance à y aller de mes opinions et de mes conseils. Parfois, je lui donne des conseils qui, selon moi, peuvent l'aider. D'autres fois, lorsque quelqu'un l'a malmenée, je me fâche vraiment et je veux les appeler, mais Rose-Marie m'arrête. Elle se met en colère contre moi parce que je m'investis tellement dans tout ce qu'elle me dit. Je ne comprends pas. Est-ce qu'elle ne veut pas que je me préoccupe d'elle et que je manifeste de l'intérêt?»

Selon Rose-Marie, Benoît n'écoute pas vraiment tout ce qu'elle dit, mais ne fait qu'y réagir. «Lorsque je reviens à la maison après une longue journée au bureau, je veux quelqu'un à qui parler, pas quelqu'un qui va résoudre mes problèmes pour moi, explique-t-elle. Je n'ai pas besoin d'un protecteur ou d'un conseiller, j'ai besoin d'un ami, d'un amant, d'un mari. Parfois, j'ai besoin de m'entendre penser à voix haute, ou encore de me défouler. Parfois, j'ai simplement besoin de partager ce que je ressens avec quelqu'un en qui j'ai confiance. Si je voulais de l'aide ou des conseils, je le demanderais.»

Les pensées et les sentiments que nos amants et nos conjoints partagent avec nous sont des *dons*. Ce sont des bijoux de proximité et d'intimité. Si nous essayons de les contrôler, nous trahissons cette intimité. Nous enlevons quelque chose à la personne que nous aimons. Nous la voyons comme quelque chose de moins qu'un individu entier, complet, responsable. Nous pouvons même détruire nos relations.

Rose-Marie ne confie plus ses pensées et ses sentiments à Benoît. Elle affirme: «Si je ne peux rien lui dire sans qu'il se mette à juger tout ce que je dis, à m'indiquer ce que je dois faire ou même à aller parler à quelqu'un à propos de ces problèmes, alors je ne peux plus rien lui dire.» Mais si Benoît accepte les réflexions que Rose-Marie partage avec lui, les écoute pleinement et sans porter de jugement, et renonce à essayer de la contrôler, elle et sa vie, ils peuvent rétablir la confiance dans leur relation.

Les personnes que nous aimons n'ont pas besoin que nous les sauvions. Elles n'ont pas besoin de notre interférence ni de notre contrôle. Elles n'ont pas besoin que nous nous occupions de leurs sentiments, de leurs choix ou de leurs actions. Elles ont besoin de notre attention, de notre respect, de notre soutien et de notre acceptation. Elles veulent que nous les écoutions, que nous les serrions dans nos bras quand elles sont heureuses tout aussi bien que quand elles sont tristes. Elles ont simplement besoin que nous les aimions.

Les limites au travail

Nos familles et nos relations amoureuses ne sont pas les seuls lieux où nous nous permettons d'être influencés par les problèmes des autres. Au travail, nous nous engageons souvent dans les problèmes des autres en faisant du travail supplémentaire pour eux, en écoutant leurs plaintes (et en étant bouleversés par elles) ou même en tolérant leurs abus.

Nos véritables responsabilités sont souvent plus clairement définies au travail que n'importe où ailleurs dans notre vie. Assumer les problèmes des autres au travail ne peut qu'endommager notre habileté à mener à bien nos propres responsabilités et nous remplir de colère et de ressentiment. Mais c'est peut-être au travail que notre pouvoir de dire non est le plus fragile. Nous nous sentons peut-être sur la défensive de peur de perdre notre emploi ou notre image de bon travailleur, alors nous sommes prêts à accepter des responsabilités supplémentaires et à nous entendre avec les autres.

L'établissement de certaines limites est aussi nécessaire au travail que n'importe où ailleurs dans notre vie. Si nous nous sentons malmenés dans notre travail, il nous faut prendre certaines décisions quant à ce que nous sommes prêts à abandonner pour l'emploi. Notre sérénité? Notre respect de nous-mêmes? Notre tranquillité d'esprit et notre véritable bonheur? Si nous choisissons de ne pas quitter l'emploi lui-même, nous devons décider comment nous allons protéger ces aspects de nous-mêmes.

Notre sérénité et notre tranquillité d'esprit se trouvent à l'intérieur de nous. Nous pouvons choisir de les conserver intactes, malgré le comportement ou les problèmes des autres. Mais il faut y mettre un certain effort pour renoncer aux sentiments de notre *ego* qui se sent attaqué par ces personnes et leurs problèmes, et nous tourner vers le point de vue serein de notre *esprit*. Ce point de vue paisible ne signifie pas qu'il faille accepter les mauvais traitements des autres ou leurs problèmes. Cela veut dire reconnaître que leurs problèmes ne sont pas les nôtres et que nous pouvons être bien sans essayer de les résoudre ou de laisser ces personnes nous faire du tort.

Mais enfin, à qui appartient le problème?

Lorsque nous examinons nos attitudes et notre comportement à l'égard des problèmes des autres personnes, nous devons nous demander: *À qui appartient le problème? Qui a réellement le droit, la responsabilité et le pouvoir de faire ce choix?*

Ce n'est pas irresponsable ni cruel de nous attendre à ce que les autres s'occupent de leurs propres problèmes. Ce n'est pas égoïste ni inconsidéré de nous concentrer sur nos propres problèmes. Mais parfois, il est difficile de départager les absurdités de l'*ego* et de distinguer clairement à qui un problème appartient. C'est souvent parce que des problèmes en causent d'autres, et nous finissons par ne plus savoir quel problème, s'il en est, nous appartient.

Une partie de la difficulté provient du désir de notre *ego* de *jeter le blâme*. Nous nous empêtrons à nous demander qui semble avoir *causé* les problèmes, plutôt que de nous demander qui est responsable de s'en occuper *maintenant*. Jeter le blâme sur les autres pour la création de nos problèmes n'assure en rien leur résolution. Si les choix d'une autre personne nous posent des problèmes, nous devons déterminer quels problèmes il nous appartient de résoudre.

Par exemple, si quelqu'un a une dépendance active, c'est *son* problème, même s'il s'agit d'une personne qui nous est chère. Elle est en réalité la seule qui puisse décider ce qu'elle veut faire au sujet de cette dépendance. Mais si elle abuse de nous de quelque façon ou si sa dépendance a d'autres effets négatifs sur nous, c'est *notre* problème de décider ce que nous devons faire pour prendre soin de nous-mêmes. Dans ce cas, essayer de guérir ou de contrôler la dépendance, c'est outrepasser les limites de notre responsabilité; sortir d'une relation abusive ou obtenir de l'aide pour nous-mêmes ne l'est pas.

Les personnes affectées par les dépendances des autres doivent renoncer à prendre soin de l'autre personne et apprendre à prendre soin d'elles-mêmes, mais cette affirmation est également vraie de *toutes* nos relations. Nous devons:

• examiner tous les problèmes ou les choix pour découvrir lesquels *ne* sont véritablement *pas* les nôtres;

• y renoncer; et

• concentrer notre attention et nos efforts sur les problèmes qu'il nous appartient de résoudre ou les décisions qu'il nous appartient de prendre.

Prendre soin de nous-mêmes

Vivre à partir de notre *esprit* plutôt que de notre *ego* ne veut pas dire prendre sur nous tous les problèmes des autres. Nous n'avons pas à «garder la paix» afin de jouir de la tranquillité d'esprit. Nous pouvons nous affirmer, nous respecter et prendre soin de nous-mêmes de toutes les façons qui améliorent réellement notre bien-être et notre véritable bonheur. Si une telle démarche nous semble «égocentrique», nous devons nous rappeler que notre véritable bonheur et notre bien-être découlent des relations paisibles, de l'amour de soi et des autres, et du renoncement aux peurs de notre *ego*.

Les relations affectueuses ne laissent aucune place à l'inquiétude ou aux efforts pour résoudre les problèmes de l'autre personne. Si nous voyons cette attitude comme une partie normale de l'amour, peut-être confondons-nous amour et projection. Peut-être voyons-nous ce qu'une autre personne devrait faire parce que nous devrions faire de même dans notre propre vie. Peut-être craignons-nous de faire face à nos propres problèmes, alors nous permettons à notre *ego* de nous convaincre que prendre sur nos épaules ceux d'une autre personne peut nous aider à éviter nos problèmes et à faire de nous une bonne personne en même temps.

La difficulté, c'est que quels que soient nos problèmes, ils ne disparaissent pas du fait que nous n'y portons pas attention. Au contraire, ils empirent habituellement. Notre *ego* peut nous persuader que si une personne nous aime vraiment, elle va se charger de nos problèmes et les résoudre pour nous. Mais le résultat final de toute cette confusion, c'est que *nous échouons dans nos efforts pour résoudre les problèmes des autres et nos propres problèmes ne se règlent pas en raison de notre négligence.*

Cela ne signifie pas qu'il ne faut jamais aider ou être aidés. Mais l'amour n'est pas synonyme de: «Je résoudrai vos problèmes et vous résoudrez les miens.» Aimer une autre personne signifie: «Je te respecterai, te soutiendrai, me soucierai de toi et t'aiderai si je peux, mais je ne peux pas me charger de tes sentiments, de tes choix ou de tes problèmes.» Nous aimer nous-mêmes signifie: «Je suis responsable de mes sentiments, de mes choix et de mes problèmes, et d'obtenir l'aide dont j'ai besoin.»

La tranquillité d'esprit dans un monde de problèmes

Tout le monde a des problèmes. Nous passons notre temps à rencontrer d'autres personnes et être confrontés à leurs problèmes dans le déroulement de nos activités quotidiennes. Parfois, grâce aux médias modernes, nous sommes informés de toutes sortes de problèmes affligeant toutes sortes de personnes que nous ne rencontrerons jamais ou avec lesquelles nous n'avons rien en commun. Comme l'écrit Hugh Prather: «Une image constante s'impose à nous, celle d'un monde qui se ronge les sangs et se tord les mains sans arrêt.»

Comment déterminons-nous quels problèmes nous pouvons réellement solutionner et lesquels nous sommes mieux de laisser aux autres? Comment éviter que les problèmes, les décisions et le manque de sérénité des autres nous touchent? Parfois, des personnes nous attaquent directement avec leurs problèmes, alors qu'à d'autres moments nous semblons chercher des problèmes auxquels nous accrocher; ou encore, il nous arrive tout simplement de partager un espace avec quelqu'un qui exprime un problème ou qui a une conduite impulsive. Il peut s'agir de n'importe quel genre de problème, mais un problème fréquent par lequel nous nous laissons affecter est le manque de sérénité des autres.

La perte de tranquillité de Catherine

Catherine a grandi dans une communauté très religieuse. Elle a fréquenté des écoles catholiques où, dit-elle, «toutes les petites filles voulaient se faire religieuses et tous les petits garçons voulaient devenir prêtres». La dévotion de ces enfants était authentique et innocente. «J'étais totalement engagée dans toute l'affaire, se rappelle Catherine. Je sortais de la messe avec un sentiment profond de paix spirituelle et d'intimité avec Dieu.»

Un dimanche d'été, après la messe, Catherine sortit de l'église avec sa famille. «Habituellement, je restais dans le jubé réservé à la chorale, à chanter jusqu'à ce que presque tout le monde se soit dispersé. Mais ce jour-là, je m'étais assise avec ma famille parce que j'avais mal à la gorge et que je ne pouvais pas chanter. Je descendis les marches de l'église jusqu'au trottoir où les gens étaient rassemblés, parlant en petits groupes. Il y avait ces femmes vêtues de leurs plus beaux atours, avec leurs chapeaux — c'était les dames de la congrégation que nous, les filles, étions sensées admirer, les épouses, les mères et les bénévoles — et je les entendais parler des autres participants. Voici un peu ce qu'elles disaient: "*Avez-vous vu une telle? Pouvez-vous croire ce qu'elle portait? Oh! je sais! Et elle va toujours s'asseoir directement à l'avant afin que tout le monde la voie. Vraiment! Avoir un autre enfant à son âge! Vous savez que sa première fille est devenue enceinte à l'école secondaire...*" Ma tranquillité d'esprit et ma sérénité furent brisées sur le champ. Je retombai brutalement dans le monde quotidien des cancans malveillants, hypocrites et mesquins. Je revins à la maison et pleurai. Je ne l'oublierai jamais.»

Si Catherine se rappelle cet incident si vivement, c'est que c'était la première fois qu'elle se rappelle avoir été affectée par le manque de paix et de sérénité d'une autre personne. Jeune fille, il était choquant pour elle de voir que les gens pouvaient sortir de l'église où ils venaient juste de prier et de chanter les louanges de Dieu, l'amour, la joie et la paix, et commencer tout de suite à échanger leurs cancans méchants. L'expérience a marqué une perte d'innocence pour Catherine, une réalisation que tous ne se sentent pas aussi près de Dieu qu'elle à l'église, et que les gens n'agissent pas toujours selon ce qu'ils prêchent et prient.

Nous, adultes, connaissons ces choses. Nous avons assez d'expérience pour savoir que le monde et ses habitants ne sont pas parfaits. Mais plutôt que de l'accepter et de conserver notre tranquillité quand même, nous permettons souvent aux jeux de l'*ego* des autres de nous tirer de notre sérénité. Nous nous permettons de réagir avec peur, colère, déception, et même avec désespoir lorsqu'on nous rappelle une fois de plus les problèmes des autres.

Le temps d'être heureux, c'est maintenant

Nous ne pouvons pas reporter la recherche et le maintien de notre véritable paix intérieure et de notre sérénité. Il n'y aura jamais un moment parfait ou facile pour le faire. Nous attendrons *éternellement* si nous voulons un monde où personne n'est de mauvaise humeur ou ne s'attend à ce que nous réglions leurs problèmes. Plutôt que d'attendre un monde parfait, nous pouvons aider le monde à se rapprocher de cet idéal en prenant soin de nos propres croyances, de nos attitudes et de nos comportements. Nous pouvons faire une contribution aimante à la paix et à la sérénité du monde en maintenant notre paix et notre sérénité.

Nous n'avons pas à résoudre les problèmes des autres ni même tous les problèmes qui surgissent entre nous et autrui. Mais il nous faut cependant nous occuper de nos sentiments par rapport à ces problèmes. Par exemple, si nous n'aimons pas la façon dont nos parents nous traitent encore, nous ne sommes pas obligés de nous asseoir et d'en venir à un accord avec eux sur la modification de nos relations. Une telle démarche peut être ou ne pas être possible, selon plusieurs facteurs et au moins en partie selon *leurs* choix. Mais il nous faut examiner *nos* sentiments attentivement et honnêtement, et les résoudre. Puis nous pouvons prendre certaines décisions sur les mesures nécessaires pour prendre soin de nous-mêmes et de notre paix, de notre bonheur et de notre bien-être.

Laisser libre cours à notre colère à l'égard des autres *n'est pas* une façon de prendre soin de nous-mêmes ou de favoriser notre paix, notre bonheur ou notre bien-être. Même une déclaration calme sur nos sentiments ne sera pas nécessairement bien reçue ni comprise par les autres. Les gens entendent et voient souvent ce qu'ils veulent bien. Ils peuvent refouler toute compréhension de ce que nous exprimons. Tout ce que nous pouvons faire, c'est de renoncer aux croyances, aux pensées, aux sentiments et aux actions des autres, et nous rappeler de limiter nos efforts à la résolution des nôtres.

La façon dont les problèmes des autres nous affectent est toujours notre choix. Si nous examinons nos croyances, nos attitudes et nos actions *de façon pragmatique,* nous pouvons choisir celles qui nous aident et favorisent notre santé, notre bonheur et notre bien-être personnels. Nous pouvons apprendre à voir les problèmes des autres avec amour et détachement. Nous pouvons les aider de façon saine et paisible, et renoncer à essayer d'accomplir l'impossible. Nous pouvons faire confiance aux autres, à leurs capacités de composer avec ce qui est indépendant de notre volonté et de notre responsabilité. Nous pouvons avoir confiance dans la capacité de notre Puissance supérieure de les aider. Et nous pouvons espérer pour le mieux.

Exercice un

Dressez une liste des personnes importantes dans votre vie quotidienne. Énumérez maintenant les façons dont leurs problèmes vous affectent et les émotions qu'ils déclenchent (comme la honte, la peur, l'inquiétude, l'anxiété, la colère ou la culpabilité).

À la lumière de la distinction entre l'*ego* et l'*esprit* en vous-mêmes et dans les autres, quelles réactions proviennent de votre *ego*? Comment votre *esprit* pourrait-il réagir différemment? Déterminez quels sont les sentiments et les comportements d'attaque et de défense. Quels sentiments et actions seraient les plus utiles à votre véritable paix intérieure et à votre bonheur?

Exercice deux

Déterminez les tendances à l'égard de l'inquiétude. Quand, où et à propos de qui vous inquiétez-vous? Quel effet l'inquiétude a-t-elle sur vous? L'inquiétude règle-t-elle jamais un problème ou empêche-t-elle un tort de se produire? Déterminez les différences entre l'inquiétude et la résolution constructive de problèmes. Maintenant, renoncez à l'inquiétude dans chaque domaine de votre vie. Visualisez sa libération entre les mains de votre Puissance supérieure.

CHAPITRE 6

Les succès des autres

La comparaison est la fin de toute véritable satisfaction de soi.

– John Powell

Nous pouvons réagir de bien des façons lorsque d'autres personnes gagnent, réussissent ou acquièrent quelque chose de nouveau. Bien que nous puissions vouloir ou prétendre être heureux pour elles, nos véritables sentiments sont souvent le ressentiment, la colère, la peur, l'envie ou la dépression. Notre estime de soi peut être abîmée par les comparaisons que nous établissons entre nous-mêmes et les autres. Nous pouvons même réagir de cette façon lorsque les personnes que nous aimons ou desquelles nous nous sentons proches atteignent un but ou reçoivent un coup de pouce inattendu.

Pourquoi réagissons-nous si négativement à de tels événements positifs? Parce que notre *ego* se sent menacé par tout succès à l'extérieur de lui-même. Lorsqu'une autre personne gagne quelque chose, notre *ego* se sent attaqué, comme si quelque chose lui avait été enlevé. Notre *ego* nous compare constamment aux autres, jugeant nos gains et nos pertes par rapport aux leurs, nous remplissant de peur et d'attitudes défensives.

Nous pouvons craindre de perdre notre emploi ou notre statut au travail lorsqu'un collègue reçoit une promotion. Nous pouvons en vouloir à notre voisin d'être en mesure de s'acheter une nouvelle voiture alors que nous continuons à nous promener avec notre vieux tacot. Nous pouvons croire que notre conjoint ou notre amant nous quittera s'il ne s'intéresse plus à nous sur le plan financier, affectif, intellectuel ou social. Nous pouvons *savoir* que ces sentiments ne sont pas fondés ou sont irrationnels, mais nous les *ressentons* tout de même.

Toutes ces réactions aux succès des autres enflamment notre *ego* et détruisent notre paix et notre bonheur. Comme l'écrit Jerry Jampolsky: «Il n'y a pas de place pour la tranquillité d'esprit ou l'amour dans notre cœur lorsque l'*ego* nous dit d'attacher de l'importance à la colère et à la haine.» Si nous nous rappelons que nous avons tous un *ego* qui voit le monde comme fini, avec seulement une certaine quantité de succès et de bonheur à distribuer, nous pouvons comprendre ces réactions. Mais nous pouvons aussi les dépasser. Nous pouvons renoncer aux croyances, aux peurs et aux insécurités erronées de notre *ego*.

Pour comprendre les réactions de notre *ego* à la bonne fortune et aux succès des autres, il faut d'abord examiner nos expériences d'enfance pour voir où ces réactions ont commencé. Lorsque nous scrutons nos expériences de jeunesse, reconnaissant les traits de notre *ego* qui vit en nous, nous pouvons voir plus clairement comment nos sentiments et nos comportements actuels en découlent.

On nous apprend souvent, dès notre plus jeune âge, à nous comparer constamment aux autres. En grandissant dans nos familles et à l'école, nous nous sommes souvent trouvés en concurrence avec les autres pour obtenir de l'attention, de l'argent, des biens matériels, des honneurs, du prestige et même de l'amour. C'est peut-être là que nous avons appris à craindre les succès des autres.

La rivalité primaire

Nos frères et nos sœurs ont souvent été nos premiers concurrents. Nous rivalisions pour l'attention et l'affection de nos parents, et découvrions de quelle façon nous pouvions obtenir leur approbation. Nous en avons peut-être voulu à nos plus jeunes frères et sœurs alors qu'ils nous volaient le temps et l'énergie de nos parents. Nous avons peut-être même comploté notre vengeance, les traitant avec un sentiment bien inférieur à «l'amour fraternel».

Si nos parents nous ont comparés l'un à l'autre, nous avons peut-être formé des ressentiments profonds. Nous sommes peut-être passés à l'acte relativement à ces sentiments en attaquant nos frères et nos sœurs ouvertement ou de façon plus subtile. Nous avons peut-être choisi de nous comporter de la façon opposée lorsqu'un frère ou une sœur recevait des louanges pour un comportement précis. Nous avons peut-être obtenu de l'attention en étant simplement «pas sages».

On nous a peut-être attribué un rôle dans notre famille qui faisait en sorte que notre bonne image de soi reposait sur des réalisations constantes. Ou on nous avait peut-être attribué un rôle qui ne nous permettait aucune réalisation ni succès. Parfois, notre rôle familial peut être celui de la personne «qui gâche tout» ou celui du «paresseux» ou celui de «la jolie mais peu intelligente». Ces genres de rôles peuvent faire en sorte que nous nous sentons comme si certains genres de réalisations et de succès n'étaient pas pour nous, et, en conséquence, nous éprouvons peut-être du ressentiment face aux autres qui les obtiennent.

Notre famille d'origine peut avoir servi de schéma directeur de l'opinion que nous avions des autres groupes dans lesquels nous nous sommes retrouvés plus tard et de notre façon de composer avec eux. Nous avons peut-être mis au point des méthodes, pour obtenir de l'attention ou avoir l'impression de réussir, qui étaient destructives ou qui allaient à l'encontre du but recherché. Nous avons peut-être encore de vieilles bandes magnétiques qui jouent dans notre esprit, disant des choses comme *Pourquoi ne peux-tu pas être comme un tel?* Nous réagissons peut-être au bonheur et au succès des autres en pleurnichant: *Et moi alors?*

Les frères et sœurs plus âgés trouvent souvent que leurs parents permettent aux plus jeunes d'entre eux de jouir plus tôt qu'eux de privilèges accrus ou d'une plus grande liberté. C'est souvent attribuable au développement des habiletés et de l'expérience des rôles parentaux de nos parents. Sarah dit que quand elle avait seize ans, ses parents ont essayé de compenser les écarts apparents, quant à ce que ses sœurs plus jeunes avaient le droit de faire, en lui accordant sa propre chambre à coucher et en la relevant de ses tâches ménagères.

Sarah affirme: «Ce qui me semblait tellement injuste, c'est qu'ils m'ont retiré toutes les tâches que je faisais par moi-même et les ont partagées entre mes trois sœurs. Elles avaient donc à faire *un tiers* de ce que je faisais au complet — *et elles s'en plaignaient!* Ça ne me semblait tout simplement pas juste, et j'étais très en colère lorsqu'elles osaient se plaindre.»

Ce ne sont pas seulement les enfants plus âgés qui éprouvent ce genre d'injustice et de pression. Les enfants plus jeunes peuvent ressentir une pression énorme à marcher dans les traces de leurs frères et sœurs plus âgés. Souvent, leurs talents ou leurs intérêts sont différents, et ne sont peut-être pas appréciés ou acceptés par la famille. Ils ont peut-être tout simplement envie que leur identité individuelle soit reconnue.

Ces genres d'expériences familiales vécues très tôt peuvent avoir des effets prolongés dans nos vies d'adultes. Elles apprennent à notre *ego* à avoir peur et à s'attendre à un traitement injuste et, par conséquent, à éprouver de la jalousie et du ressentiment à l'égard des autres. Notre esprit peut ne jamais avoir la chance de nous montrer combien nous nous sentons en sécurité et heureux, quels que soient l'avoir ou les réalisations des autres.

D'autres problèmes parentaux

Il n'y aura jamais de parents parfaits. Nos parents peuvent nous avoir involontairement préparés, dès l'enfance, à croire que nous ne méritions pas le succès ou à ne pas admettre celui des autres. Nous avons peut-être appris à supprimer notre désir de respect et de soutien relativement à nos propres réalisations si nous n'avons pas obtenu de tels encouragements de nos parents. Ce besoin supprimé peut ressortir plus tard sous la forme de jalousie ou de ressentiment à l'égard des autres.

Alors qu'il se trouvait au secondaire, on avait demandé à Éric de faire un discours à l'occasion d'une cérémonie de remise des prix. Il s'agissait d'un très grand honneur, accordé à un seul élève de toute l'école chaque année. Éric était très fier et heureux d'avoir été choisi. Selon lui, c'était une marque de respect et de reconnaissance pour tout son excellent travail à l'école.

«J'étais vraiment nerveux, se rappelle Éric. Mais j'avais consacré beaucoup d'efforts à mon discours et j'avais fait de mon mieux. Je trouvais que j'avais fait un très bon travail.» Après la cérémonie, les amis, les professeurs et la famille d'Éric le félicitèrent de son discours. «J'étais très fier et je voulais que mes parents aussi soient fiers de moi. J'avais vraiment besoin de leur approbation et de leurs félicitations. Mais la première chose que ma mère m'a dite, c'est: "Pendant un moment, je pensais que tu allais être intarissable — tu sais comme tu fais habituellement — mais tu t'en es finalement bien tiré".» Le commentaire de sa mère avait privé Éric de ses sentiments de succès et de fierté. «Cela m'a vraiment coupé l'herbe sous le pied. Je me sentais comme un pauvre type. Je ne pouvais cesser de m'inquiéter à propos de ce que j'avais eu l'air, de ce que j'avais dit. Je me sentais terriblement mal.»

Éric affirme maintenant: «Peut-être qu'elle ne voulait pas dire cela; mais ce que ma mère a fait, c'est me priver de cet important moment de succès. C'était plus fort qu'elle, elle ne pouvait pas me laisser en jouir. Je ne me suis jamais senti à l'aise après cela face à tout genre d'honneurs ou de réalisations. J'avais toujours l'impression que je ne les avais pas mérités, comme s'ils allaient m'être enlevés si je me permettais d'y croire ou d'en jouir trop.»

Lorsque nos parents ne réussissent pas à nous donner le respect et le soutien dont nous avons besoin pour nos réalisations, il arrive que nous devenions incapables de jouir de nos succès. Nous pouvons aussi avoir un ressentiment correspondant pour tous les succès des autres et le plaisir qu'ils en éprouvent. Nous nous retrouvons enchevêtrés dans cette peur qu'éprouve notre *ego*, à savoir que les bons sentiments peuvent nous être enlevés et le seront. Nous ne nous permettons peut-être pas d'expérimenter la joie de notre *esprit* dans nos réalisations et celles des autres.

L'école

Même si nous n'avions pas de frères et sœurs ou si nous avons reçu un traitement remarquablement égal de la part de nos parents, nous avons rapidement découvert la notion de comparaison et de concurrence à l'école. Malheureusement, nous n'avons pas encore élaboré un système éducatif exempt de jugement constant et de comparaison des élèves les uns avec les autres. Comme l'école occupe une place si importante dans la vie des enfants, nous avons passé beaucoup de temps à grandir dans cet environnement compétitif.

Le plaisir d'apprendre de nouvelles choses, d'explorer tous les fascinants aspects des mathématiques, de la science, des langues et des arts peut se perdre dans la course aux étoiles dorées et aux beaux grands A à l'encre rouge. Le développement des habiletés et des capacités peut être devenu moins important que les notes en classe. L'accumulation des connaissances peut avoir été refoulée au profit de l'accumulation des récompenses.

Mathieu dit qu'il a quitté le collège après la première année parce qu'il était «tellement las de tout le système de notes et toutes ces absurdités». Il explique: «Lorsque vous avez dix-huit ans, vous avez passé toute votre vie à l'école, à être constamment jugé et comparé aux autres enfants. J'étais intelligent et je réussissais bien, mais toute cette pression m'enlevait le plaisir — et *l'intérêt* — de l'apprentissage.»

Après avoir quitté le collège, Mathieu a voyagé beaucoup, occupé plusieurs emplois différents et «lu avec voracité». Il dit: «J'ai toujours aimé les livres. Aussi loin que remontent mes souvenirs, les livres ont été un des plus grands plaisirs de ma vie. L'école avait presque étouffé cette joie en moi. Lorsque je travaillais dans une usine ou que je conduisais un taxi, j'avais toujours un livre avec moi. J'ai redécouvert mon amour de l'apprentissage.»

Mathieu est retourné au collège à l'âge de vingt-six ans et a obtenu son diplôme avec distinction à l'âge de trente ans. «Cette fois, dit-il, je n'étais là que pour moi-même. Je ne me souciais pas des notes, je ne me comparais pas aux autres étudiants. Je *profitais* simplement de toutes les nouvelles idées et des connaissances que je pouvais absorber.

«Ce que les gens ne semblent pas comprendre, c'est que même lorsque des enfants obtiennent de très bonnes notes, leur expérience scolaire ne leur apporte pas nécessairement une estime de soi saine et élevée. Parfois, ils en tirent plutôt un sens aigu de la compétition — le sentiment que leur estime de soi dépend de toutes ces récompenses et de tous ces symboles ridicules. Ils ne peuvent jamais se sentir bien de simplement *apprendre* ou même d'être simplement eux-mêmes.»

Les sports et les jeux

Au cours de notre enfance, nous avons peut-être aussi appris à voir les sports et les jeux comme des exercices de conquête, plutôt que d'habileté et de plaisir. Nous avons peut-être appris rapidement que le seul plaisir de jouer, c'est de gagner. Il ne nous a pas fallu longtemps pour comprendre que «la douleur intense de la défaite» devait être évitée à tout prix. Un grand nombre d'entre nous ne se sont tout simplement pas adonnés aux sports si, très tôt, il leur a semblé qu'ils n'avaient pas l'étoffe d'un joueur étoile.

Même nos parents et nos professeurs ont peut-être favorisé l'attitude selon laquelle nos adversaires sont toujours mauvais ou ne méritent pas notre respect, simplement parce qu'ils étaient du mauvais côté. Plusieurs d'entre nous n'ont même jamais appris à *faire comme si* ils étaient un chic type ou une brave fille, qu'ils en aient envie ou pas. C'est malheureux parce que «faire comme si» peut devenir une habitude. Et quand l'habitude est acquise, nous pouvons évoluer vers des sentiments authentiques de bonheur à l'égard des succès des autres et de plaisir face aux jeux pour eux-mêmes.

Les raisons pour lesquelles nous participons à des sports ou à des jeux sont souvent voilées par notre sens surdéveloppé de la compétition. Les jeux d'habileté et de stratégie ont été mis au point très tôt dans l'histoire de l'humanité. Ils nous ont donné des occasions d'apprécier et de jouir des habiletés physiques et mentales des autres. Ils nous ont donné des activités communautaires et récréatives à partager. Ils nous ont distraits de notre travail quotidien.

Mais aujourd'hui, les jeux et les sports semblent souvent chargés des mêmes stress et des mêmes pressions que nous avons besoin de fuir. Nous les traitons peut-être davantage comme un travail difficile et déplaisant que comme un jeu. Nous nous investissons peut-être en eux comme si notre image de soi et notre bien-être émotif en dépendaient. Nous laissons peut-être notre *ego* gâcher le plaisir de chaque activité récréative que nous entreprenons.

On peut réapprendre à avoir du plaisir dans les sports et dans les jeux et ce, à tout âge. Tout ce qu'il suffit de faire, c'est de reconnaître la confusion remplie de peur de notre *ego* qui a besoin de gagner et qui se sent menacé lorsque d'autres personnes gagnent. Nous pouvons renoncer à ces fantasmes et commencer à prendre plaisir aux sports et aux jeux plus que jamais. Notre esprit peut assumer nos attitudes et nos actions dans ce domaine de notre vie, comme dans tous les autres, et nous montrer la joie du jeu véritable.

Notre image de soi

L'élément le plus fondamental de notre habileté à nous réjouir du bonheur et des succès des autres se trouve dans notre image de soi. Si nous sommes remplis de paix intérieure et de bonheur, comment les succès des autres peuvent-ils nous affecter de manière négative? Si nous sommes tranquilles et confiants en nous-mêmes, comment les succès des autres peuvent-ils nous menacer? Si nous savons que nous sommes beaucoup plus que nos réalisations extérieures et nos succès, pourquoi devrions-nous nous soucier de les comparer à ceux de quelqu'un d'autre?

Notre esprit ne se soucie pas de ces choses. Il est toujours totalement paisible et heureux. Il ne nous compare jamais aux autres. Il se réjouit de *tout* véritable bonheur ou succès, quelle que soit la personne qui en jouisse. Il sait qu'il n'est pas menacé par tout événement positif qui arrive dans notre vie ou dans celle de quelqu'un d'autre. Il ne peut même pas concevoir une pensée aussi effrayante.

Si nous vivons dans l'ombre de la peur et du sentiment d'être à part, qui sont le propre de notre *ego*, nous ne pouvons pas faire autrement que nous sentir menacés par les succès des autres. Mais notre esprit connaît son unité avec tous les autres, et il ne peut que partager la joie de leur succès, de leur bien-être et de leur véritable bonheur. Nous pouvons apporter ce sentiment d'unité avec les autres dans notre vie consciente. Nous pouvons nous permettre de nous réjouir des succès des autres.

Julien a découvert l'image de soi de son *ego* lorsque sa femme s'est mise à réussir mieux que lui financièrement. «Je n'avais jamais pensé être un de ces gars qui se sent menacé par une conjointe gagnant plus d'argent, dit-il. Mais je me suis rendu compte qu'en faisant cette réflexion, je croyais également très peu probable que cela m'arrive. J'étais plus âgé que ma femme, j'avais plus d'années de scolarité et plus d'expérience professionnelle, alors il me semblait tout à fait logique de toujours gagner plus d'argent qu'elle.»

Lorsque sa femme a voulu quitter son emploi pour se lancer en affaires, Julien était tout à fait d'accord. «Je me suis dit que je pourrais facilement subvenir à nos besoins avec mes revenus, et si elle voulait s'adonner à ce petit passe-temps, je n'avais aucune objection.» Mais le «petit passe-temps» s'est rapidement transformé en une entreprise prospère et lucrative.

«Je n'avais jamais pensé qu'elle serait une telle femme d'affaires, ajoute Julien. Au bout de la première année, son entreprise faisait déjà des profits et, au bout de la deuxième, elle rapportait à la maison deux fois plus d'argent que moi. J'étais bouleversé. Je la traitais très mal. Au lieu de la soutenir et d'être fier de ses réalisations, je me plaignais continuellement. Je me fâchais parce qu'elle n'était pas à la maison aussi souvent qu'auparavant. Je rabaissais son travail et je me conduisais, de manière générale, comme un enfant gâté.

«Aux personnes de mon entourage, je disais que j'étais heureux des succès de ma femme. J'affirmais apprécier ce surplus de revenus et je disais à la blague que je pourrais quitter mon emploi et vivre aux crochets de ma riche conjointe. Mais à l'intérieur, je brûlais. Je me détestais. J'avais l'impression que l'équilibre entre nous s'était déplacé et mon image de moi-même tout entière était détruite. Je ne savais plus qui j'étais. Je regardais autour de la maison, je voyais partout des choses que son argent avait achetées et j'avais l'impression d'être un échec.»

L'*ego* de Julien l'avait convaincu que son image de soi dépendait du soutien financier qu'il apportait à sa famille. Lorsqu'il ne pouvait plus remplir cette fonction, il se sentait inutile et craintif. Il avait perdu de vue l'amour et la joie de son esprit à l'égard du succès de sa femme et permettait plutôt à son *ego* de déterminer son image de soi.

Quand nous répondons à la question *Que suis-je?* avec la certitude, la confiance et l'invulnérabilité de notre *esprit*, nous pouvons accepter les succès des autres avec joie. Si nous savons qu'il existe une abondance de biens tout autour, nous pouvons être heureux pour les autres lorsqu'ils semblent en obtenir un peu. Lorsque nous sommes prêts à accueillir nos propres succès, personne ne peut aucunement nous détourner d'eux.

Nous pouvons commencer à comprendre que l'image de soi de notre *ego* est très différente de celle de notre *esprit*. Nous pouvons accepter la crainte et l'attitude défensive de notre *ego* comme étant le seul moyen pour lui de voir le monde. Nous pouvons commencer à utiliser le pouvoir que nous avons de remplacer l'image de soi de notre *ego* par celle de notre *esprit*. Ce pouvoir est la clé qui nous permettra d'apprendre à accepter — et même à apprécier — les succès des autres.

L'envie et la jalousie

Bien que ces mots soient souvent employés de façon interchangeable, il existe une différence subtile entre *envie* et *jalousie*. Le *Petit Robert* définit l'envie comme: «sentiment de désir mêlé d'irritation et de haine qui anime quelqu'un contre la personne qui possède un bien qu'il n'a pas...; désir de jouir d'un avantage, d'un plaisir égal à celui d'autrui; désir d'avoir, de posséder, de faire quelque chose.» L'envie, c'est notre *ego* qui dit: *Je veux ce que tu as, et je te déteste parce que tu l'as.*

La jalousie, quant à elle, est définie ainsi: «sentiment hostile qu'on éprouve en voyant un autre jouir d'un avantage qu'on ne possède pas ou qu'on désirerait posséder exclusivement; inquiétude qu'inspire la crainte de partager cet avantage ou de le perdre au profit d'autrui.» La jalousie, c'est notre *ego* qui dit: *Tu ne peux pas avoir ce que j'ai, et je te déteste d'essayer de l'avoir et de l'obtenir.*

La jalousie et l'envie indiquent que nous avons posé des conditions précises à notre bonheur. Nous croyons que *Si seulement j'avais ce...* ou *Si seulement cette autre personne n'avait pas...,* nous serions heureux. La jalousie et l'envie sont des illusions que notre bonheur et notre bien-être ont quelque chose à voir avec ce que d'autres personnes ont ou font.

Notre *ego* est convaincu que si une autre personne possède un bien désirable, nous en sommes privés. Alors, il veut avoir ce que les autres ont ou atteignent, et il protège soigneusement ce qu'il pense que nous avons. Le point de vue de notre *ego* pense que nous sommes toujours en danger de perdre ce que nous avons et n'obtenons jamais rien d'aussi bon ou de mieux pour le remplacer. L'envie et la jalousie sont ses mécanismes de défense contre ces menaces perçues.

Renoncer à l'envie et à la jalousie

L'abondance infinie, la générosité et le partage dépassent l'entendement de notre *ego*. Une fois que nous comprenons cela, nous pouvons commencer à comprendre plusieurs de nos attitudes et comportements autodestructeurs. Nous pouvons commencer à tourner le dos aux perceptions défensives de notre *ego* et à nous ouvrir à la connaissance supérieure de notre *esprit*.

Le fait de partager et d'apprécier les succès et le bonheur des autres crée *davantage,* non pas moins. L'amour étendu aux autres grandit et se multiplie. La paix répandue dans le monde — venant même d'une seule personne — prend de l'expansion et s'étend à tout l'univers. Nous pouvons tous y gagner par la santé, le bonheur, le bien-être et le succès véritables des autres.

À l'inverse, l'envie et la jalousie craintives ne font que resserrer notre domination sur la portion de succès que nous réussissons à atteindre. Plus nous resserrons notre étreinte, moins nous possédons réellement. Notre peur de perdre au profit des autres ne peut que nous apporter du chagrin. Notre joie à l'égard de leurs succès peut nous ouvrir aux nôtres.

La justice

Il est facile d'être heureux des succès de quelqu'un qui, à notre avis, les mérite. Lorsque nous voyons de longs et pénibles efforts récompensés, cela semble juste. Quand nous voyons l'abondance et le bonheur entrer chez quelqu'un qui a souffert, nous considérons que c'est bien et juste. Lorsqu'une personne manifestement privée dans certains domaines est gagnante dans un autre, nous appelons cela équilibre ou équité.

Mais qu'en est-il de quelqu'un qui semble gagner facilement, sans sacrifice ni paiement? Qu'en est-il des personnes qui semblent profiter d'activités qui font du tort aux autres — ou du moins, qui ne semblent pas en souffrir? Et qu'en est-il lorsque de bonnes choses arrivent à des personnes qui ne semblent pas les mériter?

Il semble parfois qu'un comportement nuisible soit effectivement récompensé. Nous pouvons réagir avec colère aux richesses des manipulateurs de la Bourse ou à la réélection de politiciens corrompus. Nous pouvons être outrés des succès apparents des autres lorsque nous pensons qu'ils ne les ont pas mérités ou qu'ils ont été payés pour quelque méfait.

Si nous définissons «en être quitte» comme échapper au système juridique, il est évident que bien des gens «en sont quittes» pour bon nombre de crimes, très souvent. Mais si nous définissons la justice cosmique comme étant la loi suivant laquelle on récolte ce qu'on a semé, alors la notion d'«en être quitte» pour quelque chose n'existe pas. Notre paix intérieure, notre bonheur et notre bien-être sont toujours abîmés par la supercherie et le tort à l'égard des autres ou de nous-mêmes.

L'histoire d'Alice

Lorsqu'elle était adolescente, la meilleure amie d'Alice a été tuée dans un accident de voiture impliquant un délit de fuite. «J'étais tellement *en colère*, déclare Alice. Mon sens de la justice était démoli. Je ne pouvais croire qu'une jeune vie pouvait disparaître comme cela pour aucune raison, et que la personne qui en était responsable pouvait s'en tirer comme si rien ne s'était produit. Je *détestais* la personne, quelle qu'elle soit, qui conduisait cette voiture. Je voulais *tellement* que la police trouve cette personne. Je voulais avoir la chance de crier après cette personne, de lui dire quel être merveilleux elle avait tué, je voulais voir ce chauffeur souffrir de cet accident.»

Mais la mère de son amie adopta une attitude différente de celle d'Alice. «Je ne pouvais croire la façon dont elle se conduisait, dit Alice. Elle ne voulait absolument rien savoir des efforts qui étaient faits pour trouver le chauffeur de la voiture qui avait tué sa fille. Elle disait que trouver le chauffeur, le traduire en justice et le punir de quelque façon, cela ne ramènerait pas sa fille à la vie. Elle disait que quiconque avait causé cet accident aurait à vivre avec ce souvenir le reste de ses jours et que tout était entre Dieu et cette personne. C'était une femme aimante et paisible, mais en même temps, je la trouvais réellement folle. Je ne pouvais absolument pas partager son point de vue. Je criais vengeance pour ce qui avait été fait à mon amie — et à *moi*.»

On n'a jamais retrouvé le chauffard qui avait tué l'amie d'Alice. «Cela me tracassait réellement de penser que là-bas, marchant dans la ville, vivant probablement une vie normale, se trouvait la personne qui l'avait tuée, dit-elle. J'avais peur qu'il s'agisse de quelqu'un que je connaissais, que j'avais rencontré après l'accident, avec qui je travaillais ou qui habitait à côté de chez moi. Je me promenais beaucoup à cette époque, dévisageant les étrangers et pensant: "Cela pourrait être *vous*."»

Alice affirme maintenant, près de vingt ans après l'accident, qu'elle partage mieux le point de vue de la mère de son amie qu'à l'époque. «Toute la colère n'a fait que me blesser moi-même, dit-elle. Rien n'aurait pu défaire ce qui s'était passé. Je ne sais pas ce qu'est devenue la personne qui a causé l'accident, mais je sais que ce que je voulais faire à cette personne n'était pas mieux que ce qu'il ou elle avait fait à mon amie, et cela n'aurait servi à rien.

«Peut-être que la personne a poursuivi sa vie de façon heureuse, mais j'en doute. Je pense que quelque chose se produit à l'intérieur de nous lorsque nous commettons un acte nuisible à l'égard d'une autre personne et, tôt ou tard, nous devons affronter cela. Ce n'est même pas une conscience coupable, nécessairement, mais plutôt comme une *séparation* de nous-mêmes — de la bonne part qui existe en chacun de nous. De façon à obtenir une véritable paix ou le vrai bonheur, nous devons raccommoder cette séparation en faisant le bien, en réparant nos torts de quelque façon. Alors peut-être que la personne qui conduisait cette voiture a finalement fait quelque chose de bien dans le monde. Mais sinon, ce n'est pas mon problème, c'est celui de Dieu.»

Le pardon

Alice a appris à pardonner à la personne dont l'action avait causé la mort de son amie. Ce genre de pardon occupe une part importante du renoncement à nos réactions négatives aux succès des autres. Du moment que nous croyons qu'une personne a une dette ou mérite une punition, nous ne pouvons jamais être heureux de ses succès, de ses réalisations ou de son bonheur.

Nos jugements peuvent sembler bien raisonnables et justifiés dans bien des cas. Nous n'avons pas besoin de renoncer à nos concepts du bien et du mal pour pardonner. Il suffit d'accepter la réalité telle qu'elle est et de continuer à partir de là. Nous devons renoncer à entretenir des sentiments de vengeance ou de punition. Ils ne peuvent jamais avoir d'effet positif sur nous-mêmes ni sur personne d'autre.

Lorsqu'un événement heureux survient dans la vie d'une personne qui, selon nous, ne le mérite pas, rappelons-nous plutôt que nous ne connaissons pas tout à son sujet et que nous n'avons pas la véritable perspective pour la juger. Nous pouvons aussi nous rappeler que ce qui paraît un succès ou le bonheur ne l'est pas toujours. Nous pouvons renoncer à notre colère autodestructrice et tourner notre attention vers des attitudes et des actions plus positives.

Qui le mérite le plus?

Parfois, lorsque des personnes sont en concurrence pour un emploi, une promotion ou un prix de quelque nature, nous ne pensons pas que c'est la bonne personne qui l'emporte. Mais d'autres facteurs peuvent entrer en considération dans le choix que nous croyions légitime. *Parfois, la vie n'est tout simplement pas juste.* Quand cela se produit, nous pouvons toujours choisir comment réagir.

Notre *ego* veut une belle justice claire, «œil pour œil». Il ne peut pas accepter la possibilité que des choses se produisent dans le monde hors de sa conscience. Il ne peut pas voir le tableau d'ensemble ou faire confiance à quoi que ce soit hors de lui-même. Il veut une preuve visible de la distribution équitable des récompenses et des punitions. Notre *esprit* ne se soucie absolument pas de ces choses. Tandis que notre *ego* réagit avec colère et une attitude défensive, notre *esprit* se sent très bien. Il sait que nous sommes toujours OK, quoi qu'il arrive. Il accepte *toutes* les «victoires» et *toutes* les «pertes» de la vie comme elles se présentent.

Il est normal d'être déçus lorsque nous n'obtenons pas l'objet de nos désirs. Mais lorsque nous dirigeons notre déception vers une autre personne parce qu'elle a obtenu ce que nous voulions ou ce que nous ne pensions pas qu'elle méritait, nous ne faisons qu'exercer l'attitude défensive de notre *ego*. Il y a beaucoup de bonnes choses dans la vie, pour tout le monde. Tout ce qu'il faut faire pour le voir, c'est de nous débarrasser de toute notre colère et de notre ressentiment à l'égard des autres.

La pénurie

Notre croyance dans la pénurie des réalisations et des bons sentiments peut handicaper notre habileté à apprécier les succès des autres. Si nous croyons qu'il n'y a qu'une quantité limitée de succès possible — si l'un doit toujours gagner et l'autre, presque toujours perdre — il peut alors être très difficile d'apprécier la victoire des autres. Nous ressentons l'instant critique des ressources limitées chaque fois que nous voyons quelqu'un s'éloigner avec un prix. Nous laissons notre *ego* nous convaincre qu'il ne reste rien pour nous.

Encore là, nous pouvons comprendre la crainte de notre *ego* et y renoncer. Nous pouvons nous tourner vers le point de vue de notre esprit, qui voit le succès et le bonheur comme étant illimités pour nous tous. Nous pouvons apprendre à voir le succès de chacun comme une contribution positive à celui des autres. Le succès des autres est souvent ce qu'il y a de mieux pour nous tous.

Parfois, nos croyances sur la pénurie peuvent nous empêcher d'accepter nos propres succès. Nous nous sentons peut-être coupables, comme si nous enlevions quelque chose aux autres en réussissant. Nous avons peut-être appris à voir le succès comme étant mal quand nos parents exprimaient du ressentiment à l'égard de celui des autres.

Si nous permettons à notre *ego* de nous convaincre que le succès est une ressource limitée, nous nous sentirons toujours coupables d'en avoir, et en voudrons aux autres qui le connaissent. Mais si nous laissons notre *esprit* nous montrer l'abondance infinie du succès et du bonheur qui s'offre à nous tous, nous ne nous sentirons jamais privés ou honteux de nos réalisations. Nous accepterons et apprécierons plutôt notre propre succès et, par conséquent, serons capables d'accepter et d'apprécier aussi celui des autres.

En compétition avec nous-mêmes

William George Jordan a écrit: «La véritable compétition est celle de l'individu avec lui-même, son présent cherchant à l'emporter sur son passé. Cela veut dire une véritable croissance de l'intérieur.» Si nous avons toujours besoin de quelqu'un à «battre» pour sentir que nous réussissons, il est possible que nous ne soyons jamais véritablement satisfaits. Il y a toujours un autre défi qui se pose à nous, et tout défi doit être vu comme un ennemi. Quelle joie y a-t-il à cela? Lorsque nous nous concentrons sur l'apprentissage, l'épanouissement et la nécessité d'être notre véritable *soi* à son meilleur, nous pouvons apprécier les succès des autres tout autant que les nôtres. Nous pouvons même apprécier l'habileté et les réalisations de nos concurrents.

Le respect que les athlètes olympiques manifestent souvent l'un pour l'autre est un bon exemple de cette sorte de joie. Ils savent que leurs adversaires se sont entraînés et ont travaillé aussi longtemps et aussi fort qu'eux-mêmes. Ils admirent l'habileté et les accomplissements les uns des autres. Ils apprécient leur performance mutuelle peut-être mieux que ne le font les spectateurs, parce qu'ils savent exactement ce qu'il en est et en comprennent toute la difficulté inhérente.

Il peut être merveilleux de voir quelqu'un réussir si nous empêchons notre *ego* de prendre toutes les réalisations des autres comme des attaques personnelles. Lorsque nous cessons d'être en concurrence avec d'autres personnes et apprenons plutôt à être en compétition avec nos propres performances passées, nous pouvons découvrir la joie inhérente de l'amélioration de soi continue. Puis nous pouvons permettre à notre *esprit* de nous apprendre à partager les succès des autres avec amour et bonheur.

Exercice un

Examen de nos expériences d'enfance. Quels genres de relations avez-vous eues avec vos frères et sœurs (ou autres pairs vivant avec vous)? Vous sentiez-vous en concurrence avec eux ou éprouviez-vous du ressentiment à leur égard? Comment ces sentiments étaient-ils traités dans votre famille? Pensez à vos expériences scolaires des premières années. Vous sentiez-vous en compétition avec les autres élèves? Ces sentiments étaient-ils encouragés ou découragés? Comment ces premières expériences influent-elles sur vos attitudes et vos comportements aujourd'hui? Pouvez-vous voir une similarité entre la façon dont vous vous sentiez et réagissiez aux autres alors et maintenant?

Exercice deux

Tirer au clair les croyances relatives à la pénurie et s'en débarrasser. Examinez vos croyances sur la disponibilité du succès et du bonheur pour tous. Pensez-vous qu'il n'en existe qu'une petite quantité dans le monde?

Visualisez un monde de possibilités infinies de succès et
de bonheur pour tous. Imaginez que chacun a des chances
égales d'atteindre ses buts et de réaliser ses rêves. Rappelez-
vous que personne n'est jamais blessé ou privé de quelque
façon par les succès des autres. Chacun vit en harmonie et
avec joie par rapport aux réalisations des autres. Imaginez à
quel point toutes ces réalisations et ces succès contribue-
raient à l'humanité dans son ensemble.

Exercice trois

La compétition. Essayez de regarder une compétition
(athlétique, scolaire ou de quelque autre nature qui vous
intéresse) où vous ne connaissez aucun des adversaires et
n'avez aucun lien avec eux. En d'autres mots, peu importe
qui gagne. Essayez simplement d'apprécier le jeu pour le jeu.
Observez des éléments comme les habiletés individuelles,
les efforts d'équipe ou les règles et la conception du jeu lui-
même. Si vous regardez un sport à la télévision, essayez de
baisser le volume complètement pour éliminer les commen-
taires du reporter. Soyez simplement un observateur impar-
tial. Découvrez tous les éléments du jeu autres que gagner et
perdre.

CHAPITRE 7

Le travail

Vous n'êtes pas ce que vous faites; vous êtes la façon dont vous le faites.

— Hugh Prather

Nous travaillons tous. Que nous passions nos journées à la maison, dans un bureau, à l'usine, au restaurant, à l'école ou au magasin; dans un chantier de construction ou sur la route; dans le ciel ou au fond d'une mine, nous travaillons *tous*. Que ce soit cuisiner, taper à l'ordinateur, prendre soin de nos parents âgés ou élever nos enfants; vendre ou acheter; concevoir, construire ou démolir; nettoyer, servir ou gérer, c'est toujours du travail. La seule différence, c'est *où* nous le faisons et *comment* nous le faisons.

L'endroit où nous travaillons importe peu; la *façon* dont nous travaillons importe beaucoup. Notre façon de travailler fait appel à une combinaison de nos croyances, de nos sentiments, de nos attitudes et de nos comportements. C'est la façon dont nous nous voyons nous-mêmes, notre travail, et les personnes avec lesquelles nous travaillons. C'est une expression de notre approche fondamentale à l'égard de la vie. Elle peut nous garder enlisés dans la détresse et la souffrance, ou nous remplir de joie et d'amour. Si notre façon de travailler ne nous aide pas à découvrir le bonheur, nous pouvons toujours la changer.

Une des façons dont notre approche au travail peut nuire à notre croissance et à notre bonheur est en enchevêtrant notre travail avec notre image de soi ou notre identité. Nous pouvons choisir nos emplois selon l'effet escompté sur l'opinion que les autres ont de nous. Ou nous pouvons éprouver de la colère, de la honte ou du ressentiment parce que, selon nous, notre travail ne rend pas justice à nos habiletés et à nos talents véritables. Tout cela est attribuable à l'insistance de notre *ego*, pour qui nous *sommes* ce que nous *faisons*.

«Que faites-vous?»

Imaginez que vous rencontrez une personne pour la première fois, lui parlez et commencez à la connaître *sans lui demander ce qu'elle fait comme travail*. Nous sommes tellement habitués à aller directement à la question: «Que faites-vous?» que cela peut sembler ridicule. Nous pouvons nous demander comment arriver à connaître des gens sans savoir ce qu'ils font dans la vie. Mais nous sommes en réalité en train de les *juger* et nous présumons toutes sortes de choses à propos de leur intelligence, de leurs attitudes et de leur valeur générale à la lumière du travail qu'ils font.

Ce sont là les seules raisons d'apprendre ce que les autres font dans la vie au moment même où nous faisons connaissance avec eux. Nous nous formons une opinion à leur sujet en fonction de leur travail et de leur statut ou de leur influence. Nous déterminons s'ils peuvent faire quelque chose pour servir nos propres ambitions. Nous jugeons leur valeur par rapport à nous, aux autres et à la société selon l'étalon de ce qu'ils font dans la vie.

Dans plusieurs pays étrangers, il est considéré comme inexcusablement grossier de demander aux gens que nous ne connaissons pas bien quel est leur genre de travail. Ce serait comme demander à une nouvelle connaissance combien d'argent elle gagne. Mais les Nord-Américains considèrent le travail d'une personne comme une information importante *avant* de décider comment traiter la personne ou si cela vaut la peine de la connaître davantage. Notre culture définit les gens, de façon obsessionnelle, par leur travail.

«*Juste une ménagère*»

Pendant que ses enfants étaient jeunes, Arianne demeurait à la maison pour les élever. Elle trouvait que c'était un travail important et se consacrait aux soins de ses enfants, à leur éducation et à leur bien-être émotif. Elle y réussissait très bien et adorait le faire. Mais Arianne avait toujours l'impression que les autres la méprisaient pour avoir choisi de consacrer son temps et ses talents de cette façon.

«Quand j'allais à une réception avec mon mari, dit-elle, les gens s'approchaient de moi, se présentaient, me disaient ce qu'ils faisaient dans la vie, puis me demandaient ce que je faisais. Lorsque je disais que j'étais à la maison avec deux enfants d'âge préscolaire, ils disaient quelque chose comme: "Oh, vraiment?" et s'empressaient de parler à quelqu'un d'autre. C'est comme s'ils présumaient instantanément que je ne pouvais absolument pas avoir quoi que ce soit d'intéressant à dire ou être capable de mener une conversation intelligente avec un autre adulte sur un sujet autre que l'érythème fessier.»

Arianne poursuit: «Ces gens ne me connaissaient pas du tout, mais ils pensaient le savoir, simplement en sachant quelle sorte de travail je faisais à ce moment-là dans ma vie. Cela m'a réellement mise en colère et, si je suis honnête, j'avais un peu honte de moi-même. Ils ont fait en sorte que je me sente comme si ce que je faisais *n'était pas* si important après tout, ou peut-être que je ne *pouvais* tout simplement pas faire autre chose. Je doutais de moi-même après tous ces incidents, et mon estime de moi-même en avait pris un coup.»

Le respect

Non seulement croyons-nous que les gens sont ce qu'ils font, mais nous avons également tendance à mettre sur le même pied la valeur d'un emploi et son revenu. Lorsque nous sommes sans emploi, faisons des tâches ménagères ou travaillons à des emplois peu rémunérateurs, nous avons souvent l'impression d'avoir *moins de valeur* que les autres. Même si nous apprécions notre travail et en sommes fiers, comme Arianne, notre *ego* peut se sentir menacé par le manque de respect des autres à cet égard.

Ce manque de respect peut déclencher l'attitude défensive de notre *ego* et engendrer de la colère, de l'embarras, du ressentiment, de la tristesse et du doute de soi-même. Cette attitude peut être démoralisante au point de nous faire effectivement quitter un emploi pour lequel les autres manifestent un manque de respect ou de cesser de le trouver important. Nous adoptons peut-être une attitude négative, ennuyée et cynique à l'égard de notre travail comme mécanisme de défense contre ce que nous ressentons comme des attaques des autres à l'égard de notre respect de nous-mêmes. Notre *ego* dit: *Je ne me soucie pas vraiment de ce travail, alors ne m'identifie pas avec lui.*

Il y a une différence entre vouloir *impressionner* les gens par ce que nous faisons et vouloir être *respectés* pour ce que nous faisons. Lorsque nous impressionnons d'autres personnes, elles peuvent être aux petits soins pour nous et, peut-être, nous voir d'une façon exagérée et irréaliste. Lorsque nous sommes respectés, les gens nous acceptent tels que nous sommes et ne font pas d'hypothèses à notre sujet fondées sur notre travail ou sur autre chose.

L'impression vient de notre *ego*, le respect vient de notre *esprit*. Je crois que le respect est un droit humain fondamental. Nous avons le droit d'éprouver un besoin et un désir de respect. Nous avons le droit de l'attendre de toutes les personnes de notre entourage. Nous avons aussi une responsabilité de l'étendre aux autres. Le respect est un des dons les plus précieux que nous puissions partager les uns avec les autres.

Sommes-nous ce que nous faisons?

Si nous nous définissons nous-mêmes et définissons les autres par le travail que nous faisons, alors chaque crise, chaque problème, chaque petit haut et bas de notre travail prend une signification énorme pour soutenir l'image de soi de notre *ego*. Dès que nous avons un contretemps mineur au travail, nous avons l'impression que c'est la fin du monde. Nous ne réussissons pas à séparer nos problèmes au travail de notre estime de nous-mêmes. Nous ne nous sentons pas à l'aise et satisfaits à moins que notre vie au travail se déroule parfaitement.

Si nous permettons à notre ego de nous définir par notre travail et ses récompenses, nous sommes à la merci de bien des facteurs qui sont indépendants de notre volonté. Nous risquons d'en arriver à dévaluer les autres domaines de notre vie et à nous épuiser à essayer d'accomplir l'impossible. Nous risquons de négliger nos talents, nos habiletés, nos réalisations potentielles, nos relations et les autres sources possibles de joie et d'une saine estime de soi.

Patricia déclare: «J'avais l'impression que mon travail était ce qui faisait la personne que j'étais. Je faisais tout ce qui m'était demandé, et plus encore. J'ai assumé toutes les responsabilités de ma patronne lorsqu'elle a quitté subitement, et j'ai travaillé sans arrêt jour et nuit pendant six mois. Je me suis finalement effondrée et je me suis saoulée pendant une semaine, pour me retrouver ensuite à l'hôpital. J'avais négligé tous les domaines de ma vie sauf le travail, et je devais recommencer au début pour essayer de découvrir quels étaient ces autres domaines et ce que je devais faire à ce propos.

«J'aime mon travail actuel, ajoute Patricia, et je trouve que c'est ce que je suis censée faire maintenant. Mais ce n'est pas toute ma vie ni ce que je suis; ce n'est qu'une partie de ma raison d'être sur cette terre. Maintenant, je sais que je suis beaucoup plus que ce que je fais.»

Lorsque nous nous rappelons que nous sommes en
effet beaucoup plus que ce que nous faisons dans la vie,
nous pouvons redécouvrir notre véritable identité
comme êtres spirituels. Ainsi, nous garderons notre travail en perspective, comme étant seulement une partie
d'une vie remplie. Nous donnerons l'attention nécessaire à tous les domaines importants de notre vie, tout
en maintenant notre véritable image de soi et notre
identité.

Un bon emploi

Que recherchons-nous dans un emploi? Nous con-
tentons-nous d'essayer d'obtenir un emploi, quel qu'il
soit? Cherchons-nous la rémunération la plus élevée?
Les meilleures heures? Le travail le plus intéressant?
Les tâches comportant le moins de difficultés? Des collègues de travail amicaux? Voulons-nous que notre
emploi soit prestigieux? Des occasions pour un avenir
meilleur? La chance d'utiliser nos propres habiletés et
nos talents particuliers? Qu'est-ce qu'un «bon emploi»
pour nous?

William George Jordan a écrit: «Si humble soit le
métier d'une personne, si inintéressantes et ennuyan-
tes soient ses tâches, elle doit faire de son mieux. Elle
doit conférer de la dignité à ce qu'elle fait par l'effort
qu'elle y met.» Si nous renonçons à l'image de soi de
notre *ego* comme n'étant pas plus que ce que nous faisons pour gagner notre vie, nous pouvons commencer à
nous concentrer sur *la façon* de le faire. La foi, l'espoir,
l'amour et la joie peuvent être intégrés à tout travail
honnête. Lorsque nous tournons notre intelligence vers
le point de vue de notre *esprit*, nous pouvons élever
notre travail à son niveau.

«*Qu'attendez-vous de cet emploi?*»

Beaucoup d'entre nous ne pensent pas à ce qu'ils attendent de leur travail. Pour nous, il n'est peut-être rien de plus qu'une nécessité peu plaisante. Nous nous dépêchons de gravir les échelons de l'entreprise sans même nous demander: *Pourquoi?* Nous suivons sans doute les traces de nos parents et d'autres modèles de comportement, sans nous rendre compte qu'il pourrait y avoir une autre façon de considérer le travail.

Nos attentes sont des éléments importants de nos réalisations. Si nous attendons trop de notre travail, nous risquons d'être déçus. Si nous en attendons trop peu, nous serons probablement insatisfaits, amers et en colère. Nous pouvons même saboter nos chances de succès et de bonheur au travail simplement en entretenant des attentes irréalistes.

Que *pouvons*-nous attendre de notre travail? Est-ce que tout le monde peut attendre les mêmes choses de son travail, quel qu'il soit? Bien sûr que non. Nous travaillons à des emplois différents à des moments divers de notre existence. Ils répondent à des objectifs différents et nous pouvons nous attendre à ce qu'ils comblent des besoins différents. Dès notre entrée sur le marché du travail, nous occupons souvent des postes simplement pour acquérir de l'expérience ou pour gagner de l'argent afin de payer nos études ou afin d'aider notre famille. Nous tirons beaucoup de ces premières expériences, et nous transportons souvent ces attitudes et ces habitudes dans le reste de notre vie professionnelle. Nous acquérons parfois, très tôt dans notre vie professionnelle, des attitudes ou des attentes négatives tirées de ces expériences déplaisantes. D'autres fois, nous acquérons de bonnes habitudes de travail et des attentes réalistes.

À d'autres moments dans notre vie professionnelle, nous acceptons des emplois pour d'autres raisons. Nous pouvons choisir un emploi parce qu'il se situe près de notre maison, de notre école ou de l'école de nos enfants. Nous cherchons peut-être un horaire variable, des avantages précis ou un certain genre d'expérience qui nous aidera à obtenir un meilleur emploi plus tard. Nous sommes peut-être attirés par certains genres d'emploi parce qu'ils font appel à des habiletés précises que nous avons. Il n'y a rien de mal à choisir un travail pour l'une de ces raisons, et nous sommes souvent satisfaits de ces choix.

Mais lorsque nos attentes sont irréalistes ou négatives, nous nous exposons à la tristesse. Souvent, nous pensons au travail comme à un simple fardeau nécessaire pour nous offrir ce que nous voulons réellement. Nous le tolérons seulement pour obtenir notre «vraie vie» après les heures de travail. Bien que notre travail ne soit pas le centre d'intérêt principal ou le domaine le plus satisfaisant de notre vie, nous pouvons en attendre plus que 35 ou 40 heures de misère chaque semaine, ponctuées par des périodes de loisirs effrénés ou de consommation matérielle pour compenser.

Il n'est pas nécessaire que le travail soit une corvée déplaisante qui n'est agréable que le jour de la paie. Lorsque nous trouvons des moyens de nous investir dans notre travail, nous pouvons découvrir les principaux buts que le travail vise pour enrichir et améliorer notre vie. Il peut nous amener en contact avec d'autres personnes. Il peut nous aider à découvrir et à développer nos talents et nos habiletés. Il peut nous apporter la joie d'acquérir de nouvelles connaissances et de développer des habiletés. Il peut nous apporter la satisfaction de nous attaquer à une tâche difficile et de relever le défi.

Si nous ne trouvons pas ces joies dans notre travail, peut-être devons-nous chercher un autre emploi ou un autre genre de travail. Ou peut-être avons-nous besoin d'examiner nos propres attitudes et attentes. Il est difficile de trouver de la joie dans un travail que l'on croit sincèrement être sans joie. Mais si nous ouvrons notre intelligence au point de vue joyeux de notre *esprit*, nous pourrions être étonnés de découvrir des occasions d'apprentissage, d'épanouissement et de joie juste sous notre nez.

Fleurir là où nous sommes plantés

Line nous dit: «À un certain moment dans ma vie professionnelle, j'ai obtenu un emploi que je trouvais ennuyant, frustrant et sans perspective d'avenir. Mais je devais le garder tout en continuant mes études et en étant disponible pour mes enfants après les heures d'école. Au travail, je pensais sans cesse au jour où, à plus ou moins long terme, je pourrais démissionner et faire autre chose. Puis un jour pendant cette période, j'ai remarqué une affiche où on pouvait lire: «Fleurissez là où vous êtes planté.» J'ai trouvé que c'était un bon sentiment édifiant, dont je devais me souvenir tandis que je traversais péniblement cette période de ma vie professionnelle.

«J'ai mentionné cette phrase à une collègue de travail qui se plaignait, comme d'habitude, de l'ennui et de la frustration de son emploi sans perspective d'avenir. Mais plutôt que de la trouver inspirante, comme moi, elle s'est fâchée contre moi. Elle a déclaré que c'était un énoncé déprimant et condescendant destiné à encourager les gens à ne pas s'améliorer. J'ai répliqué que je ne le voyais pas de cette façon et que je ne pouvais m'empêcher de me demander comment ses plaintes continuelles allaient l'aider à s'améliorer.»

À certains moments dans notre vie, nous pouvons nous retrouver, comme Line, à occuper un poste que nous n'aimons pas beaucoup. Si nous avons examiné la situation et déterminé que nous devons conserver cet emploi au moins pour un certain temps, nous pouvons alors chercher des moyens de faire en sorte qu'il mette nos talents et nos habiletés à contribution, qu'il nous donne l'occasion de faire des apprentissages et d'éprouver de la fierté et de la joie dans notre travail — pour «fleurir là où nous sommes plantés».

Il peut sembler plus facile de nous plaindre simplement de la situation, comme la collègue de travail de Line, plutôt que d'essayer d'en tirer des éléments positifs. Il peut même sembler *impossible* de trouver quelque élément positif dans cette situation. Si c'est le cas, nous devrions probablement réexaminer notre décision de conserver cet emploi. Mais nos blocages nous empêchant de profiter de ce travail et de nous épanouir peuvent être simplement des jeux de notre *ego*.

Il y a une différence entre des plaintes inutiles et une résolution constructive de problèmes. Les plaintes n'ont aucune intention ou orientation vers la résolution de quoi que ce soit. Elles servent uniquement à «épancher notre bile», à donner libre cours à notre frustration, à chercher de la compagnie dans notre misère. C'est la façon pour notre *ego* de nous maintenir prisonniers de la tristesse. C'est contagieux et démoralisant.

La résolution constructive de problèmes nous permet d'essayer d'utiliser nos habiletés, nos talents et la coopération pour apporter des changements positifs. Elle n'est pas toujours accueillie avec compréhension et joie par les collègues de travail ou même par les patrons, qui peuvent préférer le statu quo quoi qu'il arrive, dans l'espoir de conserver leur emploi ou leur réputation comme de bons travailleurs irréprochables. Mais lorsque la résolution de problèmes s'effectue d'une façon paisible et positive, c'est la seule façon pour une organisation de demeurer vivante et de croître.

Si nous continuons simplement de nous plaindre et d'attendre que la situation s'améliore, nous ne nous en rendrons peut-être pas compte le moment venu. Ou peut-être ne serons-nous pas préparés à en tirer avantage. Par exemple, si nous manifestons seulement de l'indifférence et de la frustration à l'égard de notre emploi actuel, n'y consacrons que le minimum d'effort, nous ne serons pas dans une très bonne position pour une promotion ou une mutation. Les attitudes et les comportements négatifs tendent aussi à devenir habituels. Nous pouvons créer nos propres culs-de-sac en refusant de chercher des éléments positifs dans notre travail ou en ne croyant pas que le changement positif soit possible.

Nous devenons aussi de plus en plus furieux, ennuyés et amers en permettant à notre *ego* de nous emprisonner dans ces sentiments. Les choses ne s'amélioreront pas par magie. Nous devons faire un effort, prendre le temps et essayer de trouver le meilleur point de vue pour améliorer notre situation. Nous pouvons ou quitter notre emploi ou cesser de nous plaindre. Nous pouvons essayer d'apporter des changements positifs, d'une manière coopérative, ou accepter les choses telles qu'elles sont. Nous pouvons choisir d'être heureux, quelle que soit notre situation d'emploi.

Quelle est ma mission ?

Nous pouvons trouver quelque chose de positif sur lequel nous concentrer dans notre travail en déterminant quelle est notre mission. Parfois, notre seule raison de travailler est de soutenir notre famille ou de payer les études de nos enfants. Ce sont là des buts très satisfaisants. Si nous nous concentrons ainsi sur l'aide à notre famille, nous pouvons voir la valeur et l'importance de ce que nous faisons.

Nous pouvons aussi examiner la contribution de notre travail à la société. Cette notion peut parfois être difficile parce que notre *ego* a créé des obstacles dans notre esprit. Mais il y a une valeur inhérente à tout genre de travail honnête. Cuisiner ou servir des repas est un service merveilleux et nécessaire pour les humains affamés. Le faire avec une bienveillance et une joie calmes est une bénédiction ajoutée. Laver les planchers, les voitures, les fenêtres ou la vaisselle peut contribuer à la santé et au confort de beaucoup. Travailler à la chaîne, faire notre petite partie d'un produit plus large fournit un service aux autres travailleurs et fournit aux consommateurs un produit fonctionnel et sans danger.

Dans son livre intitulé *When All You've Ever Wanted Isn't Enough* (Quand tout ce que vous avez toujours voulu n'est pas suffisant), Harold Kushner écrit: «Dans le cas de certains emplois, on peut se permettre de faire le travail de façon médiocre et personne n'en souffrira, mais aucun de nous ne peut se permettre le coût spiri-

tuel interne lié à un travail fait négligemment.» Si nous
ne trouvons pas le moyen de donner à notre travail un
peu de nous-mêmes, de découvrir la contribution positive que nous y faisons, nous ne serons pas capables
d'en tirer une satisfaction ou de la joie. Lorsque nous
concentrons notre attention sur les effets ou les aspects
positifs de notre travail, nous pouvons commencer à
libérer les sentiments négatifs de notre *ego* concernant
d'autres aspects que nous aimons moins.

Le bon gagne-pain

Il y a certains éléments de notre travail qui le rendent plus joyeux et plus satisfaisant pour nous. Nous
devons examiner ces éléments afin de choisir le
meilleur travail pour nous. Parfois, nous trouvons que
nous avons besoin d'accepter n'importe quel travail,
mais, même là, nous avons certains critères face aux
genres d'emploi que nous sommes prêts à accepter. Par
exemple, nous ne ferons rien d'illégal ou ne travaille-
rons pas certaines heures ou trop loin de la maison.

Nous trouvons peut-être que beaucoup de ces critères sont des acquis, cela va sans dire. Mais nous avons
réellement besoin de les examiner tous pour nous connaître nous-mêmes et connaître le genre de travail que
nous aimons le plus faire. À défaut, nous risquons
d'être malheureux dans notre travail et de ne pas en
comprendre les raisons.

Le «bon gagne-pain» est le terme que le Bouddha
utilisait pour décrire un des huit éléments d'une vie
bien vécue. C'est un travail qui ne fait de tort à personne; qui fait appel à nos habiletés et à nos talents; qui
aide les autres et le monde d'une façon ou d'une autre,

si minime soit-elle. C'est un travail utile, positif et sérieux.

Dans ce livre, nous avons examiné nos croyances, nos attitudes et nos comportements de façon *pragmatique*. Nous pouvons appliquer cette même méthode à l'examen de notre travail. Demandons-nous d'abord *Est-ce inoffensif?*, puis *Est-ce utile?* Un bon gagne-pain donne un sens à nos activités quotidiennes et nous donne au moins un débouché pour nos habiletés, nos talents et nos attitudes. Il nous aide à trouver la tranquillité d'esprit, le bonheur et la joie.

Comment déterminons-nous si notre travail comble ces exigences? Un des premiers lieux à fouiller se trouve à l'intérieur de nos propres sentiments. Si notre travail est pour nous une source d'ennui, de frustration ou de crainte, nous devons nous demander *Pourquoi?* Si le travail nuit aux autres de quelque façon, il nous nuit à nous à un niveau spirituel profond. Nous ne pouvons jamais être à l'aise face à un travail nuisible. Si votre travail semble dénué de sens ou inutile, comment pouvez-vous en éprouver de la joie ou de la fierté?

Nous pouvons examiner ces sentiments pour trouver la joie et l'amour véritables, et appliquer ces sentiments au travail que nous devrions faire. Mais nous pouvons également découvrir de la vanité et les jeux de notre *ego* qui nous barrent la route. Nettoyer des planchers ne correspond peut-être pas à l'idée que nous nous faisons d'un bon emploi, mais ce travail ne nuit à personne. Si nous nous sentons tristes, en colère ou gênés de faire ce genre de travail, c'est peut-être une question d'orgueil — un problème pour notre *ego*, non pour notre *esprit*.

Lorsque nous aurons examiné les raisons de notre mécontentement, nous pourrons commencer à analyser comment changer nos attitudes et nos comportements, et quels éléments nous devons rechercher dans un emploi. Certains d'entre eux sont universels, d'autres peuvent être très particuliers à notre situation.

Voici certains éléments universels d'un bon emploi: il est légal; il ne fait de tort à personne, y compris à nous-mêmes; et il apporte une certaine contribution aux autres. Certains éléments plus précis et plus individuels pourraient inclure un certain niveau de revenu, des avantages dont nous avons besoin pour nous-mêmes ou pour notre famille, des occasions d'apprendre et d'évoluer dans notre carrière, et d'utiliser nos talents et nos habiletés.

Un bon gagne-pain est conditionné par notre situation personnelle et nos habiletés individuelles. Nous le trouvons lorsque nous renonçons à tous ces jeux et ces fantasmes de notre *ego* qui nous maintiennent enlisés dans des attentes irréalistes ou des attitudes et des croyances négatives. Lorsque nous laissons notre *esprit* nous guider, un bon gagne-pain devient un choix facile.

Qu'est-ce que j'aime?

Lorsque nous renonçons aux idées de notre *ego* relatives à la tristesse de notre travail, nous pouvons commencer à chercher un travail que nous aimons et dans lequel nous réussissons bien. Souvent, nous connaissons très tôt dans notre vie quel genre de travail nous conviendra et nous plaira le plus, mais il arrive que nous nous en écartions ou que nous nous découragions de le chercher. Une femme avait démontré un tel talent artistique très tôt dans sa vie que son professeur de dernière année du primaire lui avait donné une boîte de couleurs et une palette pour l'encourager. Après avoir travaillé plusieurs années dans une banque, cette femme s'est finalement inscrite à une école de peinture et a commencé une carrière comme illustratrice.

Lorsque nous examinons nos premières expériences pour découvrir les choses que nous aimions faire, nous pouvons trouver des indices du genre de travail qui nous plaît maintenant. Si nous explorons le marché du travail pour voir d'abord les débouchés offerts, sans nous demander ce que nous voulons vraiment faire, nous risquons de nous retrouver à faire un travail que nous n'aimons pas et qui nous importe peu.

Lorsque nous explorons toutes les possibilités qui nous sont offertes sur le plan du travail, il faut *commencer* par examiner ce que nous aimons. C'est là que se trouve la clé d'un bon gagne-pain pour nous. Nous pouvons découvrir des moyens de diriger nos joies vers un travail fructueux et satisfaisant, qu'il s'agisse de couture, de cuisine, de chiffres, de livres, d'enfants, de sports, d'ordinateurs, de dessin, de négociation, d'enseignement, d'écoute, de construction, de nettoyage, de décoration, d'animaux, de jardinage ou de conduite automobile.

Nous pouvons laisser nos préférences et notre *esprit* nous conduire à notre bon gagne-pain. Ne cherchez pas la perfection, vous ne la trouverez jamais. Cherchez ce qui ne nuit à personne, y compris vous-même, un travail qui vous procure un bon sentiment, qui apporte une contribution positive, même infime, aux gens et à la société. Cherchez un travail qui fait appel à vos talents et à vos habiletés, et qui vous aide à évoluer.

Découvrir les possibilités

Guy nous dit que la drogue dictait chacune de ses actions lorsqu'il en était dépendant. «Je n'avais pas à me demander ce que j'allais faire de mon temps. La drogue me disait toujours: *Lève-toi, va à l'armoire, prends un verre, verse-toi à boire, assieds-toi et bois-le, prends une douche, fume un joint...* et ainsi de suite — toute la journée, chaque jour. La drogue me disait quoi faire de *tout* mon temps.»

Après être devenu sobre et avoir commencé un programme de recouvrance, Guy se mit à ponctuer sa vie de «je devrais». «Je passais mon temps à penser: *Je devrais être heureux parce que je ne suis pas mort; je devrais juste me taire et être satisfait d'avoir au moins un emploi, même si je le déteste. Je devrais être content parce que je suis vivant, lucide et sobre.* Mais être vivant était tout simplement comme auparavant. C'était légèrement différent, mais j'ai mis beaucoup de temps à comprendre quelle était la différence.»

Guy était en recouvrance depuis une bonne année avant de commencer à se rendre compte qu'il pouvait choisir comment occuper son temps. Il affirme: «J'ai mis beaucoup de temps à acquérir une nouvelle perspective sur ce que je pouvais faire. Pendant longtemps, tout m'avait semblé *impossible*. Il y avait beaucoup de gens qui m'encourageaient à faire des choses, à changer d'emploi ou de carrière, mais je pensais *Je ne peux pas faire cela — c'est quelque chose que les gens "normaux" font*. Mais graduellement, je me suis rendu compte que je pouvais utiliser mon temps comme je le voulais, et que je le gaspillais — et je n'étais pas obligé de faire cela. J'ai quitté mon emploi et je me suis inscrit à un programme de formation pour conseiller les adolescents toxicomanes. J'estimais que c'était là un domaine qui m'était familier et que je pourrais vraiment aider ces jeunes.»

Aujourd'hui, Guy renchérit: «J'en suis venu à penser que le travail est beaucoup plus que simplement un chèque de paie. Je me rends compte que je peux m'investir dans mon travail. Je commence à étendre ma perspective du travail, à croire qu'il peut être une partie de qui je suis, et améliorer qui je suis, m'aider à m'épanouir et à être une meilleure personne. J'en suis presque arrivé à penser que si mon travail ne fait pas cela pour moi, alors ce n'est pas le travail que je veux faire.»

C'est un point tournant extraordinaire que d'en arriver à reconnaître que le choix est nôtre quant à notre façon de consacrer au travail une partie de notre vie. Nous pouvons commencer à nous voir et à voir notre travail de manière bien différente. Nous pouvons commencer à examiner toutes les possibilités insoupçonnées. Nous pouvons découvrir toutes les contributions que nous pouvons faire aux autres et au monde, et tout l'apprentissage et l'épanouissement qui s'offrent à nous par l'intermédiaire de notre travail. Le monde a besoin de nos contributions, et nous avons besoin de les faire.

L'éthique en milieu de travail

Personne n'a besoin d'un emploi qui lui fait du tort spirituellement. Si nous allons à l'encontre de notre propre sens du bien et du mal, de notre discernement moral fondamental, jour après jour, nous corrompons notre santé spirituelle, notre paix intérieure et notre bonheur. C'est incontournable. Comme l'écrit Paul

Pearsall: «Il est impossible de séparer nos valeurs personnelles de notre travail quotidien... Lorsque nous travaillons, notre esprit est à l'écoute.»

Jacques suivait des cours du soir tout en travaillant à temps plein dans une entreprise de construction. Il espérait pouvoir un jour être propriétaire de sa propre entreprise. Dans un cours, Jacques a entendu un homme parler de sa petite agence de publicité. «Le gars réussissait *très* bien, dit Jacques. Je voulais vraiment apprendre tout ce que je pouvais de lui et de ses expériences. Mais une des premières choses qu'il a dite m'a vraiment déconcerté. Il a déclaré qu'il refusait absolument de collaborer à des campagnes publicitaires en faveur des cigarettes, de l'alcool ou de la politique. Un des autres étudiants a lancé: "Bien sûr, vous pouvez vous permettre de faire cela maintenant que vous réussissez bien." Mais il a souri en répliquant: "Je fais cela depuis le premier jour où j'ai commencé dans ce domaine. Je ne peux pas me permettre de ne *pas* le faire." Je n'avais jamais pensé à l'éthique en affaires de cette façon-là auparavant. J'ai vu bien des manquements à l'éthique et je pensais qu'ils faisaient partie des pratiques d'affaires nécessaires, des choses qu'il *fallait* faire pour réussir. Mais je me suis mis à penser différemment après avoir suivi ce cours.»

Nous *pouvons* respecter notre éthique à l'intérieur de nos situations de travail et de nos relations, même si nous ne possédons pas notre propre compagnie. Nous conformer à notre sens intérieur du bien et du mal ne signifie pas que nous devions nous promener en «dénonçant» chaque injustice ou irrégularité apparente. Notre *ego* est très prompt à juger les autres et à pointer du doigt. Mais tout ce dont nous sommes réellement responsables, c'est de notre propre comportement.

Si nous prenons le temps de bien réfléchir, plutôt que de *réagir*, nous pouvons commencer à faire des choix intelligents relativement à ce que nous sommes prêts et à ce que nous ne sommes pas prêts à faire dans notre travail.

Le dilemme moral d'Alice

Alice travaillait dans une compagnie d'assurance, apportant des modifications aux polices existantes. Lorsqu'elle a reçu l'ordre de remplacer une politique à faible coût et à haute couverture pour un client âgé par une politique plus chère offrant une moins bonne couverture, elle a remis la chose en question. «Ma patronne a précisé que l'ordre lui venait d'un de nos meilleurs vendeurs, dit-elle. Il avait été un des vendeurs étoiles de la compagnie pendant des années, et nous ne pouvions pas remettre en question ses pratiques. J'ai rétorqué que j'avais l'impression d'extorquer de l'argent au vieil homme et qu'à mon avis, on ne pouvait pas traiter la demande sans en aviser le client pour s'assurer qu'il comprenait ce qu'il achetait. Ma patronne m'a retiré le dossier et l'a fait elle-même. Le client s'est fait vendre quelque chose dont il n'avait pas besoin et qu'il ne pouvait pas se payer, mais *je* ne l'ai pas fait.»

Parfois, c'est tout ce que nous pouvons faire lorsque nous voyons une injustice du genre de celle que décrit Alice. Elle dit qu'elle a toujours aimé son emploi et a essayé d'être une bonne employée. Lorsqu'elle était témoin d'une pratique qui lui semblait incorrecte, elle la soumettait à l'attention de sa patronne — pas d'une façon colérique ou qui pose un jugement, mais comme une employée véritablement préoccupée. Elle ne pouvait pas changer la politique de la compagnie ni prévenir certains torts, mais elle exprimait calmement son état d'inconfort, et, qui sait, sa patronne en a peut-être discuté avec le vendeur ou une autorité compétente afin d'éviter de telles pratiques à l'avenir. Lorsque nous agissons du point de vue calme et paisible de notre esprit, nous ne sommes pas toujours conscients des graines que nous semons en vue d'un changement positif.

Parfois, il faut une voix pour exprimer ce que beaucoup de nous pensent. Si nous sommes tous trop effrayés pour élever la voix au sujet d'une politique ou d'une action qui nous semble nuisible ou immorale, elle ne changera jamais. Parfois, le fait de poser une question peut être un moyen efficace d'aborder le sujet et peut aider à ouvrir la voie à un changement positif. Une question est moins menaçante qu'un énoncé qui *juge* la politique ou l'action et qui *exige* un changement.

Si vous êtes en mesure d'effectuer un changement de politique pour le mieux, faites-le — de la manière la plus calme et la plus aimante possible. Si vous êtes bien placé pour appliquer les politiques élaborées par d'autres, vous devrez prendre des décisions soigneuses et calmes quant aux mesures à prendre et à ne pas prendre, et où vous êtes prêt à travailler. Dans un cas comme dans l'autre, il faut se rappeler que la colère, le blâme et les récriminations proviennent de notre *ego*, tandis que le changement positif et constructif vient de notre *esprit*.

Un bon travail honnête

Nous pouvons aussi nous rappeler qu'être blessés spirituellement n'est pas la même chose que d'offenser notre *ego*. Tant que nous mettons sur le même pied notre image de soi et notre travail, nous pouvons ressentir de la colère, de l'embarras ou de la tristesse si notre travail n'est pas assez impressionnant à nos yeux, ou si nous pensons que les autres le méprisent. Nous pouvons confondre cette réaction de l'*ego* avec le besoin de quitter un emploi parce qu'il nous nuit réellement de quelque façon.

Nous pouvons accepter de nous accommoder d'un travail qui offense notre *ego*, si nous reconnaissons les jugements et les réactions de cet *ego*. Nous pouvons trouver de la joie dans une tâche bien exécutée, des factures payées, notre famille bien nourrie. Nous pouvons découvrir des moyens de mettre du cœur à l'ouvrage, quel que soit le genre de besogne. Mais nous ne pouvons pas échapper aux dommages inévitables que subira notre paix intérieure si nous renonçons à nos valeurs et à notre morale lorsque nous travaillons.

Le chômage

Pour beaucoup d'entre nous, il arrive un moment dans notre vie professionnelle où nous nous retrouvons sans emploi. Nous cherchons du travail et ne le trouvons pas tout de suite, ou nous avons un emploi et le perdons pour un grand nombre de raisons. Ou peut-être avons-nous essayé de mettre sur pied une entreprise commerciale qui échoue. Quelles que soient les circonstances, le chômage peut influer sur nos sentiments à propos du travail, de nous-mêmes et des autres.

Si nous nous définissons par notre travail, le chômage peut être un coup dévastateur à notre image de soi. Mais il peut également être exactement ce dont nous avons besoin pour comprendre que nous sommes bien plus que notre travail ou pour découvrir d'autres talents, d'autres habiletés et d'autres moyens par lesquels nous pouvons contribuer à la société et grandir intérieurement.

Le chômage peut déclencher l'attitude défensive de notre *ego* et engendrer le ressentiment, la colère et le blâme. Notre *ego* peut également tourner sa colère contre nous-mêmes, sous la forme de dépression, d'apitoiement sur soi et de désespoir. Mais notre *esprit* attend tranquillement derrière les fulminations de notre *ego*; il sait que notre paix intérieure et notre bonheur ne dépendent pas d'une situation d'emploi particulière. Notre *esprit* nous remplit d'espoir, de foi, d'acceptation et de nouvelles idées fraîches pour notre avenir. Il peut guérir notre crainte et nous diriger vers un autre point de vue plus positif.

William George Jordan a écrit: «L'échec est souvent le point tournant, la circonstance qui nous pousse vers des sommets plus élevés.» Si nous renonçons au point de vue de notre *ego* qui voit le chômage comme un «échec», nous pouvons découvrir des succès que nous n'avions sans doute jamais imaginés. Nous pouvons suivre les conseils de notre *esprit* vers de meilleures choses à venir.

L'acceptation

La plupart d'entre nous ont besoin de travailler pour gagner leur vie. Nous travaillons *tous*, d'une façon ou d'une autre. Comme tous les autres domaines de notre vie, le travail entraîne des difficultés, des contretemps et des changements. Ce ne sont pas nécessairement de mauvaises choses dont il faut avoir peur et qu'il faut éviter. Elles sont une partie normale de la vie d'adulte.

Le travail est un domaine de la vie qui peut nous offrir de grandes occasions d'apprendre, de grandir et d'offrir nos dons aux autres et à la société. Lorsque nous acceptons les hauts et les bas avec espoir, foi et un esprit ouvert, ils peuvent comporter des enseignements précieux. Quand nous savons que nous sommes beaucoup plus que notre emploi ou notre titre, nous pouvons renoncer aux peurs et à l'attitude défensive de notre *ego*.

Les problèmes, les désaccords et les divergences d'opinions ne doivent pas vouloir dire pour nous la fin d'un emploi. Nous pouvons apprendre à nous exprimer calmement, guidés par notre *esprit*. Nous pouvons apprendre à faire des compromis, à écouter le point de vue des autres et à accepter de composer avec nos collègues de travail. Nous pouvons apprendre à choisir nos batailles soigneusement et à prendre position au besoin. Nous pouvons voir notre travail à travers les yeux de notre *esprit* et découvrir sa place dans notre vie paisible et heureuse.

Exercice un

Suis-je ce que je fais? Examinez la relation entre votre travail et votre image de vous-même. Comment vous voyez-vous par rapport à votre travail? Fier? En colère? Amer? En quoi votre image de vous-même changerait-elle si vous changiez d'emploi? Avez-vous négligé certains domaines de votre vie de façon à concentrer votre temps et votre énergie sur votre travail? Comment pouvez-vous modifier votre image

de vous-même pour inclure tous les aspects de votre personnalité et de votre vie?

Exercice deux

*Qu'est-ce qu'un bon emploi? Examinez vos croyances au
sujet des exigences d'un bon emploi.* Quels éléments croyez-
vous nécessaires en général? Lesquels sont plus particulièrement nécessaires pour vous? Votre travail actuel remplit-il
ces exigences? Sinon, cherchez-vous un autre emploi qui le
fera? Quelles sont vos attentes face à votre travail? Sont-
elles réalistes?

Exercice trois

Le bon gagne-pain. Commencez votre recherche pour un
bon gagne-pain en vous demandant *Qu'est-ce que j'aime?*
Examinez vos expériences de jeunesse pour voir si vous pouvez découvrir quel genre de travail vous aimeriez faire maintenant. Quels étaient vos sujets préférés en classe? Qu'est-ce
que vous aimiez dans ces matières? Aviez-vous des passe-
temps ou des intérêts préférés? Comment pourraient-ils
s'intégrer à votre vie professionnelle? Pendant un moment,
oubliez toute la question du revenu et pensez à l'image que
vous avez de l'emploi idéal — si vous n'aviez pas à travailler
pour gagner de l'argent, qu'est-ce que vous aimeriez faire?
Pourquoi? Quels éléments de ce fantasme pouvez-vous
incorporer dans votre véritable vie professionnelle?

CHAPITRE 8

L'argent

Il n'y a rien de plus démoralisant au monde que l'argent.

— Sophocle

Le dramaturge grec Sophocle a fait cette observation il y a plus de 2 400 ans. Elle semble tout aussi vraie aujourd'hui. Peu importe que nous en ayons beaucoup ou peu, l'argent peut être un sujet important et difficile pour nous tous.

Nous pouvons voir l'argent comme notre planche de salut relativement à toutes les misères de la vie ou simplement comme un mal nécessaire. Nous pouvons nous sentir coupables d'en avoir ou irrités de ne pas en avoir. Nous pouvons le considérer comme une condition nécessaire à notre bonheur ou une tentation puissante, nous distrayant de nos objectifs «supérieurs». Notre perception du rôle de l'argent dans notre vie peut nous créer des ennuis d'une façon ou d'une autre.

Qu'est-ce que l'argent?

La plupart d'entre nous ont appris très tôt dans la vie que «l'argent ne pousse pas dans les arbres». Mais nous ne nous sommes jamais arrêtés à la profonde vérité sous-jacente à cet énoncé. *L'argent ne se trouve pas naturellement dans l'univers.* C'est une intervention humaine, destinée à l'origine à faciliter le commerce. Si l'argent n'existait pas, il y aurait encore toutes les ressources naturelles, ainsi que l'intelligence et les habiletés humaines pour concevoir et fabriquer tous les objets dans le monde aujourd'hui. De fait, il y aurait sans doute beaucoup *plus* de personnes compétentes et instruites si elles n'avaient pas à trouver un moyen de payer leurs études, et un plus grand nombre de produits utiles qu'il est actuellement impossible de vendre ou de fabriquer pour des raisons strictement financières.

L'argent a été conçu à l'origine pour simplifier le commerce — il était plus commode que d'avoir à circuler avec des moutons à échanger contre des porcs, ou des œufs contre des céréales. Je n'ai pas besoin de vous dire quel fouillis compliqué nos systèmes modernes d'économie sont devenus. Mais ce que nous oublions souvent, c'est que l'argent en lui-même n'a aucun pouvoir. Nous associons l'argent à certains sentiments, à certaines croyances et attitudes, puis nous pensons que l'argent engendre lui-même ces sentiments et ces attitudes.

«L'argent peut vous brûler»

Les gens parlent souvent de l'argent comme s'il était vivant, comme s'il pouvait nous faire des choses. Étienne dit: «L'argent, c'est comme du feu: le feu peut être la meilleure découverte qui soit, mais il peut également vous brûler. Il peut vous anéantir, vous consumer et vous prendre tout ce que vous avez. L'argent peut faire toutes ces choses et davantage, peut-être même *pire*, parce qu'il peut être plus subtil.»

L'argent ne fait réellement aucune de ces choses — de fait, il ne peut *faire* quoi que ce soit. *Nous* sommes responsables de nos propres croyances, sentiments et attitudes, responsables de prendre des mesures relatives à nos problèmes d'argent. Blâmer l'argent lui-même, c'est comme rejeter sur d'autres la responsabilité de nos problèmes, de nos sentiments, de nos comportements ou de notre vie. Lorsque nous commençons à comprendre notre rôle et nos responsabilités concernant l'argent, nous pouvons renoncer au désir de notre *ego* de rendre l'argent responsable de toutes les difficultés qu'il nous cause.

«Je préférerais qu'il n'y ait pas d'argent, continue Étienne, mais j'ai peur qu'étant donné la nature de l'homme, si ce n'était pas l'argent, il y aurait autre chose.» Cette partie de «la nature de l'homme» dont parle Étienne, c'est notre *ego*. Notre *ego* est très facilement absorbé par l'argent parce que c'est une de ces conditions extérieures sur lesquelles nous pouvons nous concentrer pour éviter notre véritable *soi* intérieur. C'est une cible facile pour le point de vue défensif et blâmant de notre *ego*. Nous pouvons l'utiliser comme excuse pour bien des attitudes et des comportements négatifs et autodestructeurs.

Accepter la responsabilité de nos attitudes

L'argent n'est démoralisant que si *nous* le rendons tel, si nous réagissons à l'idée de l'argent de cette façon. Nous pouvons demeurer ignorants des informations de base sur l'argent, puis nous fâcher lorsque nous recevons une facture que nous ne comprenons pas ou mettons notre compte à découvert à la banque. Nous pouvons nous promener en disant que nous *détestons* l'argent et, en même temps, nous étonner de ne pas en avoir plus. Ou nous pouvons accumuler toujours plus et plus d'argent ainsi que tous les biens qu'il peut acheter, et nous étonner de n'être toujours pas heureux.

Étienne dit qu'il continue de ne pas aimer l'argent, même si maintenant il doit composer avec lui beaucoup plus qu'auparavant. Mais il affirme être «heureux d'en connaître davantage en matière d'argent». Lorsque nous en apprenons davantage sur la question de l'argent, nous pouvons commencer à l'utiliser d'une façon rationnelle et détendue, renonçant à la mainmise de notre *ego* sur lui. Nous pouvons apprendre à cesser de blâmer l'argent pour son rôle dans notre vie et commencer à accepter la responsabilité de nos propres sentiments, de nos attitudes et de nos finances.

L'auteur Hugh Prather écrit: «Deux attitudes prévalent à l'égard de l'argent: il est merveilleux et il est mauvais. Ce sont là... seulement deux différents aspects d'une même force mal placée.» Que nous vénérions ou détestions l'argent, nous lui accordons notre pouvoir personnel et notre responsabilité. *Nous* choisissons le rôle que l'argent joue dans notre vie. Nous choisissons nos propres croyances, nos attitudes et nos actions à l'égard de l'argent. Et nous pouvons choisir de voir l'argent d'un autre œil. Mais nous devons d'abord examiner nos croyances et nos attitudes actuelles à propos de l'argent.

Vénérer l'argent

Une des façons dont nous pouvons donner à l'argent notre pouvoir et notre responsabilité, c'est en le vénérant. Nous pouvons croire que nous en avons besoin pour être heureux. Nous pouvons croire qu'il peut nous acheter l'amour, la liberté, le succès et la joie. En obtenir toujours plus peut devenir le point central de notre vie. Mais nous ne pouvons jamais en avoir assez, parce que c'est notre *ego* qui le veut, et son appétit est insatiable.

Si nous acceptons ce point de vue, alors, pour la plupart, nous devons nous résigner à la tristesse, parce que nous ne sommes pas riches. Nous pouvons alors consacrer tout notre temps et toute notre énergie à essayer de devenir riches ou en vouloir aux autres qui pensent l'être plus que nous. Nous pouvons nous sentir privés, furieux, tristes et envieux de ceux qui pensent avoir plus que nous. Ou, si nous sommes riches, nous pouvons nous étonner de n'être toujours pas vraiment heureux, avoir peur de perdre notre argent ou être jaloux et craintifs des autres qui, pensons-nous, veulent notre avoir.

Notre image de soi

Nous pouvons permettre à notre *ego* de nous convaincre que nous avons besoin d'argent — ou d'une grande quantité d'argent — pour nous sentir bien dans notre peau. Nous pouvons penser que d'autres personnes vont nous accepter, nous respecter ou nous aimer davantage si nous avons plus d'argent. Nous pouvons nous attendre à ce que l'argent solutionne tous nos problèmes et toutes nos difficultés, et compense pour tous nos défauts.

L'argent peut devenir un substitut pour l'analyse de nos sentiments, de nos croyances et de nos attitudes. Il peut être utilisé comme une excuse pour ne pas tenir compte d'autres domaines importants de notre vie. Nous pouvons croire que si nous réussissons seulement à obtenir suffisamment d'argent, rien d'autre n'aura d'importance. Nous pouvons même nous convaincre qu'avoir plus d'argent fera de nous des personnes meilleures.

Nos valeurs personnelles

Si nous utilisons l'argent, ou l'absence d'argent, comme une excuse pour la tristesse et un comportement autodestructeur, nous refusons peut-être aussi de tenir compte de nos propres valeurs et de notre éthique. Nous pouvons nous retrouver pris dans une spirale descendante où nous excusons tout genre de comportement illégal ou amoral qui résulte en un gain monétaire pour nous. Nous essayons peut-être de taire la souffrance intérieure causée par ce comportement négatif, utilisant toujours plus d'argent pour nous anesthésier dans nos richesses extérieures.

Comme je l'ai abordé dans le chapitre sur le travail, nous ne pouvons pas échapper à la souffrance intérieure lorsque nous allons à l'encontre de nos propres valeurs personnelles. D'une façon ou d'une autre, cette souffrance nous rejoindra. Notre paix intérieure et

notre bonheur passent avant tout, ils sont au centre de
notre énergie personnelle et de notre vie. Notre image
de soi ne peut pas reposer sur nos comptes en banque
ou sur nos biens matériels. Si nous essayons de vivre de
cette façon, nous nous exposons à devoir nous battre
douloureusement pour concilier notre souffrance intérieure profonde et notre confort extérieur. *Et ça ne marche vraiment pas.*

Geoffroy dit qu'il s'attendait à ce que l'argent fasse
de lui un homme meilleur. Il trouvait que gagner toujours plus pour lui-même et pour sa famille était
l'essence même de son existence. «Je ne tenais compte
d'absolument rien d'autre, dit-il. Je n'ai jamais refusé
une occasion de gagner de l'argent. Il me semblait que
c'était la seule chose qui comptait, et cela justifiait *tout*.
J'ai peu à peu cessé de penser à autre chose. Je manipu-
lais l'argent et le faisais se multiplier. C'était excitant et
intense, toutes ces activités d'achat et de vente. C'était
comme jouer au Monopoly pour vrai.»

Lorsque Geoffroy a commencé à éprouver des difficultés dans son mariage, avec ses clients et avec son
patron, il a réagi avec colère. «Je ne pouvais pas comprendre pourquoi tout le monde me harcelait, dit-il. Je
gagnais tellement d'argent pour eux. Qu'est-ce qui pouvait compter d'autre? De quoi pouvaient-ils avoir à se
plaindre? Je pensais réellement que tout allait pour le
mieux, du moment que je continuais à gagner de plus
en plus d'argent, peu importe d'ailleurs comment je le
faisais ou ce que je faisais ou ne faisais pas. Ce n'est
qu'une fois que j'ai eu tout perdu — ma femme, ma
famille et mon emploi — que j'ai pu prendre un peu de
recul et examiner la façon dont j'avais laissé la poursuite de l'argent diriger toute ma vie.

Les bons et les méchants

Comme Geoffroy, beaucoup d'entre nous ont acquis une croyance selon laquelle *les bons gars sont riches et les méchants sont pauvres.* Ce genre d'attitude peut découler de la famille, du quartier ou de la culture en général dans lesquels nous avons grandi. Le «succès» a peut-être toujours signifié un gain monétaire. Les gens que nous admirions, qu'ils soient réels ou fictifs, étaient peut-être riches — au moins plus riches que nous.

La croyance que le bonheur exige la richesse peut avoir découlé naturellement d'une attitude acquise, selon laquelle les gens riches sont en quelque sorte *mieux* que le reste d'entre nous. Nous les avons sans doute enviés, imités ou vénérés comme étant supérieurs. Nous les avons peut-être considérés comme étant *au-dessus* du reste du monde et de ses soucis, de ses problèmes et de sa souffrance. Ils ont peut-être été nos héros.

À l'inverse, les pauvres peuvent nous avoir été présentés comme étant sales, paresseux et mauvais. Nous avons peut-être appris à craindre et à détester ceux qui avaient moins que nous. Nous en sommes peut-être venus à croire des images fictives de personnes pauvres comme étant déficientes en matière d'éducation, d'intelligence, de manières, de propreté, de santé et de moralité. Nous avons peut-être appris à les blâmer, à les juger par rapport à leur situation.

Ces croyances et ces attitudes peuvent être sous-jacentes à nos sentiments à propos de l'argent, et à leur effet sur notre image de nous-mêmes. Si nous avons des problèmes d'argent, nous avons le sentiment que nous sommes *mauvais* d'une certaine manière; si nous avons de la chance ou du succès, nous le voyons comme une preuve que nous sommes *bons*. Mesurer notre bonté et notre valeur à l'étalon de notre succès monétaire peut devenir un chemin à sens unique vers la dépression, l'anxiété, la peur et la haine de soi. C'est peut-être la façon pour notre *ego* de nous maintenir dans la tristesse.

Les contes de fées

Tous les contes de fées dont je me rappelle au cours de mon enfance se terminaient par le héros ou l'héroïne vivant heureux jusqu'à la fin de ses jours dans un château, un palais ou quelque chose du genre. De pauvres petites filles se promenant pieds nus — mais mignonnes et altruistes — se retrouvaient princesses, tandis que les salauds mesquins et égoïstes, s'ils survivaient, finissaient par devenir des mendiants pauvres et misérables. Dans notre imagination d'enfants, nous ne rêvions pas de grandir pour devenir pauvres.

Cette attitude selon laquelle l'argent et le confort luxueux égalent le bonheur peut s'être fermement incrustée dans notre esprit. Même si d'autres facteurs dans notre environnement d'origine nous ont appris qu'il en était autrement, cet élément peut perdurer dans nos croyances, inconsciemment. Nous nous attendons peut-être à être sauvés un jour par un prince riche qui nous rendra heureux parfaitement et pour toujours. Nous nous attendons peut-être à ce que des années de sacrifices et de dur labeur soient récompensées par des richesses somptueuses et une joie correspondante.

Les réalités de la vie adulte peuvent sembler cruelles et injustes comparées à ces rêves d'enfance. Nous pouvons devenir irrités et amers lorsque l'argent et le luxe ne nous rendent pas heureux du tout. Ou nous

pouvons consacrer toute notre vie à attendre, à planifier, à souhaiter et à manigancer pour que notre rêve se
réalise.

L'acceptation de la réalité est le signe de la maturité. Lorsque nous nous tournons vers la véritable
vision de notre esprit, nous détournant des fantasmes
de notre *ego* et des contes de fées, nous pouvons finalement trouver la joie, le bonheur et la paix véritables. Le
problème n'est pas de ne pas avoir encore trouvé notre
rêve impossible — c'est que nous consacrons notre
temps et notre énergie à le poursuivre, tandis que le
véritable bonheur se trouve tout ce temps sous notre
nez.

Pour notre bonheur véritable, réel et intérieur,
l'argent ne compte pas. Comme l'a dit Joseph Campbell
dans *The Power of Myth* (Le pouvoir du mythe): «Il y a
quelque chose en vous qui sait lorsque vous êtes centré,
qui sait si vous êtes sur la bonne voie et si vous
déraillez. Et si vous déraillez pour gagner de l'argent,
vous avez perdu votre vie. Et si vous restez centré et
n'avez pas d'argent, vous avez toujours votre félicité.»
Nous savons que le véritable bonheur, ou ce que Joseph
Campbell appelle «félicité», vient de l'intérieur de notre
soi spirituel le plus profond, non de circonstance ou état
extérieur. Lorsque nous fixons notre attention sur notre
centre spirituel, les conditions financières de notre vie
ont peu d'effet sur notre état d'esprit intérieur.

Détester l'argent

Hugh Prather écrit: «L'ancienne sagesse selon
laquelle l'amour de l'argent est à l'origine de beaucoup
de mal dans le monde est vraie. C'est également vrai de

la haine et de la peur de l'argent.» La haine et la peur
de l'argent peuvent devenir notre justification pour en
perdre, le manipuler sans précaution ou être incapables
d'en avoir. Nous pouvons mettre sur le dos de l'argent
lui-même notre difficulté à l'obtenir, à le conserver ou à
l'utiliser sagement. Nous pouvons éprouver du ressentiment et de la colère à l'égard de ceux qui en ont plus
que nous et les considérer comme étant «mauvais» en
quelque sorte.

Nous pouvons aussi nous sentir coupables d'avoir
beaucoup d'argent. Nous pouvons refuser à nous-
mêmes ou à nos familles des biens que nous pourrions
facilement nous permettre d'acquérir en raison d'une
croyance profonde qu'il est correct d'avoir de l'argent
seulement si on n'en profite pas. Nous pouvons nier ou
taire notre richesse, nous sentant gênés ou honteux de
l'avoir.

Andrée dit qu'elle a grandi en voyant sa mère se
débattre pour joindre les deux bouts. Elle explique:
«Mère de famille monoparentale avec quatre enfants à
élever et sans même un diplôme d'études secondaires,
elle travaillait sans relâche, simplement pour subvenir
à nos besoins les plus élémentaires. C'était une femme
intelligente, travaillante, aimante et morale, qui n'a
jamais eu une chance dans sa vie. Je voyais les problèmes d'argent la faire vieillir avant le temps, mais je l'ai
toujours aimée et respectée. Je trouvais que les gens
pour qui tout semblait si facile étaient méprisables.»

À l'âge adulte, Andrée s'est trouvée incapable
d'accepter ou de profiter du succès monétaire. Elle se
sentait coupable de gagner beaucoup plus d'argent que
sa mère n'en avait jamais eu. Elle acceptait des emplois
peu rémunérateurs et travaillait de plus longues heures que nécessaire. Elle déclare: «Dans mon esprit, ma

mère était une sainte. Comment pouvais-je grandir et devenir une de ces mauvaises personnes qui ne trimait pas et ne se sacrifiait pas tout le temps? Il m'apparaissait tout à fait injuste d'avoir une meilleure situation qu'elle.»

Nous pouvons aussi développer une haine semblable de l'argent si notre famille était riche. Si nous avons eu des relations pénibles ou difficiles avec nos parents et qu'ils étaient financièrement à l'aise, nous pouvons associer l'argent avec ce que nous estimons être les fautes de nos parents. Nous pouvons nous rebeller contre eux en rejetant leur point de vue sur l'argent ou leur niveau de revenu. Nous pouvons souhaiter nous distancer de tout ce à quoi ils accordent de l'importance.

Les méchants et les bons

En grandissant, nous pouvons avoir acquis une attitude selon laquelle *les méchants sont riches et les bons gars sont pauvres.* Si nos héros étaient les tyrannisés, les opprimés et les pauvres, nous pouvons trouver difficile d'accepter l'abondance dans notre vie comme adultes. Si la richesse nous a en quelque sorte semblé mauvaise ou si les gens riches étaient vus comme des oppresseurs, nous pouvons à juste titre ne pas vouloir nous identifier à ces images négatives.

Nous pouvons éprouver le besoin de demeurer pauvres afin de nous sentir bien dans notre peau. Nous pouvons — peut-être inconsciemment — saboter nos occasions de gains financiers. Dans notre esprit, nous pouvons associer la culpabilité et la colère à l'argent. Nous nous sentons peut-être comme un de ces «méchants» si nous commençons à gagner trop d'argent ou à posséder un trop grand confort matériel.

Si nous voyons les grandes entreprises ou les grandes institutions comme les «méchants riches», nous pouvons nous sentir justifiés d'employer des pratiques comme ne pas payer nos factures à temps ou trouver des moyens de ne pas les payer du tout. «Oh, ils peuvent se le permettre» peut être notre excuse pour des pratiques amorales ou même illégales. Nous éprouvons peut-être même une certaine satisfaction à escroquer quelqu'un ou une compagnie que nous considérons comme un des méchants riches.

Notre *ego* s'embrouille facilement dans ce jeu de blâme et de défense. Être l'un des bons gars peut être notre justification pour toute action contre un des méchants. Nous pouvons dire que nous détestons l'argent ainsi que tous les grands systèmes et les personnes qui pensent le contrôler et, par conséquent, nous tenir à l'écart de la manipulation de l'argent d'une façon qui favorise au mieux nos propres intérêts.

La peur de l'argent

Toute haine vient de la peur. Nous pouvons avoir peur de l'argent parce que nous n'en connaissons rien. Nous pouvons craindre l'argent parce que nous pensons qu'en avoir fera de nous un des méchants. Nous pouvons avoir peur de l'argent parce que nous ne croyons pas le mériter. La peur est l'exercice préféré de notre *ego*, et elle peut nous maintenir ignorants, pauvres, en colère, coupables et déshérités.

Renoncer à notre peur exige une perspective réaliste de l'argent comme outil d'échange de biens et de services — rien de plus, rien de moins. Une attitude sans peur à l'égard de l'argent nous permet de commencer à assumer la responsabilité de nos finances d'une façon saine et heureuse. Elle nous libère des jeux de notre *ego* qui vénère ou déteste l'argent, rejette sur les autres ou sur l'argent lui-même la responsabilité des problèmes qu'il nous cause, et s'attend à ce que l'argent solutionne nos problèmes et nous rende heureux.

Croyances relatives à la pénurie

Une de nos croyances les plus solidement incrustées, qui nous empêche de manipuler l'argent avec aisance, est celle de la pénurie et du manque d'argent. Nous pouvons croire qu'il n'y en a simplement pas suffisamment pour tous. Nous pouvons accepter le point de vue de notre *ego* à l'effet que tout ce que nous avons prive les autres, et ce qu'ils ont nous prive.

Cette attitude divise l'humanité en *ceux qui ont* et *ceux qui n'ont pas*. Ceux qui ont doivent se sentir coupables et ceux qui n'ont pas doivent être en colère. Il ne peut jamais y avoir d'attitude détendue de partage et de distribution équitable dans ce point de vue. Le gain de l'un est toujours la perte de l'autre. C'est le point de vue défensif et sans issue de l'*ego*. Mais que pouvons-nous croire d'autre lorsqu'il semble tellement difficile de réussir financièrement ou même de simplement joindre les deux bouts?

Beaucoup d'entre nous ont toujours senti qu'ils «arrivaient tout juste» — à peine capables de payer les factures essentielles et de se nourrir, eux-mêmes et leur famille. Nous vivons peut-être d'un chèque de paie à l'autre, avec quelques jours maigres en attendant le prochain chèque. Nous payons peut-être seulement certains de nos comptes chaque mois, et les autres le mois suivant, espérant qu'un jour nous nous rattraperons. Nous poursuivons peut-être de cette façon, même lorsque notre revenu augmente. Nous nous habituons peut-être à vivre tout juste selon nos moyens, même si ces moyens augmentent.

Parfois, nous nous sentons peut-être tellement pris au piège par la pénurie d'argent que nous ne pouvons pas dépenser ce que nous avons. Nous nous sentons peut-être paralysés par la possibilité de commettre des erreurs. Si un repas est gâché ou si nous n'en aimons pas le goût, nous nous sentons peut-être terriblement coupables de le jeter à la poubelle. Nous éprouvons peut-être un profond sentiment de perte devant une chemise tachée ou une assiette cassée. Nous pensons peut-être que nous ne pouvons pas nous permettre d'être imparfaits.

Une femme dit: «C'est comme si je ne pouvais pas prendre de risques, parce qu'il n'y a pas d'erreur possible. Alors je n'achète rien dont je n'ai pas absolument besoin, puis j'achète l'article qui coûte le moins cher. De cette façon, si je le perds, le brise ou autre, je n'aurai pas trop de regrets.» Ce sentiment vient de notre croyance que l'argent est une ressource limitée, qu'il faut toujours recommencer à accumuler chaque fois que nous en dépensons un peu.

Changer nos attitudes

À la surface, la pénurie peut sembler être une vue réaliste du monde. Il existe des ressources limitées qui doivent être utilisées avec soin et qui exigent un réapprovisionnement. Mais il est possible, dans le cadre des capacités humaines, de le faire d'une façon responsable.

Et de nouvelles ressources sont continuellement découvertes. Il n'y a aucune limite prévisible à l'expansion des connaissances et de l'ingéniosité humaines.

Il n'y a également aucune limite à la capacité de notre *esprit* de partager et d'être généreux. Seul notre *ego* se sent menacé par l'idée des ressources limitées. Notre *esprit* sait que l'univers est illimité et abondant. Cette connaissance permet à notre *esprit* de se sentir complètement en sécurité et sans peur.

Si nous avons l'impression que nous ne pouvons jamais gagner assez d'argent pour les biens dont nous avons réellement besoin, nous pouvons obtenir de l'aide. Des conseillers financiers peuvent nous aider à établir un budget, à nous acquitter de nos dettes et à gérer notre argent de la meilleure façon possible. Il existe sans doute beaucoup d'autres choix à notre disposition que nous n'avions jamais imaginés. Mais nous ne pouvons pas apprendre toutes ces possibilités si nous ne cherchons pas et n'acceptons pas l'aide dont nous avons besoin.

Les jeux de notre *ego* axés sur la vanité, l'ignorance, la colère et une image de soi comme *quelqu'un qui n'a pas* ne réussissent qu'à créer des attitudes et des comportements autodestructeurs. Mais nous pouvons nous tourner vers un autre point de vue. Nous pouvons renoncer à nos fausses croyances en un monde de manque et de pénurie, divisé en *ceux qui ont* et *ceux qui n'ont pas*. Nous pouvons nous ouvrir à l'abondance infinie de l'univers.

Croyances relatives à la privation

Parfois, nous nous empêchons d'accueillir toutes les bonnes choses de la vie en croyant simplement, à un niveau profond et peut-être inconscient, que nous ne les méritons pas. Une vieille programmation négative nous dit peut-être que toutes ces bonnes choses que nous voulons sont pour les autres, non pour nous. Pendant nos années de croissance, nous n'avons peut-être jamais vu un adulte important dans notre vie se fixer un but, travailler pour l'atteindre et réussir.

Notre image de soi doit changer si nous voulons nous permettre d'accepter l'abondance et l'aisance financière. Cela ne veut pas nécessairement dire la richesse, mais plutôt savoir composer avec l'argent d'une façon détendue, exempte d'anxiété et de stress. Cela veut dire accepter les bonnes choses qui nous arrivent par l'intermédiaire du flux naturel de l'énergie positive dans le monde. Cela veut dire nous soustraire aux obstacles que nous créons nous-mêmes.

Même si des choses merveilleuses s'offrent à nous maintenant, nous ne pouvons pas les voir ni les accepter si nous avons l'impression de ne pas les mériter. Comme l'écrit Melody Beattie dans son livre *Au-delà de la codépendance*: «Les pensées négatives axées sur la privation font disparaître les choses.» Nous sabotons nos occasions d'abondance lorsque nous refusons de nous voir comme les méritant. Notre *ego* continue de penser de cette façon, convaincu qu'il nous protège de la déception et du rejet. Mais en réalité, il ne fait que nous maintenir enfoncés dans la tristesse et le manque.

Le congé de Pâques

Quand il était jeune, Nicolas dit que tous ses amis allaient passer le congé de Pâques en Floride. Ses parents disaient toujours qu'ils ne pouvaient pas se permettre de lui payer un tel voyage, et il se sentait coupable de souhaiter y aller. Au collège, Nicolas a travaillé mais n'a jamais réussi à économiser suffisamment d'argent pour accompagner ses amis dans leur voyage annuel.

Voici ce que Nicolas dit: «Même maintenant, après des années de travail et de vie autonome, je ne vais nulle part pour mes vacances. Je ne semble pas pouvoir inclure cela dans mon budget, quels que soient mes revenus. Quand j'ai congé, je consacre ce temps à faire des travaux à la maison ou à me détendre. C'est comme si j'avais un blocage à propos des vacances à l'extérieur — ça ne *me* ressemble tout simplement pas.»

L'image de soi de Nicolas, formée pendant son enfance, comprend la notion de rester à la maison tandis que ses amis vont tous en vacances. C'est ce à quoi il est habitué, ce qui lui semble approprié. Cette position n'a rien à voir avec ses moyens actuels. Elle est simplement tributaire de ses attitudes et de ses croyances.

Souvent, lorsqu'un acte se situe à l'extérieur de notre image de soi, nous ne pouvons pas voir les occasions de le faire. Nous pouvons dire ou penser *Qui, moi? Acheter une nouvelle voiture? Posséder une maison? Aller en vacances?* Notre réflexion n'est peut-être pas consciente, mais nous éprouvons simplement un sentiment de malaise lorsqu'il s'agit de dépasser les limites de notre image de soi axée sur la privation.

Une nouvelle image de soi

Apprendre à nous voir comme des personnes qui méritent toutes les bonnes choses de la vie ne veut pas dire céder à tous nos caprices ou nos désirs. Cela ne veut pas dire acheter toutes sortes de biens dont nous n'avons pas besoin ou que nous ne voulons pas réellement, simplement pour nous gonfler d'importance et dire: «Oui, je l'ai mérité.» Cela veut dire renoncer à cette image de soi erronée comme quelqu'un qui ne peut pas avoir ce dont il a besoin et qu'il désire. Cela veut dire cesser d'entretenir l'illusion que nous sommes, pour une raison ou une autre, moins méritants en matière d'argent que les autres.

Parfois, accepter une chose dont nous avons besoin ou que nous voulons signifie faire un sacrifice pour un temps de façon à économiser pour l'obtenir. Parfois, cela veut dire choisir entre une chose et une autre, quand nous ne pouvons nous en permettre qu'une. Ce n'est pas la même chose qu'une privation que nous nous imposons nous-mêmes parce qu'il s'agit d'une mesure raisonnable et temporaire, qui nous aide à la fin à obtenir quelque chose de bon pour nous.

Lorsque nous renonçons à l'image de soi de notre *ego* comme étant non méritants ou incapables d'abondance et d'aisance financière, nous pouvons commencer à laisser l'abondance circuler dans notre vie. Nous pouvons renoncer à nous attacher à ce dont nous n'avons pas réellement besoin, sauf pour soulager le sentiment de privation de notre *ego*, et accepter ce qui améliore réellement notre bien-être. Nous pouvons laisser notre *esprit* être calme, paisible, heureux et abondant.

Les entrées et les sorties d'argent

Dans sa pièce *The Matchmaker* (Le marieur), Thornton Wilder a écrit: «L'argent est comme le fumier; il ne vaut absolument rien à moins que vous le répandiez pour encourager de jeunes pousses à grandir.» L'argent doit affluer, circuler à l'intérieur de la collectivité, de façon à maintenir le commerce actif et à approvisionner les gens de biens dont ils ont besoin et qu'ils désirent. Si nous accumulons notre argent, nous nous coupons du flot et commençons à stagner.

Afin de nous ouvrir à la fois aux entrées et aux sorties d'argent, la première chose à faire est de nous *informer* à ce propos. Un mari qui dit: «Oh, ma femme paie tous les comptes» ou une femme qui dit: «Mon mari s'occupe de ce genre de chose» renonce à une grande partie de la vie. Être davantage informé en matière d'argent, c'est plus que simplement payer les comptes ou équilibrer le carnet de chèques; c'est comprendre l'argent et son rôle dans notre vie, c'est prendre soin de nous-mêmes, de notre pouvoir personnel et de notre responsabilité.

Les conjoints et les partenaires peuvent apprendre ces choses ensemble, ou faire des échanges de façon à ce que les deux apprennent tous les aspects des finances. Nous avons *tous* besoin d'en apprendre davantage sur les comptes bancaires, l'intérêt, le crédit, l'impôt et tout ce qui touche nos finances personnelles. Sinon, nous ne pouvons pas faire les meilleurs choix et prendre les meilleures décisions concernant l'argent, et nous ne pouvons pas éliminer toutes les croyances négatives et incorrectes à ce propos. Ce nettoyage est nécessaire pour assurer une circulation harmonieuse de l'argent dans notre vie, à l'entrée comme à la sortie.

La circulation harmonieuse de l'argent nous permet de concentrer nos énergies ailleurs. Comme l'écrit Hugh Prather: «L'argent n'est pas important; faites donc en sorte de ne pas en être préoccupé.» Pour renoncer à notre préoccupation en matière d'argent, nous devons apprendre tout ce qu'il est nécessaire de savoir à son sujet; examiner nos sentiments à son égard; renoncer à nos anciennes croyances, hypothèses et peurs le concernant, et commencer à le laisser circuler harmonieusement dans notre vie, à l'entrée comme à la sortie.

L'afflux d'argent

L'afflux signifie accepter l'argent qui peut nous échoir. Pour ce faire, nous devons renoncer à toutes nos vieilles croyances, comme celle selon laquelle nous ne méritons pas l'argent ou ne pouvons pas en avoir assez pour bien vivre. Cela veut aussi dire cesser d'en vouloir aux autres qui, à notre avis, en ont plus que nous, et adopter une attitude de générosité et d'abondance à l'égard de tous. Cela veut dire savoir que la richesse ne nous rendra pas heureux et que la pauvreté ne fera pas de nous des saints.

Afin de nous ouvrir à tout afflux possible d'abondance, nous devons renoncer à nos sentiments de colère, de ressentiment, de culpabilité et de peur. Nous devons abandonner nos croyances relatives à la pénurie et ouvrir notre esprit à l'idée d'une abondance infinie dans l'univers. Nous devons aussi accepter la notion que cette abondance infinie nous est destinée tout autant qu'à tous les autres. Nous devons cesser de vénérer ou de détester l'argent, et reconnaître son rôle véritable dans ce monde.

Lorsque nous renonçons à nos illusions à propos de nous-mêmes, du monde et de l'argent, nous pouvons commencer à profiter de l'argent sans culpabilité, anxiété, peur ou comportement avare. Nous pouvons commencer à apprécier notre argent et les biens qu'il nous permet d'acheter. Nous pouvons devenir reconnaissants et permettre à l'argent de circuler harmonieusement dans notre vie.

La sortie d'argent

La sortie d'argent est tout aussi importante que l'afflux pour permettre à l'approvisionnement d'énergie monétaire de circuler. Nous devons abandonner toutes les vieilles possessions dont nous n'avons pas besoin. L'ouvrage de méditation *God Calling* (L'appel de Dieu) nous dit: «Lorsque l'offre semble faire défaut... regardez autour de vous pour voir ce que vous pouvez donner. Donnez quelque chose. Il y a toujours une stagnation, un blocage lorsque l'offre semble faire défaut. Le fait de donner élimine cette pénurie.» Prenez le temps d'examiner toutes vos possessions et donnez tous les vêtements que vous ne portez plus, tous les objets dont vous ne vous servez plus. Une bonne règle générale est de donner tout ce dont vous ne vous êtes pas servi au cours de la précédente année — ce qui indique habituellement que vous ne l'utiliserez jamais plus.

Nous sommes souvent assez craintifs de renoncer à nos choses de cette façon. Particulièrement si nous avons connu des moments de pauvreté et de manque dans le passé, nous nous sentons peut-être protégés par le fait de posséder des objets, même si nous ne les utilisons jamais. Mais y renoncer est réellement le meilleur moyen de laisser l'énergie circuler, de faire de la place pour que de nouvelles choses nous arrivent. Si nous

n'utilisons pas les biens que nous avons, ils ne font que
bloquer notre capacité d'aider les autres et de recevoir
d'autres bonnes choses pour nous-mêmes. Si nous les
donnons, d'autres personnes peuvent s'en servir et la
circulation continue entre nous et autrui, et ainsi de
suite.

L'argent lui-même peut circuler de la même
manière que les biens matériels. Lorsque nous payons
nos comptes ou achetons des marchandises nécessaires
au magasin, ou donnons de l'argent aux œuvres de charité, nous contribuons à la circulation de l'argent. Je ne
préconise pas les dépenses inconsidérées ou les achats à
crédit — nous sommes toujours responsables d'utiliser
notre argent de manière intelligente. Mais nous nous
empêchons souvent d'acheter des choses que nous pouvons nous offrir par peur de ne pas obtenir d'autre
argent une fois que nous aurons dépensé celui que nous
avons.

Réflexion sur l'abondance

Lorsque Joseph Campbell revint d'Europe à la fin
de ses études, en 1929, le marché venait de s'effondrer
et les emplois se firent rares pendant les cinq années
suivantes. Pourtant, il déclara: «Ce fut une période
extraordinaire pour moi. Je ne me sentais pas pauvre.
Je n'avais tout simplement pas d'argent.»

Y a-t-il jamais eu un moment où vous vous êtes
senti vraiment, totalement et sublimement heureux,
quelle que soit votre situation financière? Peut-être
étiez-vous en amour ou veniez-vous de donner naissance à un enfant ou de guérir d'une maladie. Peut-être
que votre esprit était totalement absorbé par quelque

chose de supérieur à vous-même — une cause sociale ou politique, ou le bien-être d'une autre personne. Peut-être étiez-vous tellement concentré sur l'apprentissage — que ce soit à l'école, au travail ou dans vos relations — que vous avez oublié de penser à l'argent pendant un certain temps.

Ces moments peuvent nous enseigner comment renoncer au besoin cupide et insatiable de notre *ego* pour le gain monétaire. Ils peuvent nous rappeler que le bonheur n'a rien à voir avec l'argent. Ils peuvent nous aider à nous détendre et à faire confiance à l'abondance de l'univers, qui nous vient lorsque nous concentrons nos énergies sur ce que nous devons faire et apprendre dans le monde.

«Dieu y pourvoira»

Martin dit: «Autrefois, je pensais constamment à gagner de l'argent. C'était la chose la plus importante de ma vie. Tout ce que je faisais, chaque décision que je prenais, était d'une façon ou d'une autre liée à un profit toujours accru. Je pensais faire simplement ce que chacun faisait ou devait faire pour vivre une bonne vie, pour réussir.

«J'avais des amis, continue Martin, qui arrivaient à peine à joindre les deux bouts. Je les trouvais stupides, *fous* même, quant aux décisions qu'ils prenaient — des décisions fondées sur des éléments comme les sentiments, les intuitions et les idéaux moraux. Je me disais que tout ça était bien beau, mais que les affaires étaient les affaires. Lorsque j'essayais de leur faire entendre raison, ils ne faisaient que sourire et faire des observations comme "Dieu y pourvoira". C'est là que je me suis vraiment dit qu'ils étaient fous. Mais ils ont continué à arriver et, au bout d'un certain temps, leur situation s'est améliorée. Maintenant, ils ont une magnifique famille et une belle maison, et ce sont les gens les plus heureux que je connaisse.»

Lorsque nous voyons le monde comme un endroit merveilleux et abondant pour tous, c'est ce qu'il peut devenir. La foi et la confiance en notre Puissance supérieure et en notre propre capacité de faire une contribution positive au monde et d'être une partie intégrante de la circulation d'énergie peuvent faire en sorte que cela se produise. C'est ce que signifie avoir une attitude d'abondance — voir le monde du point de vue aimant de notre *esprit*, qui sait qu'il y en a toujours assez pour tout le monde. Il suffit de libérer nos esprits et de laisser les événements suivre leur cours.

Que signifie vivre abondamment?

Vivre abondamment ne veut pas dire acquérir tout ce que nous pouvons acquérir. Une telle consommation compulsive est un indice de peur et de pensées confuses au sujet de l'argent. Nous devons tous déterminer par nous-mêmes de quoi nous avons besoin. Mais nous devons toujours examiner *pourquoi* nous voulons ces choses.

Éprouvez-vous le besoin d'impressionner les autres ou d'écouter certaines voix critiques dans votre tête? Avez-vous l'impression qu'une plus grande abondance vous protégera des relations pénibles ou des problèmes? L'argent est-il un substitut à la résolution des conflits dans d'autres domaines de votre vie? Ou, vous privez-vous vous-même par peur de la perte ou parce que vous vous en considérez indigne? Croyez-vous qu'il n'y a pas suffisamment d'argent dans le monde pour tous? Croyez-vous qu'en ayant des possessions ou du succès, vous privez les autres de choses analogues? Croyez-vous que le succès des autres vous prive du vôtre?

Que nous cédions trop facilement ou pas assez à notre besoin d'argent ou de biens matériels, c'est notre *ego* qui décide. Lorsque nous trouvons notre propre niveau d'équilibre, suivant les conseils et les valeurs de notre *esprit*, nous pouvons découvrir un flot d'abondance rassurant dans notre vie.

Le juste milieu

Le point de vue de notre *esprit* en est un de neutralité face à l'argent. Il ne peut ni détester ni vénérer l'argent, parce qu'il sait que l'argent n'est pas vraiment important. Mais c'*est* quelque chose avec lequel nous devons composer dans ce monde; l'argent n'est pas près de disparaître. Alors agissons du point de vue aimant et spirituel et occupons-nous de cet aspect aussi bien que possible, afin de pouvoir porter notre attention sur autre chose.

Platon a écrit: «La richesse est la mère du luxe et de l'indolence, et la pauvreté est la mère de la mesquinerie et de la méchanceté, et l'une et l'autre sont la mère de l'insatisfaction.» Bouddha a enseigné «le juste milieu» — que les extrêmes de la richesse ou de la pauvreté ne sont pas les meilleurs modes de vie pour les gens. Ce n'est que lorsque l'argent n'est pas le point central de notre vie, d'une façon ou d'une autre, que nous pouvons prendre du recul et le voir tel qu'il est réellement, puis le laisser occuper la place qui lui revient dans notre vie.

La place qui revient à l'argent dans notre vie est celle où nous n'avons pas à trop y penser. Nous en avons besoin suffisamment pour vivre, pour subvenir aux besoins en matière de nourriture, de vêtement et de logement de notre famille. Nous avons besoin de ce dont nous avons besoin — rien de plus, rien de moins. Le confort est raisonnable, le luxe tend à prendre le dessus et à exiger une trop grande part de notre attention.

Ces jugements sont, bien sûr, relatifs. Et nous devrons nous-mêmes établir certaines distinctions. Mais la principale chose dont il faut se rappeler, c'est que l'argent n'est pas important du tout en lui-même. Comme Hugh Prather l'a écrit: «Contrairement aux gens, l'argent est ce que l'argent fait.» Lorsque nous utilisons l'argent comme un outil pour créer des choses comme l'éducation, la nourriture, la santé, le logement, le confort, la bonté, les soins et l'assistance aux autres, il devient une partie de la circulation naturelle d'amour et d'énergie positive dans le monde. Et il ne peut servir à un meilleur but que celui-là.

Exercice un

Renseignez-vous au sujet de l'argent. Apprenez tout ce que vous pouvez de façon à avoir une perspective réaliste de l'argent et de bien gérer le vôtre. Suivez des cours, posez des questions, lisez toute la documentation qu'offrent votre banque, votre compagnie d'assurance et d'autres institutions financières. Renseignez-vous au sujet des comptes bancaires, des taux d'intérêt, de l'impôt, du crédit et des politiques d'assurance pour bien comprendre tous les choix qui s'offrent à vous. Examinez vos comptes et essayez de les comprendre pleinement.

Appelez la compagnie si vous avez des questions. Trouvez un conseiller financier si vous avez besoin d'aide pour établir votre budget et gérer votre argent.

Exercice deux

La sortie d'argent. Passez en revue toutes vos possessions et donnez tout ce que vous n'utilisez pas. Donnez quelques boîtes de conserve à votre banque alimentaire locale. Insérez quelques pièces de monnaie dans la tirelire de l'Armée du salut chaque fois que vous en voyez une dans le temps de Noël. Lorsque vous voyez une boîte près d'une caisse enregistreuse sollicitant un don pour une œuvre de bienfaisance, déposez-y quelques pièces de monnaie. Prélevez un certain montant de chacune de vos paies à l'intention d'un organisme de services communautaires. Faites ce genre d'action régulièrement jusqu'à ce qu'elle devienne une habitude.

CHAPITRE 9

La santé et le vieillissement

C'est ça la vie — il y a toujours quelque chose.

— Gilda Radner

La comédienne Gilda Radner est décédée à l'âge de quarante-deux ans des suites d'une longue bataille contre un cancer de l'ovaire. Son livre, *It's Always Something* (Il y a toujours quelque chose), décrit l'espoir, le courage et l'humour avec lesquels elle a fait face à cette bataille. Elle y dépeint également sa peur, sa colère et sa souffrance.

La maladie chronique, débilitante ou constituant un danger potentiel de mort peut évoquer toutes ces réactions, et plus encore. Notre corps accapare alors toute notre attention par la souffrance et l'invalidité, nous forçant à affronter de nouveaux défis. Nous sommes *mis au défi de modifier* nos modes de comportement, notre image de soi, nos croyances et nos attitudes. Nous sommes *mis au défi de choisir* comment nous allons faire face à ces changements et si nous allons les accepter ou y résister. Nous sommes mis au défi de trouver et de conserver notre paix intérieure et notre bonheur, peu importe l'état de notre corps.

Il y *a* toujours quelque chose

Nous ne pensons pas souvent à la maladie comme étant normale ou même saine. Mais le corps humain est conçu pour tomber malade et le fait fréquemment. Comme Paul Pearsall l'écrit: «La maladie est une partie normale et saine de la vie qui ne veut pas dire que vous avez échoué de quelque façon.» Beaucoup d'entre nous persistent à nier la maladie plutôt que de l'accepter, et, par conséquent, sont incapables d'en tirer des leçons. L'acceptation ne signifie pas que nous devons nous résigner à des prédictions sombres concernant notre avenir; cela signifie vivre pleinement chaque moment de chaque jour, même si ce moment apporte une mauvaise santé ou une invalidité. Cela signifie reconnaître cette réalité physique et s'en accommoder, plutôt que l'ignorer ou la nier.

Nous pouvons tous apprendre à nous accepter physiquement, peu importe les défis à relever. Mais il faut d'abord examiner notre point de vue sur la maladie et l'invalidité. Nous devons nous débarrasser de toute notre résistance face à la réalité d'une santé imparfaite. Nous devons reconnaître les attitudes et les croyances qui nous maintiennent enlisés dans la peur et la dénégation. Nous devons renoncer aux attentes irréalistes à l'égard de nous-mêmes et de notre corps.

La quête de la perfection

Notre culture vénère la santé parfaite et la bonne condition physique. Tout écart par rapport à l'image transmise par les médias de la force, de l'endurance et d'une gamme complète d'habiletés physiques est souvent considéré comme une déficience, et il peut nous arriver d'éprouver de la honte et de nous blâmer nous-mêmes pour ces caractéristiques moins-que-parfaites. Nous essayons peut-être de nier ou de masquer nos limites humaines réelles. Nous consacrons peut-être beaucoup de temps et d'argent à la poursuite d'un idéal de santé et de forme physique.

Nous devons peut-être renoncer à l'alcool, à la cigarette, à la viande rouge, à la caféine, au sel et au sucre. Nous faisons peut-être du jogging, de la natation, du sport, de la danse aérobique et de la méditation. Nous buvons peut-être de l'eau minérale et mangeons des aliments faibles en gras et en cholestérol, et à contenu élevé en fibres. On pourrait penser que nous en arriverions à vivre parfaitement et à nous sentir en parfaite santé tout le temps. Mais les choses ne semblent pas se dérouler ainsi. Comme l'a dit Gilda Radner : «Il y a toujours quelque chose», et nous pouvons réagir à cette réalité comme nous réagissons à la loi de Murphy, avec colère et ressentiment.

La perfection est impossible dans le domaine de la santé, tout comme elle l'est dans tout autre domaine de la vie. Nous n'avons aucune maîtrise sur cette réalité. Nous *pouvons* cependant contrôler nos réactions à cet égard. Nous pouvons accepter le fait que notre corps a besoin d'une certaine somme d'attention sous la forme d'exercice, de repos et de nutrition, mais même les meilleurs soins dans ces domaines ne nous garantiront pas d'être exempts de maladie, de souffrance, de blessures et d'invalidité. Nous pouvons apprendre à vivre heureusement et pleinement avec la réalité de notre corps imparfait.

Faire fi de la maladie

Une des façons pour nous d'essayer de nier et de contrôler notre corps est de nous pousser à faire bonne figure sur le plan physique, même quand nous ne nous sentons pas bien. Les athlètes qui participent à des compétitions malgré des blessures ou une maladie sont admirés et félicités pour leur engagement et leur persévérance. Même si ce choix aggrave leur maladie ou leurs blessures, le sacrifice est jugé valable au nom du jeu ou de l'équipe.

L'ami de Roger, Charles, était le joueur étoile de son équipe de basket-ball scolaire. Roger dit: «Nous faisions tous les deux partie de l'équipe depuis notre première année; nous avions appris à jouer ensemble au parc et dans nos allées de garage depuis que nous étions enfants. Nous adorions le jeu et étions vraiment fiers de fréquenter une école qui participait aux compétitions régionales chaque année. Notre dernière année fut la meilleure que nous ayons jamais jouée, et nous étions vraiment surexcités à la pensée des finales du championnat.

«Mais au moment des finales, Charles souffrait de la grippe de Hong Kong, dont une épidémie sévissait cette année-là. Nous n'avons manqué aucune partie, même s'il avait été vraiment malade par intermittence pendant des semaines. Il n'avait pas bonne mine, mais il disait qu'il se sentait assez bien pour la dernière partie importante. Nous avons participé au match, marqué plusieurs points, gagné la finale, mais il a quitté le gymnase en ambulance. Il n'a jamais repris conscience et est décédé quelques jours plus tard.»

Roger affirme que le décès de Charles a influé sur son attitude à l'égard des sports. «J'avais toujours pensé que c'était super de jouer, même quand on était blessé, dit-il. Cela voulait dire que vous étiez dur, engagé et fiable. Mais je n'avais désormais plus cette attitude. Les funérailles de Charles furent un événement important à l'école. Il était un véritable héros. Il avait littéralement donné sa vie pour l'équipe de basket-ball scolaire. C'était ridicule. C'était tout simplement *stupide* de sa part d'avoir joué dans cette partie. Qu'est-ce que c'aurait fait s'il n'avait pas pu jouer à cause de la grippe? J'aurais donné n'importe quoi pour revoir Charles à mes côtés — c'est tout ce qui comptait.»

L'ouvrage *A Course in Miracles* (Un cours sur les miracles) nous dit de «reconnaître ce qui n'a pas d'importance». Notre *ego* nous convainc souvent que plusieurs choses sont plus importantes que prendre soin de notre santé : le prestige, les championnats et notre image de soi, comme des personnes robustes et parfaites. Avec le recul, il est facile de voir que la santé de Charles était beaucoup plus importante que la partie de basket-ball. Mais combien de fois attendons-nous qu'il soit trop tard pour faire face à la réalité de nos limites physiques? Combien de fois allons-nous au travail malgré un rhume ou la grippe? Pensons-nous à la possibilité d'aggraver notre état ou d'infecter nos collègues de travail? Reconnaissons-nous notre incapacité de donner le meilleur de nous-mêmes lorsque nous ne nous sentons pas bien? Nous sentons-nous exaltés dans notre sacrifice de nous-mêmes ou nous en voulons-nous pour la perception que nous avons, à savoir que les autres s'*attendent* à notre présence, peu importe notre état? Les adultes devraient pouvoir déterminer quand ils se sentent assez bien pour travailler, socialiser ou voyager. Assumer la responsabilité de soi-même, c'est aussi savoir comment et quand dire non.

La maladie

Parfois, nous sommes atteints d'une maladie dont nous ne pouvons pas ne pas tenir compte. Notre corps nous abandonne d'une façon indubitable. Nous savons que quelque chose ne va pas, et après avoir essayé en vain de le nier ou de l'ignorer, nous sommes forcés d'y faire face. C'est souvent là que nous commençons à essayer de le contrôler. Nous allons chez le médecin, espérant une guérison rapide. Nous modifions peut-être temporairement nos comportements, escomptant que des mesures préventives vont renverser un état physique déjà présent. Nous essayons peut-être de conclure des marchés avec Dieu.

La pensée magique peut être notre réaction, avant d'en arriver à accepter la réalité de notre état physique. Nous persistons peut-être à entretenir des attentes irréalistes, effrayés de faire face à la vérité. Nous nous accrochons peut-être avec entêtement à nos illusions et à nos prétentions, plutôt que d'apprendre à vivre avec cet état de la meilleure façon possible. Nous repoussons peut-être l'acceptation et la croissance que nous procure l'expérience de la maladie aussi longtemps que nous le pouvons.

La maladie est une réalité de la vie. Nous y sommes tous exposés à un moment ou à un autre. Parfois, la maladie vient et repart rapidement, tandis qu'à d'autres moments elle semble durer des années. Parfois, ses symptômes vont et viennent de façon sporadique, tandis qu'à d'autres moments la douleur ou l'invalidité nous la rappelle constamment. La maladie peut nous enlever nos capacités physiques, notre confort et même la vie de notre corps. Le défi, c'est de ne pas lui laisser nous enlever notre capacité de connaître la paix et la joie.

Les enfants et la maladie

Les enfants semblent composer avec les états physiques chroniques, traumatiques ou invalidants beaucoup mieux que les adultes. Ils ne semblent pas consacrer autant de temps et d'énergie au blâme de soi-même, à la colère, à la sensation d'impuissance, à l'inquiétude et au ressentiment face aux restrictions imposées à leurs activités. Les enfants ont beaucoup de résistance et de facilité d'acceptation. Si nous souffrons d'une affection physique depuis notre enfance, comme le diabète, nous avons probablement beaucoup moins de difficulté à composer avec elle à l'âge adulte parce que nous y sommes habitués; c'est devenu un mode de vie. Mais quand nous sommes frappés par la maladie à l'âge adulte, nous opposons souvent de la résistance au changement.

Nous pouvons apprendre des enfants à vivre avec la maladie et l'invalidité, et nous pouvons aussi découvrir l'enfant en nous, qui est toujours prêt à faire face à la réalité et à s'y adapter. Nous pouvons trouver l'espoir, le courage, la foi et l'humour avec lesquels nous ouvrir à de nouvelles expériences. Nous pouvons renoncer à nos croyances selon lesquelles nous avons besoin de certains attributs physiques et de certaines capacités pour trouver la paix et le bonheur. Nous pouvons concentrer notre attention sur une vie remplie de jour en jour et de moment en moment, comme le font les enfants.

Notre image de soi

Une grande partie de notre difficulté à accepter les changements physiques vient de notre image de soi. Nous ne sommes pas notre corps, nos maladies ou nos invalidités. Nous sommes encore et toujours des êtres humains possédant une dignité, une intégrité et une valeur. Nous méritons le respect et la compréhension, même de la part de nous-mêmes. La maladie n'a pas besoin de prendre en charge notre identité. Nous sommes toujours nous-mêmes, quels que soient les changements par lesquels passe notre corps.

Gilda Radner a écrit qu'après plusieurs mois de divers traitements, y compris la chimiothérapie et la chute des cheveux qui en résulte, elle a commencé à se présenter ainsi : «J'étais Gilda Radner.» Elle explique: «C'est comme ça que je me sentais. J'étais elle, mais maintenant je suis quelqu'un d'autre.» Être quelqu'un affligé d'une maladie ou d'une invalidité n'est pas un substitut pour la personne que nous sommes. Nous avons souvent l'impression que notre maladie a pris le dessus, mais il est en notre pouvoir de reprendre notre identité personnelle comme être humain entier.

Accepter de l'aide

Avoir à accepter de l'aide n'est pas toujours une chose facile au début, mais il peut s'agir d'une expérience d'apprentissage extraordinaire. Cette expérience peut nous rapprocher des autres et nous offrir des occasions de les aider en leur permettant de se sentir utiles et compétents. Ce sont seulement la vanité et la peur de la dépendance propres à notre *ego* qui rendent l'acceptation de l'aide difficile pour nous. Parfois, nous devons apprendre à faire des choses par nous-mêmes, mais reconnaître les moments où il est approprié d'accepter de l'aide d'autrui est une étape importante vers le renoncement à notre fausse image de nous-mêmes comme des êtres parfaits.

Nous ne sommes pas parfaits. Parfois, nous avons besoin d'aide. Parfois, nous éprouvons de la douleur. Il arrive que nous ne puissions pas faire physiquement tout ce que nous aimerions faire. Il nous faut parfois apprendre de nouvelles façons de vivre, de nous déplacer, de voir, d'entendre, de parler ou d'exécuter d'autres tâches physiques. La seule chose que nous n'avons jamais besoin de réapprendre, c'est à *être*. Nous avons toujours en nous un lieu de calme parfait, de paix, d'amour et d'acceptation. On peut toujours retrouver ce centre de notre véritable *soi*, quels que soient les bouleversements que vit notre corps. Nous pouvons nous retirer dans ce lieu quand les conditions de notre *soi* physique sont marquées par la souffrance ou la détresse. L'inconfort ou la difficulté ne disparaîtra pas nécessairement, mais nous rappellera qui nous sommes réellement et nous ramènera à notre centre spirituel.

Les états chroniques

Corinne souffre de migraines depuis aussi loin que remontent ses souvenirs. Elle a essayé toutes sortes de médicaments, de restrictions alimentaires et de techniques de relaxation pour les prévenir et les contrôler, mais en vain. Elle dit: «Quelques-unes des choses que j'ai essayées ont semblé m'aider à diminuer la fréquence de mes maux de tête, mais rien ne les a éliminés totalement, et rien n'arrête vraiment la douleur de façon efficace une fois que le mal de tête s'installe.

«Pour les gens qui n'ont jamais eu de migraine, il n'y a probablement rien que je puisse dire pour en décrire une de façon exacte, continue Corinne. La douleur est différente de toute autre, et je ne vaux pratiquement rien quand j'en ai une. Je ne peux pas travailler, je ne peux pas composer avec d'autres personnes et je suis incapable de supporter la lumière ou le bruit. M'étendre dans une pièce obscure est à peu près tout ce que je peux faire, et même là, le soulagement est minime.

«Dans le passé, j'ai essayé de ne pas tenir compte des migraines, de vouloir très fort qu'elles disparaissent, de me détendre et de prendre des médicaments pour les chasser. Je me suis forcée à poursuivre mes activités normales et j'ai toléré que des gens me disent des choses absurdes comme : "Avez-vous essayé de prendre de l'aspirine?".

«Maintenant, j'ai appris à vivre avec mes migraines, à reconnaître l'éminence d'une attaque, à l'accepter et à prendre les mesures nécessaires. J'essaie de faire en sorte qu'elles se produisent moins fréquemment, mais je sais que je continuerai probablement à en avoir de temps à autre, et j'accepte ce fait. Quand j'ai une migraine, je fais ce que je dois pour passer à travers, et elle disparaîtra quand elle disparaîtra. Je ne m'en fais pas et je ne m'attends pas à un remède miracle. J'ai appris à accepter cette réalité et à composer avec elle. C'est tout simplement une partie normale de ma vie — une petite partie de ma vie.»

Nous pouvons apprendre à vivre avec tout état physique chronique si nous admettons d'abord que nous l'avons, puis si nous nous renseignons le plus possible à son sujet, faisons tout en notre pouvoir pour réduire au minimum ses effets négatifs et l'acceptons sans colère, sans nous blâmer et sans pensée magique. Qu'il s'agisse d'une perte d'ouïe ou de vision, du diabète, du syndrome prémenstruel, des migraines ou de quelque autre affection, nous pouvons prendre les mesures positives en notre pouvoir et renoncer à ce sur quoi nous n'avons aucun contrôle.

Cela veut dire être un participant actif à notre traitement. Notre médecin peut nous rédiger une ordonnance, mais il nous faut la faire préparer, prendre le médicament correctement, surveiller les résultats, y compris les effets secondaires, et en rendre compte à notre médecin. Ce dernier peut nous recommander de l'exercice régulier, mais *nous* devons trouver une forme d'exercice qui cadre avec notre horaire et notre mode de vie, et le *faire*. Notre médecin peut recommander des changements sur le plan alimentaire, mais *nous sommes* les seules personnes qui portent la nourriture à notre bouche.

Écouter les messages

Nous sommes également la seule personne qui vit à l'intérieur de notre corps. Nous devons nous sensibiliser à notre corps et aux messages qu'il émet. Par exemple, Corinne a remarqué ce qui semble une corrélation entre ses migraines et le sucre. Elle déclare: «Je n'ai pas besoin d'une étude universitaire d'un million de dollars pour prouver que la consommation de sucre peut déclencher une migraine. J'évite tout simplement le sucre. Ce n'est pas un problème, simplement une chose que j'ai remarquée; et par conséquent, j'ai fait quelque chose de positif à ce propos. Peut-être que ça ne marcherait pas pour quelqu'un d'autre, mais, moi, ça semble m'aider; alors je le fais.»

Si vous mangiez un nouvel aliment et qu'il vous rendait violemment malade, vous ne le mangeriez probablement plus jamais. Le corps humain nous donne souvent de tels messages clairs lorsqu'une chose n'est pas bonne pour nous. Mais il arrive que les messages soient plus subtils, et nous devons écouter plus attentivement. Parfois, la maladie est une façon de nous forcer à nous détendre, à ralentir, à modifier nos habitudes alimentaires, à prendre plus de repos ou à mettre fin à un comportement nuisible. Parfois, elle peut nous aider à acquérir une perspective totalement nouvelle sur la vie et ce qui importe réellement pour nous. Parfois, cela peut nous ouvrir à toutes sortes de talents, d'habiletés et de caractéristiques que nous ne savions même pas posséder.

Concernant l'écoute des messages de notre corps, il faut nous rappeler de ne pas les utiliser pour nous blâmer nous-mêmes ou nous inquiéter. Par exemple, c'est aller à l'encontre du but recherché que de nous tracasser et de nous fouetter nous-mêmes pour ne pas nous être nourris de manière appropriée dans le passé. Nous pouvons plutôt accepter les messages de notre corps au sujet de la nourriture et commencer à consommer *maintenant* des aliments plus sains. Rappelons-nous également de ne pas chercher frénétiquement une raison ou une situation sur laquelle jeter le blâme pour nos problèmes physiques. Parfois, nous ne pouvons tout simplement pas voir de raison, et c'est correct. Nous blâmer nous-mêmes ou les autres n'aide jamais personne. Il nous suffit d'être ouverts à la sagesse que notre corps peut nous enseigner, mais de ne pas fabriquer de messages pour cadrer avec le sentiment de culpabilité et l'attitude défensive de notre *ego*.

Les déficiences

Des déficiences physiques particulières exigent des changements spécifiques dans nos comportements et nos habitudes. En apprenant à utiliser une marchette, un fauteuil roulant ou une prothèse de quelque nature, une personne peut choisir entre la mobilité et l'immobilité, la dépendance et l'autonomie. Les déficiences signifient que nous devons nous ouvrir à faire les choses *différemment*. Nous sommes mis au défi de combler tous nos besoins et d'accomplir tout ce que nous pouvons par tous les moyens à notre portée. Quelle importance si ce n'est pas la façon dont les autres font les choses ou la façon dont nous avions l'habitude de les faire?

Les réalisations de personnes exceptionnelles comme Helen Keller et Christy Brown, que l'on a pu voir dans des films comme *The Miracle Worker* (La faiseuse de miracles) et *My Left Foot* (Mon pied gauche), malgré leur handicap, sont bien connues. Moins connus cependant sont les milliers d'autres qui ont eu à faire face à des déficiences de toutes sortes et qui ont appris à vivre pleinement avec elles. Quand nous devons apprendre à vivre avec une invalidité, ces personnes peuvent nous fournir une aide et une compréhension précieuses. Tout comme les alcooliques, les toxicomanes et autres personnes en recouvrance partagent leurs expériences et s'entraident dans des groupes de soutien, les personnes handicapées peuvent elles aussi s'entraider.

Une des plus grandes difficultés d'apprendre à vivre avec des déficiences peut être les réactions d'autrui. Malheureusement, nous n'avons pas encore atteint le point où l'invalidité d'autrui ne déclenche pas dans notre *ego* la peur et l'attitude défensive. Nous nous sentons peut-être confus et ne savons pas comment agir lorsque nous rencontrons une personne qui a une déficience. Nous nous demandons si nous devrions offrir de l'aide ou si nous risquons de l'insulter. Nous nous demandons si nous devrions parler de l'invalidité évidente ou prétendre ne pas la remarquer. Nous nous demandons si poser des questions serait grossier, même si elles pourraient nous aider à mieux comprendre. Même avec les meilleures intentions, nous pouvons nous comporter de façon inadéquate lorsque nous sommes confrontés à l'invalidité d'une autre personne.

Le jour viendra où la conscience des handicaps sera courante et où les personnes déficientes pourront se déplacer dans notre monde sans obstacle. Déjà, l'accessibilité aux personnes handicapées est intégrée à nos édifices publics et la prise de conscience s'accroît. À mesure que ces changements évoluent, nous pouvons tous apprendre et augmenter notre compréhension. Éventuellement, l'éducation et l'expérience nous rendront plus conscients et nous permettront d'accepter la réalité des déficiences physiques. À l'heure actuelle, nous devons être patients et compréhensifs à l'égard de nous-mêmes et des autres, tout en faisant un effort pour combler l'écart de communication entre nous.

Les déficiences physiques peuvent seulement limiter nos habiletés physiques. Notre *esprit* n'est pas touché par quelque état affligeant notre corps. C'est un havre de calme et de paix à l'intérieur de nous-mêmes. Il peut nous rappeler de renoncer à nos anciens points de vue entêtés et de nous adapter joyeusement à tout ce qui se produit dans notre vie. Il peut nous éloigner doucement de la peur, de la colère et du blâme qui caractérisent notre *ego*. Il peut nous remplir de courage, d'espoir, de foi et d'acceptation.

Ressentez vraiment ce que vous ressentez

La maladie et l'invalidité mettent nos émotions au défi. Nous pouvons passer par des phases de colère, de tristesse, de peur, de doute, de dépression, d'apitoiement sur soi, de blâme, de chagrin et de sensation d'impuissance. C'est normal et prévisible. Le défi que nous avons à relever, c'est de travailler aux choses que nous pouvons changer et d'accepter celles que nous ne pouvons pas changer.

Même si nous avons le sentiment de nous être adaptés à notre état, nous pouvons avoir nos humeurs ou des moments où nous nous sentons bouleversés ou déprimés. Nous pouvons en avoir assez des traitements, des thérapies, des exercices ou de la douleur. Nous pouvons éprouver du ressentiment ou de l'envie à l'égard des autres qui, pensons-nous, ont la vie plus facile que nous. Nous pouvons parfois laisser le champ libre à notre *ego*, le laissant nous remplir d'inquiétude ou de peur. Mais ces moments ne doivent pas durer éternellement, et nous pouvons être assez compréhensifs et indulgents à l'égard de nous-mêmes pour les voir pour ce qu'ils sont.

Gilda Radner a écrit: «J'ai toujours trouvé qu'après une bonne crise de larmes, j'avais une meilleure perspective de tout. C'était comme si je m'étais débarrassée d'une certaine toxicité, d'une partie de la douleur et du deuil.» Pleurer un bon coup une fois de temps en temps est correct; c'est même bon pour nous. C'est seulement lorsque nous nous mettons à pleurer — littéralement ou au figuré — *tout le temps* que nous devons examiner notre manière d'aborder notre maladie ou notre déficience, et peut-être obtenir de l'aide pour changer cela.

Les sentiments sont normaux, naturels et sains aussi longtemps que nous nous rappelons que nous pouvons choisir de ne pas les laisser prendre le dessus et nous empêcher de trouver une paix profonde et le bonheur. Nous pouvons plutôt les accepter, les comprendre et les laisser aller. Comme Martha Cleveland l'écrit dans son ouvrage, *The Twelve Step Response to Chronic Illness and Disability* (La réponse des Douze Étapes à la maladie chronique et à l'invalidité): «Nous pouvons déjouer les effets de notre maladie physique grâce au mieux-être spirituel.»

Le mieux-être spirituel

Apprendre à vivre pleinement et heureusement avec la maladie ou l'invalidité exige de se concentrer sur nos forces intérieures et sur notre sagesse. Cet apprentissage vient de notre conscience spirituelle et de notre compréhension. Il vient de la capacité de notre *esprit* à faire face à toute condition extérieure avec paix et joie. Il commence par notre acceptation des choses que nous ne pouvons pas changer et par notre effort pour changer les choses que nous pouvons changer.

Puisque je crois notre *esprit* toujours parfait, je définis le mieux-être spirituel comme la relation saine et ouverte entre notre intelligence consciente et notre être intérieur. Cette relation permet à notre sagesse spirituelle, à notre tranquillité, à notre amour, à notre joie et à notre acceptation de rayonner dans nos pensées, nos comportements et nos sentiments de tous les jours. C'est le choix conscient de voir avec les yeux de notre *esprit* plutôt qu'avec ceux de notre *ego*. C'est une façon aimante de penser à notre être physique, y compris l'espoir; la participation active à notre traitement, à notre guérison ou à notre adaptation à l'invalidité; la recherche des éléments positifs de toute notre expérience; l'apprentissage et l'épanouissement que procure chaque expérience; et la célébration de la vie, quels que soient les défis physiques qu'elle présente.

L'espoir

Dans son livre *Peace, Love, & Healing* (La paix, l'amour et la guérison), Bernie Siegel écrit: «Il n'y a pas de faux espoirs. Il y a seulement le faux *non-espoir*, parce que nous ne pouvons pas prédire l'avenir d'une personne.» Personne ne peut réellement prédire notre avenir. Les médecins peuvent faire des estimations fondées sur leur expérience passée, mais ils ne savent jamais de façon absolue quelle direction prendra la maladie. On découvre de nouveaux traitements tous les jours, et notre état d'esprit peut toujours augmenter nos chances de guérison.

Mais l'espoir ne signifie pas nécessairement de croire que nous allons recouvrer la santé ou nos capacités physiques d'antan. Guérir ne veut pas toujours dire éliminer la maladie. Cela peut vouloir dire trouver un équilibre dans tous les domaines de notre vie. Cela peut vouloir dire découvrir notre *soi* intérieur, notre centre, notre *esprit*. Cela peut vouloir dire la paix, l'amour, la joie et la tranquillité, *peu importe* ce qui nous arrive sur le plan physique.

L'espoir est simplement une attitude positive, un point de vue optimiste face à nous-mêmes et à notre vie. Il peut signifier accueillir chaque jour avec joie, paix et amour. Cela peut signifier vivre chaque moment ouvertement et nous permettre d'être changés. Cela peut signifier relever chaque nouveau défi à mesure qu'il se présente avec une dose équilibrée d'efforts, d'optimisme et d'acceptation.

Une participation active

Notre propre participation est l'élément le plus important de tout traitement ou de toute thérapie. Nous ne pouvons pas nous abandonner au personnel médical, à la technologie ou au personnel soignant et nous attendre à être «réparés». Nous sommes *là*, présents et importants face à tout ce qui se passe. Nous devons mettre notre esprit et notre cœur dans le traitement, la thérapie, l'exercice ou toute autre mesure découlant de notre maladie ou de notre invalidité. Nous devons accepter ce que nous ne pouvons pas contrôler, mais nous devons également *faire* ce que nous *pouvons*.

Dans son livre, Gilda Radner a parlé d'une femme qui embrassait chacune de ses pilules avant de les avaler. Elle mettait de l'*amour* dans son traitement, considérant la science médicale comme son partenaire dans la guérison. Nous pouvons mettre ce genre d'amour dans toute action que nous faisons pour composer avec notre maladie ou notre invalidité. Nous pouvons cesser de penser à ce que nous ne pouvons pas faire, et nous concentrer sur la joie et l'émerveillement de tout ce que nous *pouvons* faire. Nous pouvons nous aimer nous-mêmes ainsi que tous les aspects de notre corps, de notre vie et de notre esprit.

La participation active peut vouloir dire poser des questions et apprendre tout ce qu'il est possible d'apprendre au sujet de notre maladie ou de notre invalidité. Cela peut vouloir dire faire l'effort de communiquer avec d'autres personnes qui sont déjà passées par là. Cela peut vouloir dire apprendre à apporter certains changements dans nos habitudes de vie. Cela peut vouloir dire faire des exercices de thérapie difficiles ou apprendre à utiliser un nouvel équipement. Cela peut vouloir dire faire beaucoup de travail interne, peut-être pas pour regagner nos habiletés physiques, mais pour redécouvrir notre habileté à connaître l'amour, la paix et la joie.

Découvrir les aspects positifs

Comment pouvons-nous découvrir un aspect positif dans la douleur, la maladie ou la perte des capacités physiques? Que pourrait-il y avoir de bon à perdre la vue, l'ouïe, la liberté de mouvement ou une partie de notre corps? Ces défis peuvent sembler totalement négatifs en eux-mêmes, mais lorsque nous les vivons, nous pouvons découvrir des effets secondaires positifs que nous n'aurions pas découverts autrement.

Martha Cleveland écrit: «D'une manière ou d'une autre, la perte de la santé complète ou d'une fonction physique entière nous bouleverse, et nos priorités s'établissent dans un ordre différent.» Nous sommes changés par la maladie ou l'invalidité, de bien des façons que nous n'aurions jamais imaginées. Nous pouvons nous rendre compte subitement de ce qui est réellement important pour nous. Nous pouvons découvrir la force, la discipline et les réalisations les plus grandes que nous n'avions jamais connues. Nous pouvons continuer à vivre une vie d'amour, de paix, de joie et de bonheur plus grands que nous n'avions cru possible.

La maladie ou l'invalidité peut être vue comme une deuxième chance — une chance de réexaminer notre vie et nos priorités, une chance de redécouvrir qui nous sommes réellement. Nous ne serons peut-être jamais plus les mêmes — et c'est peut-être la meilleure chose qui puisse nous arriver.

Apprendre et grandir

Les expériences de la maladie et de l'invalidité renferment tellement de leçons que toute discussion de ces aspects sera nécessairement incomplète. Chacun de nous, individuellement, découvre ce qu'il doit apprendre par ses propres expériences. Les leçons d'une maladie ou d'une déficience particulière peuvent être totalement différentes d'une personne à une autre. Mais il existe toujours des occasions d'apprentissage et d'épanouissement considérables dans chaque expérience de maladie ou d'invalidité.

Certaines leçons semblent être partagées par beaucoup d'entre nous, comme apprendre à nous concentrer sur le présent plutôt que de nous inquiéter au sujet du passé ou de l'avenir; apprendre à renoncer aux choses que nous ne pouvons pas contrôler; accepter l'aide dont nous avons besoin; et penser aux aspects non physiques de notre être, peut-être pour la première fois. Martha Cleveland écrit: «Sans faire face aux réalités de la déficience, il est plus facile de nier le développement spirituel et de consacrer notre énergie à la poursuite de la perfection physique.»

Les défis que présente la maladie physique ou la déficience nous forcent à voir bien des choses différemment. Ce processus en lui-même peut favoriser une croissance mentale, émotive et spirituelle. Constater qu'il y a une autre façon de regarder toute chose permet à notre conscience de passer du point de vue de notre *ego* à celui de notre *esprit*. Sans la maladie ou l'invalidité, nous n'aurions peut-être jamais changé notre perspective ou découvert notre spiritualité.

Célébrer la vie

Albert Schweitzer a écrit: «L'affirmation de la vie est l'acte spirituel par lequel l'homme cesse de vivre sans réfléchir et commence à se consacrer lui-même à sa vie avec révérence de façon à l'élever à sa véritable valeur.» Une maladie ou une invalidité peut souvent être le catalyseur qui transforme complètement notre approche à l'égard de la vie. Nous pouvons commencer à apprécier la vie et à en jouir comme jamais auparavant. Nous pouvons nous rendre compte de l'importance et de la valeur de notre vie, et en reconnaître le véritable potentiel.

Célébrer la vie signifie la vivre pleinement, joyeusement et avec enthousiasme. Cela veut dire faire tout ce qui est faisable d'une manière aimante et paisible, et renoncer à toutes les choses que nous ne pouvons pas contrôler. Cela veut dire apprécier ce qui est plutôt que nous lamenter au sujet de ce qui n'est pas. Cela veut dire être totalement présent dans chaque moment tel qu'il arrive, et renoncer au passé comme à l'avenir. Célébrer la vie signifie simplement la reconnaître, l'embrasser et la *vivre* — quel que soit notre état physique du moment.

Le défi du changement — le défi du choix

La maladie et la déficience physique nous mettent au défi de lâcher prise et de permettre au flot naturel du changement constant de se produire en nous-mêmes et dans notre vie. Elles nous mettent au défi de choisir les attitudes et les comportements qui faciliteront le mieux notre bonheur intérieur et notre croissance mentale, émotive et spirituelle.

Je ne vous dirai pas que suivre certaines pratiques ou adopter certaines attitudes guérira votre maladie ou votre invalidité. Mais je vous dirai que c'est *toujours* vous qui choisissez vos attitudes et vos comportements. Ces choix déterminent la qualité de votre vie quotidienne, peu importe les maladies, les blessures ou les états invalidants qui se produisent dans votre corps.

Le vieillissement

Leo Buscaglia écrit: «Le corps humain ne fonctionne pas dans sa meilleure forme pour toujours. C'est un processus normal et il n'y a rien de mal à cela. Les problèmes surgissent lorsque nous nions le processus et que nous nous prenons au piège de souhaiter qu'il en soit autrement. Que nous connaissions ou non la maladie ou l'invalidité dans notre vie, nous devons *tous* faire face aux réalités du vieillissement. Ce processus nous présente les mêmes défis à l'égard de l'acceptation des changements, ainsi qu'à l'égard du choix de nos attitudes et de nos comportements concernant ces changements.

Dorothée éprouve le même sentiment que beaucoup d'entre nous, à mesure que nous vieillissons. «J'adore vieillir pour ce qui est de certains aspects, dit-elle.

J'aime réussir dans mes relations, dans mon travail et dans la vie en général tellement mieux que je n'ai jamais pu le faire quand j'étais plus jeune. J'aime le fait d'avoir dépassé tous ces jeux et ces absurdités ainsi que la souffrance qui semblent faire partie de la jeunesse. J'aime être là où je suis quant à ma confiance en moi-même et à ma sécurité intérieure. Mais je déteste réellement voir et sentir mon corps changer.»

À mesure que nous avançons en âge, nous n'éprouvons sans doute aucun désir de retrouver l'état mental, émotif ou spirituel de notre jeunesse. Nous n'avons aucun intérêt à revivre les situations et les expériences des années passées. Nous apprécions peut-être et même savourons notre expérience, notre croissance et notre maturité. Mais combien d'entre nous refuseraient l'offre d'un génie magique d'un retour au corps que nous avions quand nous étions plus jeunes?

Bien que l'équilibre assuré par une alimentation saine, l'exercice et le repos soit une excellente façon de prendre soin de nous-mêmes, il est également important de faire face aux défis du changement et du choix, et de les accepter à mesure que nous vieillissons. La pensée magique portant sur l'arrêt du processus naturel de vieillissement va à l'encontre du but recherché. Elle ne peut qu'engendrer de la dépression, de la colère et de la culpabilité par rapport aux changements normaux qui se produisent dans tout corps humain.

Les pressions culturelles

Sur le plan culturel, nous sommes assez obsédés par les caractéristiques physiques de la jeunesse. Les publicitaires utilisent des modèles jeunes et en parfaite forme pour vendre leurs produits, et retouchent souvent les photos pour obtenir une image fantaisiste encore plus irréaliste de la perfection de la jeunesse. Ces messages peuvent difficilement être mal interprétés.

Tout comme nous vénérons la santé parfaite, nous idolâtrons une notion mythique de la jeunesse parfaite. À mesure que les enfants du baby-boom — le segment le plus important de la population nord-américaine — atteignent la cinquantaine, peut-être verrons-nous des changements dans ces attitudes. Mais à l'heure actuelle, nous pouvons commencer à examiner nos symboles culturels et les mythes qu'ils reflètent. Nous pouvons commencer à mûrir pour atteindre un point de vue plus réaliste du vieillissement, et renoncer aux illusions de jeunesse éternelle qu'entretient notre *ego*.

Nous pouvons résister aux pressions culturelles en les reconnaissant comme des expressions de la peur et de la résistance au changement de notre *ego*. Pensez au développement d'un enfant de sa naissance à son adolescence. Il serait ridicule de choisir, par exemple dix ans, comme l'âge parfait, et de souhaiter arrêter le développement de l'enfant à ce niveau. Il est également ridicule de décider qu'un stade particulier de l'âge adulte, disons vingt-sept ans, est le point auquel nous devons cesser de changer. La vérité, c'est que le changement est constant du tout début à la toute fin de notre vie, même si cet état de choses n'est pas reflété dans les médias.

Faire face aux changements physiques

Je ne prétends pas que certaines choses ne sont pas physiquement plus faciles à l'âge de vingt ans qu'à l'âge de quarante ou de cinquante ans, ou même plus. Il est naturel de souhaiter une force physique, une endurance et une facilité de mouvement. Les changements dans ces domaines qui accompagnent le vieillissement peuvent être frustrants et difficiles, ou ils peuvent simplement être un peu agaçants. Tout dépend de notre degré d'acceptation. Si nous persistons à essayer de faire ce que nous ne pouvons plus faire physiquement — comme manger certains aliments, boire de l'alcool, fumer ou nous surmener — nous nous attirons des ennuis. Nous risquons de pousser notre corps au point de rupture tout en essayant de prouver que nous sommes encore jeunes et en forme.

Mais une grande partie de notre résistance aux changements du vieillissement a plus à voir avec l'apparence. Nous n'aimons pas les rides, les cheveux qui grisonnent ou amincissent, un gain ou un transfert de poids, ou le fait de devoir porter des lunettes. Nous ferons à peu près n'importe quoi pour cacher ou modifier les caractéristiques physiques de notre âge. Au cours des récentes années, de plus en plus de produits et de traitements ont été mis au point à cette fin. Les transplantations capillaires sont fréquentes et la chirurgie esthétique n'est plus une expérience rare, limitée aux vedettes de cinéma et aux victimes d'accident.

Il n'y a rien de mal à prendre soin de notre apparence. Cela peut être une expression saine de notre estime de soi. Mais cela peut également devenir une obsession malsaine ou une réaction à des pressions extérieures. Notre *ego* s'enchevêtre facilement dans la quête incessante d'une apparence jeune.

Nous pouvons nous sentir coupables ou honteux de perdre nos cheveux, l'élasticité de notre peau ou la taille de nos années d'adolescence. L'acceptation et une perspective réaliste peuvent nous libérer de ces attitudes autodestructrices. Nous pouvons renoncer aux choses que nous ne pouvons pas contrôler et apprendre plutôt à jouir de chaque journée de notre vie, quel que soit notre âge. Nous pouvons apprendre à voir la beauté de chaque stade de l'évolution de notre corps, et commencer à comprendre le but pour lequel notre corps existe au départ. Il est là pour nous aider à communiquer les uns avec les autres et pour apprendre les leçons de la vie. Le vieillissement lui-même contient plusieurs de ces importantes leçons.

Notre image de soi

L'image de soi revient constamment dans ces chapitres parce qu'il est fondamental de savoir comment nous réagissons aux conditions extérieures de notre vie et composons avec ces dernières. Si nous demeurons figés dans une image de soi qui repose uniquement sur notre être physique, nous ne pouvons pas faire face aux défis du vieillissement d'une façon saine et heureuse. Si notre image de soi vient de quelque vieille image mentale que nous avions de nous-mêmes lorsque nous étions jeunes, nous ne pouvons pas nous ouvrir aux changements et aux choix de notre vie qui se poursuit.

Nous pouvons plutôt explorer notre *soi* entier — intelligence, corps et esprit — en découvrant toutes nos habiletés et nos caractéristiques, et en apprenant à les développer et à les utiliser de la meilleure façon possible. Nous pouvons entrevoir notre vieillissement physique comme un processus normal qui peut nous conduire à un grand nombre d'expériences et de perspectives nouvelles. Nous pouvons mettre nos sentiments et nos croyances au sujet du vieillissement dans la perspective qui leur revient.

Les vieilles règles

Anne dit: «Pendant que je grandissais, les femmes de plus de trente ans n'étaient pas censées porter leurs cheveux plus longs que le menton. De fait, toutes les femmes que je connaissais avaient les cheveux très courts. Cette règle visait à attirer l'œil vers le haut, pour éviter de mettre l'accent sur la peau du visage qui s'affaissait, ou quelque chose comme cela.»

Bien qu'elle convienne que de telles règles de mode rigides sont maintenant révolues, Anne affirme aussi qu'elle s'inquiète de porter ses cheveux longs maintenant qu'elle a atteint la trentaine. «J'ai toujours aimé porter mes cheveux longs, dit-elle. Mais je ne veux pas avoir l'air d'une femme d'un certain âge qui essaie de ressembler à une adolescente. Il y a des femmes qui ne savent pas qu'elles ne vieillissent pas gracieusement. Je les ai vues — des professionnelles dans la cinquantaine vêtues de chemisiers transparents et de mini-jupes. Elles ne savent vraiment pas de quoi elles ont l'air. Cela m'inquiète.»

Les étiquettes et les règles rigides sont habituellement assez inutiles, voire nuisibles. Nous pouvons renoncer à toutes les vieilles règles que nous avons peut-être emmagasinées dans notre tête au sujet du vieillissement. Nous pouvons renoncer à nos vieilles croyances concernant chaque âge avant même d'y arriver. Nous pouvons examiner nos sentiments à propos de notre corps et du vieillissement, nos réactions aux pressions culturelles au sujet de la jeunesse et notre image de soi. Lorsque nous corrigeons nos sentiments et nos attitudes en nous tournant vers le point de vue de notre esprit, nous pouvons nous détendre et adopter notre propre style d'apparence, sans essayer d'avoir l'air ou d'agir «assez vieux» ou «assez jeunes» pour notre âge.

Nous gaspillons notre jeunesse

Notre culture nous a peut-être appris que notre jeunesse était la meilleure période de notre vie. Après cela, nous commençons soi-disant à décliner, à faire moins, à jouir moins de la vie et à simplement regarder en vain notre corps se décomposer et notre vie se restreindre. Mais la vérité, c'est qu'en général nous ne sommes pas très intelligents quand notre corps est jeune. Nous n'avons pas eu le temps d'en apprendre beaucoup, nous n'avons pas connu les années d'expérience qui nous aident à devenir sereins, compréhensifs et véritablement heureux.

Beaucoup d'entre nous ont consacré leur jeunesse à une dépendance active ou à la codépendance. Une femme, alcoolique en recouvrance, parle de son «processus de maturation interrompu». Une autre dit qu'elle «a commencé à vivre son adolescence à l'âge de trente-sept ans» après son divorce. Un homme dit: «J'ai l'impression d'avoir perdu beaucoup de temps. J'ai peur de me penser plus jeune que je ne le suis réellement.»

Quand arrive finalement le temps de régler toutes sortes de vieux problèmes et de commencer à être capables de nous aimer nous-mêmes et d'aimer les autres, de nous ouvrir à l'apprentissage, à l'épanouissement et à la contribution au monde qui nous entoure, notre corps commence à montrer les effets de l'accumulation des années sur cette terre. Nous avons peut-être l'impression d'une renaissance spirituelle, mentale et émotive, mais notre corps commence à s'user. Cela ne semble vraiment pas juste.

Accepter notre processus de vieillissement veut dire accepter le temps que nous pouvons avoir «perdu» ou «gaspillé» en cours de route. Nous n'avons pas à essayer de rattraper ces années perdues, et nous ne pouvons pas le faire de toute façon. Nous pouvons accepter notre passé en entier, tel qu'il s'est produit, et aller de l'avant à partir de là. Nous pouvons être gentils avec nous-mêmes, accepter les réalités de notre propre passé. Nous pouvons comprendre toutes les leçons nécessaires que nous avons apprises au cours de notre vie, même celles provenant des expériences pénibles ou difficiles.

Le fait de ne plus pouvoir avoir le corps que nous avions à l'âge de dix-huit ans ne veut pas dire que nous devons être malheureux avec celui que nous avons maintenant. Nous pouvons prendre soin de nous-mêmes sur les plans physique, émotif, mental et spirituel, et profiter plus que jamais d'une plus grande santé et d'une plus grande forme de notre intelligence, de notre corps et de notre *esprit*. Nous pouvons vivre pleinement et heureusement dans le présent plutôt qu'avoir des regrets à l'égard du passé qui ne reviendra jamais. Nous pouvons renoncer aux choses que nous ne pouvons pas changer, et accepter le défi de changer ce que nous pouvons changer.

Les repères

Il y a certains âges qui indiquent un point tournant ou un repère pour beaucoup d'entre nous. Ceux-ci peuvent varier d'une personne à l'autre, selon nos antécédents et notre vie. Le point important à se rappeler à propos de ces anniversaires, c'est qu'ils peuvent être utilisés comme de merveilleuses occasions de faire un retour — *au temps présent* — et d'apporter les changements nécessaires. Nous pouvons également les utiliser pour célébrer notre progrès et nos forces actuelles. Nous pouvons découvrir certaines choses que nous voulons encore faire, et commencer à planifier pour atteindre ces buts.

Mais les dates anniversaires sont souvent des prétextes à la dépression, à l'apitoiement sur soi, à la colère, au ressentiment et à l'inaction. «Il est trop tard maintenant, de toute manière», nous plaignons-nous des choses que nous n'avons pas faites ou des changements que nous savons que nous devons faire. Nous trouvons peut-être difficile de nous rappeler ce à quoi nous pensions que notre vie ressemblerait à certains âges lorsque nous étions jeunes. Mais nous pouvons faire notre deuil de ces images et les laisser aller. Les choses ne se passent pas toujours de la façon prévue; il y a trop de variables que nous ne pouvions prévoir ou comprendre lorsque nous étions plus jeunes.

Lorsque nous renonçons à nos vieilles attentes, nous pouvons aller de l'avant et expérimenter pleinement les joies particulières de chaque nouvelle époque de notre vie. Parfois, nous trouvons un nouveau sentiment de confiance ou d'autorité avec l'avènement d'un nouvel âge. Parfois, nous découvrons que notre vie est vraiment meilleure qu'elle ne l'a jamais été auparavant et que nous avons évolué vers une situation plus saine et plus heureuse que nous ne le pensions possible. Parfois, le fait d'accepter où nous sommes maintenant, aujourd'hui, élimine tous les vieux blocages qui font obstacle à la paix, à la joie et à la véritable satisfaction de soi.

«Vous avez l'âge que vous avez conscience d'avoir»

L'âge n'est pas dénué de sens, mais il ne veut peut-être pas dire ce que notre culture ou notre famille nous a toujours inculqué. Nous vivons différentes choses à différents âges, et toutes ces choses sont précieuses et importantes. Notre corps vieillissant comporte beaucoup de leçons pour nous. Notre vie en évolution constante renferme un continuum d'expériences de croissance. Une fois que nous renonçons à nos vieilles hypothèses et à nos vieux préjugés au sujet du vieillissement, nous pouvons commencer à le vivre pleinement et avec joie.

Lorsqu'il a eu quarante ans, Stéphane s'est senti déprimé. Il a essayé de partager ses sentiments avec ses amis, mais voici ce qu'il affirme: «Les gens me donnaient une tape dans le dos en disant: "Hé! l'ami, tu n'as que l'âge que tu as conscience d'avoir!" Je souriais et hochais la tête, mais je pensais: *j'*ai conscience d'avoir *à peu près cent ans*. J'ai réussi à me reprendre en main, à faire l'inventaire de ma vie et à y apporter beaucoup de changements importants. Ce fut réellement bon pour moi — tout ce pénible examen introspectif. Je me suis simplement rendu compte que je n'allais pas vivre éternellement, et qu'il était temps pour moi de commencer à vivre, à vivre *réellement*. Alors c'est ce que j'ai fait.»

La prise de conscience que nous n'allons pas vivre éternellement n'est pas un appel à la recherche du plaisir hédoniste ou à l'amour de son propre confort. C'est un appel à nous éveiller à notre véritable *soi* intérieur, à notre *esprit*, à notre *vie*. Notre corps nous met au défi — par la maladie, l'invalidité et le vieillissement — à apporter des changements et à faire des choix de *vie*. Lorsque nous acceptons le défi, nous découvrons ce que signifie vivre dans le présent, pleinement, joyeusement, avec enthousiasme et bonheur, *quel* que soit notre état physique.

❖   ❖   ❖

Exercice un

Trouvez le message. Si votre corps est malade ou invalide, regardez ce que vous pouvez tirer de cette expérience. Avez-vous besoin de plus de repos? De plus d'exercice? De manger des aliments plus sains? Comment vous sentez-vous sur le plan émotif? Y a-t-il quelque chose que vous devez examiner et résoudre dans ce domaine de votre vie?

Exercice deux

Les changements. Quels changements devez-vous apporter de façon à guérir ou à vous adapter à votre état de santé? Éprouvez-vous une certaine résistance à effectuer ces changements? D'où vient cette résistance? D'attentes irréalistes? De la pensée magique? Du perfectionnisme? De la peur? Sollicitez-vous et acceptez-vous l'aide dont vous avez besoin?

Exercice trois

Les choix. Quels choix êtes-vous en mesure de contrôler en ce moment? Devez-vous prendre des décisions au sujet d'une chirurgie, de traitements ou de quelque autre élément lié à votre santé? Êtes-vous en possession de tous les renseignements dont vous avez besoin pour prendre cette décision?

Exercice quatre

Acceptez votre processus de vieillissement. Examinez vos croyances et vos attitudes au sujet du vieillissement. Qu'attendiez-vous de l'âge auquel vous vous trouvez en ce moment? Comment la réalité se compare-t-elle à vos attentes? Comment vous sentez-vous à ce propos? Quelles vieilles règles et hypothèses, quels vieux préjugés avez-vous au sujet du vieillissement? Renoncez au passé et profitez de votre âge présent, quel qu'il soit. Célébrez vos anniversaires avec joie. Complimentez-vous pour tout le progrès que vous avez accompli et tournez-vous vers l'avenir avec optimisme et espoir.

CHAPITRE 10

Les pertes soudaines
et le changement

*Nos pertes nous changent et changent le cours de
notre vie. Ce n'est pas qu'une personne ne sera
plus jamais heureuse suite à une expérience de
perte. La réalité est simplement que cette personne ne peut jamais plus être la même.*

— Ann Kaiser Stearns

Le changement subit et inattendu peut bouleverser
complètement notre paix et notre sérénité. Sans prépa-
ration préliminaire, nous devons nous adapter à des
circonstances qui peuvent être totalement différentes
de celles auxquelles nous étions habitués. Nous pouvons revenir d'une journée de travail normale pour
trouver notre maison rasée par les flammes. Nous pouvons nous réjouir à l'annonce d'une grossesse, puis la
voir soudainement prendre fin à la suite d'une fausse
couche ou d'une mort à la naissance. Nous pouvons perdre un être cher par la mort ou le divorce. Nous pouvons perdre nos biens, nos croyances, nos projets futurs,
notre sentiment de sécurité ou même notre sentiment

d'identité. La vérité, c'est que nous pouvons perdre presque tout dans notre vie.

La plupart du temps, nous nous protégeons de cette réalité. Nous ne pensons tout simplement pas au fait que nous pourrions perdre quelque chose qui nous est cher en un instant. Nous arrêter à une telle pensée nous empêcherait de continuer à vivre notre vie d'une façon positive. Il ne faut pas avoir peur de la perte, ni commencer à nous désoler avant même qu'un événement pénible ne se produise. Mais nous pouvons accepter la réalité que cela *pourrait* se produire et que nous nous tirerions bien de l'expérience, le cas échéant. Ce genre d'acceptation rationnelle, sans peur irrationnelle, peut nous aider à nous préparer à une perte inattendue.

Deux genres de changements prennent place en nous lorsque nous vivons une perte subite. Premièrement, nous prenons conscience de notre vulnérabilité. Nous ne pouvons plus recourir à cette dénégation qui nous maintenait inconscients de toutes les choses qui *pouvaient* se produire. Nous *savons* que tous les genres de pertes peuvent se produire dans notre vie, pas seulement dans celle des autres. Nous ne nous sentirons peut-être plus jamais aussi en sécurité. L'autre effet d'une perte soudaine, c'est que nous finissons par nous y adapter. Cela peut prendre du temps, mais nous intégrons graduellement la perte à notre vie et continuons à vivre.

Ces deux changements peuvent être très positifs et apaisants. Il ne faut pas voir l'acceptation de notre vulnérabilité ou d'une perte précise comme la résignation face aux aspects terribles de la vie. Il faut plutôt voir cette expérience de croissance comme un point de départ sur le chemin menant à notre véritable paix intérieure et à notre acceptation rationnelle de la réalité.

Les perturbations externes

Dans son livre intitulé *Disturbances in the Field* (Les perturbations externes), la romancière Lynn Sharon Schwartz décrit comment une femme, son mariage et sa vie ont été affectés par la mort subite de deux de ses enfants. Une «perturbation externe», explique-t-elle, est quelque chose qui se produit à l'extérieur de nous-mêmes et qui change notre vie. Cet événement surgit à l'improviste et, instantanément, tout est différent. Nous devons regarder toute chose d'un œil nouveau, nous devons nous réévaluer et nous rajuster à cause de la perturbation.

Il y a plusieurs incidents dans la vie que nous pourrions appeler des «perturbations externes». La mort, le divorce, la perte d'un emploi ou d'une entreprise, les catastrophes naturelles, les crimes et les accidents de voiture, d'avion ou de train peuvent tous entraîner des changements subits importants dans notre vie. Pour certains d'entre nous, le résultat d'une élection politique peut entraîner des changements radicaux pour notre avenir. Des revirements subits dans le domaine financier peuvent apporter la fortune ou la ruine dans un certain secteur de notre vie. La vie est synonyme de changement, et ces changements se produisent parfois très soudainement et à l'improviste.

La mort

Joseph Campbell a dit: «Une personne peut faire l'expérience d'une affirmation inconditionnelle de la vie seulement une fois qu'elle a accepté la mort, non pas comme étant contraire à la vie, mais comme un aspect de la vie.» Il est facile d'être ainsi philosophe à propos de la mort — jusqu'à ce que quelqu'un de proche décède. Ce n'est pas que la vue de la mort décrite ci-dessus ne soit pas bonne ou que nous cessions d'y croire; c'est simplement que nous avons besoin de nous laisser vivre notre perte personnelle. Nous pouvons nous servir de notre vue philosophique comme base de notre acceptation graduelle de la perte d'un être cher, et nous pouvons ainsi éventuellement regagner notre acceptation de la mort en général. Mais lorsque la mort nous frappe de près, nous devons nous permettre de vivre un processus de deuil.

Le décès d'un membre de la famille ou d'un ami est une des formes les plus fréquentes de perte. Nous allons tous sans doute vivre ce genre de perte à un moment ou l'autre de notre vie. Même la mort d'un animal de compagnie auquel nous sommes très attachés peut avoir le même genre d'effet sur nous. Perdre une personne ou un animal qui est important pour nous exige une période de réaction, de deuil et d'acceptation ultime. Lorsque nous essayons de taire cette réaction ou de nous précipiter d'un stade à l'autre, nous nous enfonçons dans un chagrin non résolu. Pour regagner notre paix intérieure et notre équilibre, il ne faut pas supprimer ni nier aucun de nos sentiments, aucun de nos stades d'affliction. Permettons-nous plutôt d'évoluer grâce à eux.

Tout dépendant de la personne qui est décédée, nous pouvons avoir besoin d'un grand laps de temps pour nous rétablir complètement. Cela ne veut pas dire que nous ne pouvons rien faire d'autre pendant cette période ou que nous devons nous draper de noir et pleurer sans arrêt pendant une période précise. Cela veut simplement dire que nous pouvons nous attendre à ressentir les stades de l'affliction, peut-être par intermittence, pendant une certaine période. Nous pouvons nous attendre à des jours tristes et à des jours meilleurs, à des jours remplis de peur, de solitude et de colère, et à d'autres remplis de paix. Éventuellement, nous *pouvons* rétablir un équilibre de bonheur et de joie dans notre vie. Mais jusque-là, il est acceptable d'éprouver des hauts et des bas pendant un certain temps.

Il peut arriver que d'autres personnes nous soient d'un grand secours à certains moments. Mais parfois, même avec les meilleures intentions, ces personnes peuvent être un fardeau supplémentaire plutôt qu'une aide. Beaucoup d'entre nous ne savent simplement pas quoi faire pour les gens qui vivent un deuil. Leurs sentiments peuvent nous rendre mal à l'aise, et nous ne voulons peut-être pas les laisser les exprimer. Nous essayons peut-être de répondre à leurs questions, comme *pourquoi* cette mort est survenue, plutôt que de simplement leur laisser exprimer leur douleur à leur façon. Harold Kushner écrit: «Nous aidons la personne qui demande "pourquoi?" non en expliquant le *pourquoi,* mais en allégeant sa souffrance, en validant son droit de pleurer et d'être en colère, et en lui disant qu'elle nous tient à cœur.»

Quand le mari de Julie est décédé dans un accident d'avion, elle a eu l'impression que tout le monde la traitait comme une enfant. «Ils essayaient de tout prendre en charge, dit-elle. Ils se sont mis à fouiller dans nos papiers d'affaires pour trouver les polices d'assurance et des choses comme cela. Ils ont fait les arrangements avec la maison funéraire. Ils essayaient de m'enlever mes enfants et de me bourrer de médicaments. C'était tellement stupide. Que s'*attendaient*-ils que je ressente et que je fasse? Mon mari avait été tué sans préavis. Tout ce que je voulais faire, c'est serrer mes petits et pleurer pour un bon bout de temps. Qu'y avait-il de mal

à cela? J'aurais pu m'occuper de toutes les affaires dont
il fallait s'occuper aussi. Mais tout le monde passait son
temps à me dire quoi faire. Pourquoi ne pouvaient-ils
pas simplement me *demander* ce que j'aimerais qu'ils
fassent?»

Le chagrin exprimé ouvertement peut nous rendre
assez mal à l'aise. Que devons-nous faire? Comment
devrions-nous réagir? Quel genre d'aide est approprié?
C'est en grande partie une question d'individu, mais on
peut dire sans trop se tromper que les personnes vivant
un deuil doivent pouvoir vivre leur peine. Elles ont également besoin d'être respectées et de ne pas être trai-
tées comme si elles avaient perdu l'esprit. On peut,
sans trop s'avancer, dire que faire des courses, acheter à
manger, préparer du café et mettre de l'ordre ne feront
de mal à personne. Mais un conjoint, un parent ou un
enfant-adulte affligé doit être consulté au sujet de toute
question d'affaires en suspens.

Comme l'a écrit Harold Kushner, il ne nous appartient pas de dire à une personne endeuillée pourquoi
une tragédie s'est produite, mais simplement de lui
tenir la main, de lui laisser savoir que nous sommes là
et que nous nous soucions d'elle. Peut-être comprenons-
nous comment elle se sent, et peut-être pas. Les hypothèses et les explications ne sont pas utiles. Les histoires sur des tragédies semblables ne sont pas utiles non
plus. Partager une caresse ou une tasse de café est parfois la meilleure offre d'aide.

Que ce soit le décès d'un ami, d'un conjoint, d'un
enfant, d'un parent, d'un amant ou d'un animal de compagnie, la mort exige de nous que nous nous adaptions
à un changement permanent dans notre vie. C'est sans
doute là un des changements les plus difficiles que nous
ayons à accepter dans la vie, mais la chose est possible,

avec le temps et de la compréhension. Nous pouvons poursuivre notre vie sans les personnes que nous pensions avoir avec nous pour toujours. Nous pouvons accepter les changements nécessaires dans notre vie et en nous-mêmes. Nous pouvons nous rétablir et continuer de vivre notre vie, bien et même avec bonheur — mais différemment.

Nous pouvons éventuellement accepter la mort philosophiquement, comme une partie de la vie. Nous pouvons utiliser notre foi en une Puissance supérieure ou en la vie éternelle de notre esprit pour nous aider à accepter la mort du corps. Nous pouvons examiner nos croyances de façon pragmatique et renoncer à tout ce qui nous rend craintifs ou incapables de grandir par le processus de deuil. Nous pouvons embrasser les croyances qui nous aident à accepter la réalité de la mort et aller de l'avant pour vivre une vie changée certes, mais pleine, paisible et heureuse.

Le divorce

La fin d'un mariage ou d'une relation amoureuse à long terme peut exiger le même processus de deuil que celui de l'acceptation d'un décès. Même si la relation était malheureuse depuis longtemps, l'adaptation aux changements qu'apporte le divorce peut être un long processus pénible. Nous pouvons passer par les mêmes stades de dénégation, de dépression, de culpabilité, de colère, de peur et d'acceptation.

Certains des changements nécessaires après une séparation de notre conjoint entraînent des situations comme vivre seuls, effectuer nous-mêmes toutes les tâches domestiques comme les emplettes, la cuisine, le ménage et le paiement des factures. Il y a également des changements dans notre vie sociale, notre cercle d'amis et notre famille, ainsi que dans nos habitudes de divertissement. Il se produit des changements aussi dans notre image de soi et dans notre image publique. Nous ne faisons plus partie d'un couple.

Tous ces changements, et beaucoup d'autres encore, devront être confrontés et résolus éventuellement. Mais le processus intérieur de deuil par suite d'une relation perdue se fait souvent avec moins de compréhension et d'aide des autres autour de nous. Les amis qui nous veulent du bien peuvent essayer de nous remonter le moral ou de nous amener à socialiser et à sortir avant que nous ne soyons prêts. Nous nous sentons peut-être ridicules ou honteux d'éprouver tous ces sentiments d'affliction par suite de la fin d'une relation. Nous cachons peut-être ou réprimons nos véritables sentiments, prolongeant ainsi simplement le processus de recouvrance suite à un deuil.

Le fait de comparer notre perte au décès d'un être cher peut nous aider à comprendre et à accepter notre propre processus de deuil. Même si nous n'étions pas heureux dans notre mariage, il occupait une part importante de notre vie, et nous devons y renoncer par l'intermédiaire du processus graduel de deuil. Nous pouvons facilement nous enliser dans un des stades de l'affliction si nous n'envisageons pas la situation d'un nouveau point de vue réaliste, nous permettant ainsi de grandir grâce à ce processus.

Le rétablissement qui suit la fin d'une relation ne se fait pas du jour au lendemain ni en trouvant rapidement quelqu'un d'autre à qui nous attacher. Il se produit lentement, stade par stade, avec du temps et des efforts. Nous avons sans doute beaucoup de souffrance, de colère et de tristesse anciennes à surmonter. Nous devons probablement renoncer à des «années perdues» avant de commencer à aller de l'avant. Quelles que soient les circonstances dans lesquelles nous nous trouvons, nous devons adopter une nouvelle façon de voir les choses. Une relation a pris fin, et cette partie de notre vie ne sera plus jamais la même. Nous avons perdu notre ancien point de vue et il nous appartient d'en choisir un nouveau. Il est totalement en notre pouvoir d'en choisir un plus positif.

Les catastrophes naturelles

Les catastrophes naturelles comme les tremblements de terre, les incendies, les tornades, les ouragans, les volcans, les orages, les sécheresses, les inondations, les glissements de terrain, les tempêtes de neige et le verglas peuvent marquer beaucoup d'entre nous de façon soudaine et dramatique. Ces catastrophes naturelles peuvent nous laisser blessés ou sans abri en quelques instants. Elles peuvent ruiner nos récoltes, nous enlever notre gagne-pain et détruire toutes sortes de biens. Les indemnités d'assurance, lorsqu'elles sont disponibles, peuvent nous apporter peu de consolation pour de telles pertes chargées d'émotions.

Il n'y a personne à blâmer pour ces catastrophes naturelles — sauf Dieu. Et souvent, nous Le blâmons. Nous nous sentons en colère et victimes du destin ou du hasard. Nous nous demandons pourquoi notre maison a été détruite, tandis que celle de notre voisin est demeurée intacte. Nous en voulons peut-être au banquier qui conserve son emploi, tandis que nous devons abandonner notre ferme familiale. Nous trouvons probablement toutes sortes de façons de blâmer, blâmer, blâmer.

La vérité, c'est que ces choses se produisent. Elles peuvent se produire n'importe quand, n'importe où. Personne n'est entièrement à l'abri des phénomènes naturels de la terre. Mais le blâme fait partie du processus de deuil, et du moment que nous le reconnaissons et que nous nous permettons de le dépasser, nous pouvons nous rétablir de toute perte. Nous pouvons nous permettre de grandir grâce au processus de deuil et de trouver des moyens de voir la situation de manière positive. Nous pouvons découvrir de nouvelles merveilles en nous-mêmes et dans le monde lorsque nous renonçons à nous accrocher à nos vieux points de vue.

Les catastrophes naturelles ne se produisent pas parce que nous méritons une punition quelconque. Il s'agit plutôt du comportement normal de la nature. Elles se produisent parce qu'il est naturel pour elles de se produire. Malheureusement, nous sommes parfois dans le chemin et, par conséquent, sommes blessés par l'événement lui-même ou par ses résultats. De toute façon, nous pouvons les accepter ainsi que le processus de deuil qui en résulte. Comme dans tous les cas de perte soudaine, il faut regarder les choses avec une nouvelle perspective, découvrir des options positives et faire de nouveaux choix qui nous conduiront au meilleur avenir possible. Nous *pouvons* véritablement nous rétablir de tout.

Le processus de deuil

Lorsque nous sommes confrontés à une perte soudaine, la plupart d'entre nous réagissent fortement avec dénégation, peur, colère, culpabilité, tristesse, confusion et peut-être une sensation de torpeur. Notre corps et notre esprit fournissent toutes sortes de coussins pour nous aider à absorber la nouvelle et à l'assimiler lentement. Avant de pouvoir nous ajuster au changement, nous avons besoin de temps simplement pour en absorber la réalité.

Le mot *traumatisme* se définit comme une expérience émotive ou un choc qui a des effets psychiques durables. Une perte soudaine est choquante et émotive, et elle ne peut faire autrement qu'avoir des effets durables sur notre esprit et notre cœur. L'équivalent physique d'un traumatisme émotif est une blessure violente au corps. Nous pouvons considérer cela comme une métaphore pour un traumatisme émotif ou une perte soudaine. Une blessure est infligée, subitement et violemment; elle est ressentie profondément. Elle est ensuite reconnue pour ce qu'elle est, traitée en conséquence, puis elle commence à guérir. Elle fait mal pendant le processus de guérison, se renforçant de plus en plus et devenant plus entière au fil du temps. Éventuellement, la douleur cesse et elle est ramenée à la santé et à l'unité. Mais la cicatrice demeure, témoignant d'un changement permanent. Parfois, comme dans le cas d'une fracture osseuse, l'endroit réparé est plus fort qu'il ne l'avait jamais été auparavant.

Il est important d'accepter une perte soudaine et de nous permettre d'y réagir initialement. Nous ne pouvons pas sauter l'un des stades nécessaires pour nous rétablir de la perte, pas plus que nous pouvons sauter des étapes pour que la peau se cicatrise ou que les os se réparent. Nous devons passer par un processus de guérison, qui peut commencer très péniblement et prendre beaucoup de temps à se terminer. Éventuellement, nous allons probablement être plus forts que nous ne l'étions auparavant. Mais nous ne pouvons pas commencer à recouvrer notre paix et notre sérénité avant de nous être d'abord permis de passer par les premiers stades de réaction à notre perte.

La dénégation

Lorsque sa cousine est décédée, Charles a semblé réagir calmement. Ils étaient très proches, et la mort de cette dernière a été soudaine et violente. Mais Charles passa les jours qui ont suivi le décès dans un état d'esprit normal et rationnel. Il semblait le «prendre très bien», disait-on. Il aida à faire les arrangements funéraires, alla chercher les amis de la famille à l'aéroport, fit des appels téléphoniques et des emplettes pour tout le monde. Il était même capable de parler de sa cousine sans manifester d'émotion.

Après les funérailles, Charles retourna à ses activités normales. Il commença à avoir des cauchemars qui le réveillaient au beau milieu de la nuit, mais il les oubliait dès son réveil. Finalement, plusieurs mois après la mort de sa cousine, il se réveilla d'un cauchemar, pleurant le nom de cette dernière. Il pleura toute la nuit, dans les bras de son épouse. Mais après cette nuit-là, Charles se sentit déprimé par intermittence pendant des mois, puis en vint graduellement à accepter le décès de sa cousine à un niveau conscient.

Notre première réaction à la mort d'une personne chère est souvent cette sorte de dénégation paralysée. Particulièrement pour les hommes, la manifestation des véritables émotions peut être ardue. Il est parfois même difficile de savoir ce que sont les véritables émotions. Les premiers stades de la réaction à la mort sont souvent marqués par un calme apparent. Parfois, on dirait que nous refusons tout simplement de croire à ce qui est arrivé. Nous parlons de la personne décédée comme si elle était encore en vie. Nous pouvons même oublier de ne pas mettre un couvert à table pour cette personne.

Nous réagissons sans doute avec la même dénégation et la même confusion à toutes sortes de pertes soudaines, qu'il s'agisse d'une perte de biens, d'argent, de relations, d'emploi ou d'une croyance qui nous était chère. Nous n'arrivons tout simplement pas à y croire, au début. Il y a une période de transition, où des réalités contradictoires peuvent se bousculer dans notre esprit. L'ancien n'a pas encore cédé la place au nouveau.

Tandis que notre esprit accepte toujours le changement avec amour et tranquillité, cela ne signifie pas que les sentiments et les réactions de notre *ego* sont mauvais ou erronés. À ce stade, il est important de se rappeler d'être gentils avec nous-mêmes et de nous permettre de grandir grâce au processus de deuil. Ce que nous ressentons est normal pour une personne dans notre situation, et nous pouvons nous permettre de le ressentir jusqu'à ce que nous n'en ayons plus besoin. Nous *sortirons* de ce stade tôt ou tard.

La dépression

Après être passés par la période initiale de dénégation, nous devenons souvent déprimés. Nous commençons à nous laisser ressentir la tristesse, et peut-être même le désespoir, d'avoir à faire face à notre nouvelle perte. Nous nous sentons peut-être désespérés, sans ressource et impuissants. Nous nous sentons probablement incapables de faire autre chose que de nous occuper machinalement de nos tâches quotidiennes. Nous pouvons passer plusieurs mois à nous sentir comme si nous vivions dans un brouillard de chagrin.

Dans son livre intitulé *Living Through Personal Crisis* (Survivre à une crise personnelle), Ann Kaiser Stearns écrit: «Pour la plupart des gens, la dépression est la principale caractéristique du chagrin et elle implique la lutte la plus longue.» Nous avons l'impression, à certains moments, qu'il est inutile de continuer. Nous nous sentons comme si notre perte nous avait accablés et que nous ne nous en rétablirons jamais. Mais, en vérité, nous vivons les stades normaux et nécessaires du chagrin.

Nous *sortirons* de ce stade aussi. Nous devons simplement nous rappeler que ce que nous vivons prend du temps. Nous pouvons tout doucement nous accepter nous-mêmes ainsi que notre besoin de pleurer notre perte. Nous devons nous rappeler de faire un effort pour demeurer actifs, accepter l'aide d'autrui et ne pas nous en vouloir d'être humains. Nous pouvons nous permettre de grandir grâce au processus en l'acceptant simplement.

La culpabilité

Tout en acceptant graduellement la réalité de notre perte, nous commençons peut-être à chercher des moyens par lesquels nous y avons contribué. Nous devenons peut-être obsédés par le blâme de soi et la culpabilité. Par exemple, si nous faisons une fausse couche, donnons naissance à un enfant mort-né ou à un enfant en mauvaise santé, nous repassons peut-être sans cesse dans notre esprit tout ce que nous avons pensé, ressenti, mangé, bu, fait et pas fait pendant que nous étions enceintes. Un mari peut se blâmer lui-même pour tout sentiment négatif secret qu'il peut avoir éprouvé au sujet de la grossesse.

Nous sommes peut-être incapables pendant un temps de mettre notre esprit à l'abri d'un barrage constant de pensées du type «si seulement...»: *Si seulement je ne l'avais pas laissée sortir ce soir, elle n'aurait pas eu cet accident de voiture... Si seulement j'avais vendu la ferme avant la sécheresse, nous aurions beaucoup d'argent maintenant... Si seulement j'avais eu un enfant, mon mariage n'aurait pas pris fin.*

Quel que soit le genre de perte, nous pouvons penser à un million de façons par lesquelles nous l'avons causée ou aurions pu la prévenir. Ces pensées, bien qu'elles ne soient pas nécessairement vraies ni rationnelles, sont un signe que nous grandissons par l'intermédiaire de notre chagrin. Nous commençons à essayer de trouver un sens aux choses. Nous commençons à accepter ce qui s'est produit. Nous imaginons peut-être toutes sortes de scénarios décrivant comment les choses auraient pu se dérouler autrement, mais c'est le commencement de l'acceptation de ce qui s'est réellement produit. Encore là, nous pouvons accepter doucement notre besoin de passer à ce stade du deuil de notre perte, et nous rappeler que, à la longue, notre *ego* lâchera prise et notre *esprit* nous montrera un autre point de vue.

La colère

Un autre stade par lequel nous passons fréquemment au cours du processus de deuil est celui où nous blâmons les autres. Lorsque son grand-père est décédé pendant un séjour à l'hôpital pour une opération de routine faisant suite à une hernie discale, Janice était outrée. «Je voulais poursuivre les médecins, l'hôpital et toute autre personne, dit-elle. Mon grand-père n'avait pas de maladie cardiaque ou rien du genre — il n'y avait aucune *raison* pour lui d'avoir eu une crise cardiaque. Il était âgé, mais il était autrement en bonne santé. Les médecins et les infirmières *devaient* être à blâmer.»

Que la négligence ou le traitement de quiconque à l'égard de son grand-père ait contribué ou non au décès de ce dernier, Janice était en colère parce qu'il était décédé. Parfois, nous blâmons le personnel médical, d'autres membres de la famille, des amis, des étrangers ou même Dieu pour nos pertes. Bien que notre colère puisse sembler justifiée dans bien des cas, elle n'élimine pas la perte et ne nous aide pas à nous sentir mieux. Mais parfois, nous avons besoin de passer par une période de colère comme partie intégrante de notre processus de guérison.

La colère est parfois dirigée vers la personne décédée. Nous nous sentons en colère d'avoir été laissés derrière, abandonnés par la personne qui ne vit plus. Nous avons l'impression qu'on nous a volé du temps que nous croyions avoir ensemble, ou de l'aide que nous pensions recevoir de cette personne. Nous éprouvons peut-être du ressentiment à l'égard de tout le temps que nous avons l'impression d'avoir gaspillé dans le passé. Si seulement nous avions su, pensons-nous, nous aurions mené notre relation différemment. Maintenant, nous n'aurons plus jamais cette chance.

Ces questions peuvent être résolues dans notre esprit et dans notre cœur, même si nous ne pouvons pas les résoudre face à face avec la personne décédée. Nous pouvons apprendre à nous pardonner, à pardonner aux autres et à la vie pour être ce qu'elle est. Nous pouvons

utiliser notre compréhension nouvelle de la vulnérabilité que nous partageons tous pour améliorer nos
autres relations et nos relations futures. Nous pouvons
remercier la personne qui est décédée pour le temps
que nous avons partagé ensemble, et lâcher prise.

Lorsque nous sommes confrontés à des pertes
autres que la mort, les occasions de résolution de nos
sentiments de colère sont plus nombreuses. Il peut
nous être possible de voir le remords chez une personne
qui nous a fait du tort. Nous pouvons être en mesure de
faire amende honorable d'une façon ou d'une autre.
Nous pouvons dépasser le sentiment que la perte est la
fin permanente de quelque chose d'important pour
nous. Nous pouvons commencer à voir que ce n'est
qu'un changement auquel nous pouvons nous adapter
et par lequel nous pouvons même nous améliorer et
améliorer notre vie.

Même lorsqu'une autre personne est clairement
responsable de notre perte, nous pouvons apprendre à
lui pardonner et à poursuivre notre vie. Entretenir de
la colère et de la haine en nous ne fait que nous empoi-
sonner et nous condamner à la détresse. Graduellement, nous pouvons apprendre à renoncer à notre
colère et à pardonner aux autres ainsi qu'à nous-
mêmes. Avec le temps et de la compréhension, nous
pouvons grandir par cette expérience et atteindre un
amour et une paix intérieure plus considérables que
nous n'aurions jamais pensé possible.

La peur

Maintenant que nous avons passé par les stades de
la dénégation, de la dépression, de la culpabilité et de la
colère, nous commençons peut-être à nous rendre

compte que *les choses ne seront plus jamais tout à fait les mêmes*. Cette prise de conscience peut nous remplir d'appréhension et de peur. Nous éprouvons peut-être un sentiment de vulnérabilité et d'impuissance. Nous commençons à faire face à notre avenir, si changé soit-il maintenant.

Nous pouvons être indulgents avec nous-mêmes alors que nous passons par ce stade de recouvrance. Nous pouvons accepter notre besoin de faire face à l'avenir en nous demandant ce que nous ferons, comment les choses se dérouleront pour nous, qui sera là pour nous. Le changement exige cet examen, et la peur peut accompagner notre premier regard sur un avenir que nous n'avions pas prévu. Il nous faut comprendre cette peur et ne pas seulement y survivre, mais grandir à travers elle.

Nous savons que la peur provient de notre *ego*, puisque notre *esprit* est toujours sans peur. Mais nous avons peut-être besoin parfois d'éprouver la peur de notre *ego* avant de nous tourner vers le point de vue de notre *esprit*. Nous avons peut-être besoin de temps pour examiner nos nouvelles circonstances ou notre nouvelle situation, car notre *ego* observe toujours avec crainte ce qui ne lui est pas familier. Puis nous pouvons surmonter notre peur pour atteindre une nouvelle acceptation des changements auxquels nous avons à faire face. Si nous comprenons la peur de notre *ego*, nous pouvons traverser ce stade plus paisiblement. Nous pouvons accepter que nous devons surmonter la peur afin d'arriver de l'autre côté — celui de l'acceptation.

L'acceptation

Le stade final du deuil est l'acceptation. Cela ne veut pas dire que la personne que nous avons perdue ne nous manquera plus jamais, ou que nous ne connaîtrons plus jamais la nostalgie des jours anciens, avant que les choses changent d'une façon ou d'une autre. Cela veut dire que nous avons pleinement vécu et grandi en passant par tous les stades du deuil de notre perte. Cela signifie que nous pouvons continuer à vivre d'une nouvelle manière.

Nous réorganisons notre perspective, nos pensées, nos croyances et notre vie pour nous adapter à notre perte. Nous nous sommes permis d'éprouver tous les sentiments d'affliction et sommes prêts à ressentir de nouveaux sentiments et à vivre de nouvelles expériences. Il peut y avoir encore des sentiments résiduels de temps à autre, des sentiments que nous croyions avoir déjà réglés, mais c'est correct. Certaines choses en nous-mêmes et dans notre vie vont revenir à la normale, d'autres ne seront plus jamais les mêmes.

Il faudra peut-être compter un long laps de temps avant de pouvoir voir tout ce que nous avons tiré de cette expérience. Nous avons sans doute été transformés d'une manière merveilleusement positive, qui nous servira dans l'avenir. Mais pour le moment, il suffit de simplement accepter que le pire est passé et que nous avons regagné notre équilibre. Nous avons accepté la réalité de notre perte et commencé à aller de l'avant par des avenues différentes. Nous commençons à être en mesure de voir les nouvelles possibilités qui s'ouvrent à nous. Nous avons intégré l'espoir, l'amour et la paix à notre nouveau point de vue. Nous sommes en recouvrance — non pas de retour vers notre passé, mais en mouvance vers notre avenir.

Un processus qui nous fait grandir

Bien que les stades du deuil décrits ci-dessus s'appliquent à toutes sortes de pertes, il existe des différences dans la façon et le temps qu'il faut y consacrer pour nous rétablir des différents genres de pertes. Cela peut prendre quelques semaines pour traverser les stades du deuil faisant suite à la perte d'un emploi ou d'une promotion, tandis qu'il faut peut-être un an ou plus pour nous rétablir complètement de la perte d'un être cher. Nous pouvons avoir l'impression que tout est pour le mieux jusqu'à ce que quelque chose nous rappelle subitement notre perte, ravivant de vieux sentiments. Toutes ces variations sont normales et nous pouvons les accepter comme faisant partie du processus plutôt que de penser que nous *devrions* les avoir surmontées ou que nous ne *devrions plus* éprouver un certain sentiment. Nous pouvons accepter nos modèles et nos expériences de croissance tels qu'ils se produisent et savoir que tout ira bien.

Une perte ou un changement soudain peut être une occasion considérable d'apprentissage. Nous pouvons détendre notre esprit et notre cœur par des moyens que nous n'avions jamais imaginés. Nous pouvons gagner une perspective et une force provenant du processus nécessaire de réévaluation qu'implique la recouvrance. Nous pouvons découvrir une nouvelle perspective de la vie, des autres et de nous-mêmes, qui peut améliorer notre avenir.

Une nouvelle image de soi peut émerger de toute la maturation que nous faisons dans la recouvrance. Nous pouvons nous rendre compte que nous avons des forces et des habiletés potentielles insoupçonnées. Nous pouvons commencer à accepter la vulnérabilité que représente le fait d'être humains, sachant que tout ira bien, quoi qu'il arrive. Nous pouvons grandir en matière de confiance, de foi et d'amour pour nous-mêmes et pour les autres. Nous pouvons commencer à nous connaître nous-mêmes comme jamais auparavant.

On dit que le temps guérit toutes les blessures. Mais nous savons que nous devons employer notre temps de recouvrance de façon positive et aimante. Nous devons nous aider et permettre aux autres de nous aider. Il faut regarder les choses d'un œil neuf. La guérison est une question de temps, de foi, d'espoir et d'efforts. Nous pouvons nous faciliter la tâche et en multiplier les récompenses ultimes. L'équanimité spiri-tuelle peut pénétrer notre esprit et notre cœur, si nous le lui permettons. Il ne s'agit pas de la croyance que nous sommes invincibles au sens physique, mais invin-cibles au sens où tout ira bien, quoi qu'il se passe dans le monde extérieur. Des accidents *vont* se produire. La recouvrance vers de nouveaux sommets de paix, d'amour et de bien-être peut également se produire. Tout ce qu'il nous faut faire, c'est de nous aimer nous-mêmes dans ce processus.

Exercice un

Le processus de deuil. Revoyez les stades du deuil dans ce chapitre. Voyez si vous pouvez les appliquer à une perte dans votre vie. Il peut s'agir d'un petit changement ou d'un bouleversement plus important. Voyez comment les stades peuvent s'appliquer à une grande variété de situations, de relations et de circonstances. Acceptez votre besoin de passer par ces stades sans hâte ni impatience.

Exercice deux

Les crises antérieures. Reportez-vous à un autre moment dans votre vie. Remontez assez loin pour regarder la crise objectivement. Maintenant, faites une liste de tous les résultats *positifs* de cette expérience. Qu'avez-vous appris? Comment avez-vous grandi? Avez-vous été en mesure d'appliquer les leçons de cette expérience à d'autres cas? Quels talents, habiletés ou forces avez-vous découverts en vous-même? Comment les changements résultant de cette expérience vous ont-ils aidé à devenir plus fort?

CHAPITRE 11

Les ambiances

Nous avons tendance à adopter la coloration du décor dans lequel nous nous trouvons.

— Harold Kushner

Les ambiances dans lesquelles nous vivons peuvent être l'une des conditions les plus importantes et les plus négligées de notre vie. Nous négligeons ou sous-estimons l'influence de notre milieu sur nos sentiments, nos humeurs et notre perspective, ou nous sous-estimons peut-être notre capacité de modifier et de contrôler nos environnements. Nous pouvons nous sentir anxieux, en colère ou déprimés en raison de conditions sur lesquelles nous n'avons aucun contrôle, tout en faisant très peu pour exercer les véritables choix que nous avons dans ce domaine.

Nous ne pouvons habituellement pas contrôler le décor des bureaux où nous travaillons ou des boutiques où nous magasinons. Nous ne pouvons pas modifier la vue d'une fenêtre ou les sons de trains, d'avions ou de voitures à proximité. Beaucoup d'entre nous ne peuvent

pas se permettre de rénover leur maison ou d'en acheter une nouvelle comportant toutes les conditions
atmosphériques désirées. Accepter les choses que nous
ne pouvons pas changer est nécessaire pour notre paix
et notre bonheur, mais nous pouvons probablement
tous faire plus que nous ne le faisons pour améliorer
notre environnement.

Où êtes-vous en ce moment? Quel est votre
entourage? Quels sons, odeurs et spectacles percevez-
vous? Quel effet ont-ils sur vous? Sont-ils plaisants?
Irritants? Ordonnés? Magnifiques? Pouvez-vous vraiment vous concentrer dans le calme sur ce que vous
lisez? Quels changements pouvez-vous faire dans
l'immédiat pour améliorer votre environnement? Fermer la radio? Ouvrir ou fermer une fenêtre? Faire de
l'ordre sur votre bureau ou dans votre chambre? Nourrir le chien afin qu'il cesse de japper? Il n'est pas nécessaire de dépenser de l'argent ou de tout tourner sens
dessus dessous pour commencer à effectuer de petits
changements positifs.

Nous sommes réellement influencés par l'environnement dans lequel nous travaillons, jouons, mangeons,
lisons, socialisons, nous reposons, nous détendons et
vivons. Nous pouvons réagir avec tension, anxiété, ner-
vosité ou même colère à certains environnements. Mais
la plupart d'entre nous se sentent simplement irrités ou
se plaignent au sujet de leur environnement sans
essayer de le rendre paisible. Nous pouvons tous apporter certains changements à notre environnement pour
nous aider à nous sentir plus à l'aise.

Dans son livre *Au-delà de la codépendance*, Melody
Beattie décrit comment elle a transformé sa maison
délabrée qu'elle détestait en un magnifique havre pour
elle-même et sa famille — et l'a fait avec très peu

d'argent. Elle écrit: «J'ai travaillé et travaillé, et j'avais une magnifique maison de trois étages... J'ai appris à faire quelque chose à partir de presque rien, plutôt que de faire rien à partir de quelque chose.» Nous faisons rien à partir de quelque chose lorsque nous cédons aux réactions négatives de notre *ego* face aux aspects de notre environnement que nous ne pouvons pas changer. Concentrons-nous plutôt sur quelque chose qui est à notre portée.

L'approche pragmatique

Où que nous soyons, nous pouvons commencer à examiner les aspects que nous pouvons changer. Nous pouvons nous poser les deux questions clés que nous avons utilisées auparavant. *Est-ce nuisible?* et *est-ce utile?* Puis nous pouvons commencer à éliminer les points négatifs et à créer des éléments positifs dans notre environnement. Comme l'écrit William George Jordan dans *The Majesty of Calmness* (La majesté du calme): «Pour être justes envers nous-mêmes, nous devrions refuser de vivre dans une ambiance qui nous empêche de vivre à notre meilleur.»

Par exemple, nous pouvons avoir l'habitude d'ouvrir le téléviseur ou la radio dès le réveil et de le laisser en marche jusqu'à ce que nous quittions la maison. Nous pouvons nous demander si cette habitude contribue à une certaine part d'irritation, d'impatience ou de sentiment de distraction que nous avons à ce moment de la journée. Peut-être nous empêchons-nous ainsi d'entendre le gazouillement des oiseaux ou même les paroles des membres de notre famille. Nous commençons peut-être notre journée dans un environnement plus bruyant et frénétique que nous le souhaitons réellement.

Si nous constatons des effets négatifs d'une habitude ou d'un élément quelconque de notre environnement, nous pouvons commencer à les éliminer ou à les changer pour le mieux. Nous pouvons peut-être essayer pendant une semaine de ne pas ouvrir le téléviseur ou la radio le matin et voir ce qui se produira. Nous découvrirons peut-être un silence paisible, les sons merveilleux de la nature ou des moments tendres et calmes à consacrer à notre famille. Si nous vivons dans un lieu particulièrement bruyant, nous préférerons peut-être utiliser des enregistrements de belle musique paisible ou de sons de la nature, plutôt que le babillage du téléviseur ou de la radio pour masquer le bruit.

Adopter une approche pragmatique signifie simplement découvrir les choses que nous pouvons faire pour améliorer notre entourage. Cela veut dire devenir sensibles à la façon dont nous réagissons aux sons, aux odeurs et aux spectacles autour de nous. Cela veut dire ouvrir notre esprit aux possibilités d'un environnement plus heureux et plus paisible à notre portée. Ce genre d'auto-examen demande un peu de temps et d'effort. Nous devons réellement entrer en contact avec nos sentiments intérieurs et nos réactions. Nous devons découvrir comment les éléments de l'environnement influent sur nous. Nous devons décider si nous pouvons accepter les choses que nous ne pouvons pas changer, nous retirer d'un lieu ou effectuer des changements positifs.

Ne valons-nous pas la peine de cet effort? Notre paix et notre bonheur ne sont-ils pas suffisamment précieux pour que nous fassions tout notre possible pour les améliorer? Comme l'écrit William George Jordan: «Nous transportons nos plantes d'intérieur d'une fenêtre à une autre pour leur donner la chaleur, la lumière, l'air et l'humidité appropriés. Ne devrions-nous pas prendre au moins autant soin de nous-mêmes?»

Des ambiances favorables à la guérison

En rendant visite à quelqu'un à l'hôpital, Henri dit qu'il se rappelle avoir déambulé le long d'un corridor, passant devant les chambres de plusieurs autres patients. Il explique: «Comme je passais devant les portes de ces chambres, je pouvais entendre les bruits de coups de feu, de sirènes, de cris, de pleurs, de voix colériques, de crissement de pneus d'automobile et de musique qui étaient très forts, excitants, dramatiques et menaçants, venant tous des téléviseurs de ces chambres. Je me rappelle avoir passé la réflexion: *Ça, c'est une ambiance favorable à la guérison?*» Quand Henri s'informa auprès d'une infirmière, elle haussa les épaules en disant: «C'est un pays libre. Nous ne pouvons pas dire aux gens ce qu'ils peuvent regarder à la télévision.»

Je crois profondément au bon sens. Pensez-vous que ces choses contribuent à la guérison? Avons-nous réellement besoin de règles et de règlements pour nous dire que nous avons besoin de paix, de calme, de beauté, de joie et de repos lorsque nous sommes malades? La plupart des hôpitaux font des efforts considérables pour offrir à leurs patients un environnement plaisant et agréable, mais nous pouvons contribuer à ces efforts par nos propres choix.

Nous pouvons fermer le téléviseur ou ne regarder que des émissions positives et réjouissantes. Nous pouvons nous entourer de photos de nos êtres chers, de plantes et de fleurs, d'animaux en peluche, de photos d'endroits que nous aimons ou de beaux paysages, de plages ou de montagnes. Nous pouvons apporter un magnétophone avec des bandes de notre musique préférée ou des sons de la nature. Nous pouvons lire des livres et des revues qui nous inspirent et nous élèvent, ou nous distraient par un humour positif. Que nous soyons à la maison ou à l'hôpital, il y a plusieurs façons par lesquelles nous pouvons créer un environnement plus paisible, plus heureux, plus aimant et plus favorable à la guérison pour nous-mêmes et nos êtres chers.

La guérison ne se produit pas seulement dans notre corps. Lorsque nous avons besoin de guérir sur les plans mental, émotif et spirituel, nous pouvons nous aider nous-mêmes en choisissant un environnement paisible, aimant et favorable à la guérison. Nous pouvons nous asseoir dans un parc ou sur une plage, nous promener dans la campagne ou dans un musée ou une galerie d'art. Nous pouvons trouver les lieux où nous nous sentons bien et y consacrer le temps nécessaire.

Nous pouvons aussi prendre soin d'éviter les lieux où nous semblons être malheureux. Nous ne sommes pas obligés de fréquenter des lieux où nous avons tendance à être en colère, tristes, craintifs ou déprimés. Comme l'écrit Ann Kaiser Stearns: «C'est un acte autodestructeur de notre part que de nous placer à maintes reprises dans des décors qui sont défavorables à la guérison.» Lorsque nous avons besoin de guérison sur un plan ou un autre, nous avons le pouvoir de choisir ou de créer pour nous-mêmes des lieux favorables à cette guérison.

Les sons

Il n'est pas nécessaire d'être malade pour réagir positivement aux sons agréables et négativement aux sons désagréables. Éliminer le bruit gênant de notre environnement peut être aussi simple que baisser le volume du téléviseur, de la radio ou du système de son, ou le fermer complètement. Cela peut vouloir dire faire un choix entre le bon air et les fenêtres ouvertes, ou la tranquillité et les fenêtres fermées. Dans bien des cas, il existe des bruits sur lesquels nous n'exerçons aucun contrôle. Nous pouvons apprendre à les accepter calmement ou, si possible, nous pouvons choisir de ne pas vivre, travailler ou jouer dans les secteurs où ils existent.

Tout ce que nous entendons a une influence, même si nous ne pensons pas écouter réellement. Vous est-il arrivé d'entendre une chanson à la radio dès votre réveil le matin et de la fredonner tout au long de la journée — même si vous ne l'aimez pas? La méthode de formation musicale Suzuki utilise ce phénomène par l'écoute quotidienne d'enregistrements des grands virtuoses jouant des chefs-d'œuvre. Les étudiants développent une oreille pour la musique classique jouée correctement grâce à l'écoute répétée.

C'est une façon positive d'utiliser la capacité de notre esprit d'enregistrer ce qu'il entend. Mais nous devons aussi prendre soin de ne pas permettre à notre esprit d'enregistrer toutes sortes de bruits négatifs. C'est simplement une question d'apprendre à porter attention à ce qui entre par nos oreilles, et à faire des choix relativement aux éléments sur lesquels nous avons un certain contrôle. Cela veut dire aussi éviter le bruit déplaisant et permettre à notre esprit le repos et la clarté dont nous avons besoin pour notre paix intérieure et notre véritable bonheur.

La musique

La musique est utilisée depuis longtemps pour aider les patients à se détendre dans bien des situations, y compris la chirurgie, la dentisterie et une variété de procédures et de traitements médicaux. Elle est utilisée dans les pouponnières d'hôpitaux, de même que dans des magasins, des bureaux et des restaurants. Elle peut nous rendre de bonne humeur, tristes, affamés, fatigués, débordants d'énergie ou calmes. Elle peut nous aider à ramener à la surface nos sentiments internes profonds pour les libérer.

La musique est une expérience très subjective. Nous devons tous devenir sensibles à nos propres réactions aux différents genres de musique. Bien des gens constatent qu'ils réagissent très fortement à certains types de musique ou même à certaines pièces de musique précises. À mesure que nous prenons davantage conscience de nos réactions, nous pouvons commencer à éliminer la musique que nous trouvons agaçante ou déplaisante de quelque façon, et remplir notre environnement de musique ayant un effet plus positif sur nous.

Ordinairement, notre goût en matière de musique est une habitude que nous avons acquise très tôt dans la vie par les genres de musique auxquels nous avons été exposés et les goûts de nos parents, de nos professeurs et de nos amis. Mais comme adultes, nous pouvons apprendre à renoncer à ces vieux préjugés et à expérimenter de nouvelles formes de musique. Nous pouvons ouvrir notre esprit et explorer tous les genres de musique que nous n'avons jamais pensé aimer. Nous pouvons former de nouvelles habitudes et acquérir de nouveaux goûts basés sur ce qui est agréable pour nous, plutôt que ce que les autres disent que nous devrions aimer.

Tout ce que nous devons faire, c'est d'ouvrir notre esprit et de nous donner la chance d'acquérir de nouvelles habitudes et de nouveaux goûts par l'écoute répétée d'une musique que nous trouvons apaisante, plaisante et paisible.

Les sons de la nature

Les sons dans notre environnement comprennent aussi ceux qui ne sont pas faits par l'art humain. Les vagues se brisant avec fracas ou léchant doucement le rivage; le chant des oiseaux, des baleines ou des loups; le coin-coin des oies ou le roucoulement des huards — ce sont là des sons de la nature. Lorsque nous éliminons tous les sons artificiels de l'humanité, nous pouvons entendre un autre chant fredonnant à travers tout ce qui vit. Ces sons peuvent souvent avoir un effet très apaisant sur nous.

Le gazouillis des bébés, le ronronnement des chatons, les doux sons des oiseaux, des animaux, du froissement des feuilles ou de l'eau qui coule peuvent faire en sorte de nous aider à nous sentir bien. Nous pouvons trouver ces sons dans la nature autour de nous, aller à des endroits où nous pouvons les entendre ou écouter des enregistrements de ces sons. La chose importante, c'est de simplement relaxer et les entendre. Pour ce faire, nous devons renoncer à tous les bruits et au bavardage intérieur qui les masquent. Bien des gens aiment écouter des enregistrements reproduisant les vagues de l'océan ou la pluie qui tombe. D'autres personnes préfèrent les sons de la nature mêlés à une musique douce. Ces genres d'enregistrements se trouvent partout où l'on vend des bandes magnétiques maintenant, mais vous pouvez aussi fabriquer les vôtres. Apportez un magnétophone dans une réserve naturelle ou dans un parc public, sur une plage, au bord d'une rivière, d'un ruisseau ou d'une chute; à la volière de votre jardin zoologique local; ou à tout endroit où les sons de la nature peuvent être entendus.

Des enregistrements de la nature peuvent également se trouver dans bien des bibliothèques publiques. Vous pouvez les écouter sans frais et choisir le genre de sons auxquels vous réagissez le plus positivement. Puis vous pouvez acheter ou enregistrer vous-même les bandes que vous préférez. Peu importe où vous vivez ou combien d'argent vous avez — la nature est là pour nous *tous*. Mais nous devons faire l'effort de sortir et d'en profiter, ou de l'apporter dans notre environnement grâce à des enregistrements.

Le silence

La plupart d'entre nous consacrent très peu de temps, s'il en est, au silence total. Nous vivons notre vie accompagnés par les sons de la radio, du téléviseur, des voitures, des camions, des avions, des voix et de toutes sortes d'autres bruits. Même si nous éliminons le bruit inutile de nos environnements et prenons soin d'écouter de la musique et des sons plaisants et apaisants, le silence occasionnel peut quand même être essentiel à notre paix et à notre bonheur.

Le silence peut apporter un repos merveilleux après la pensée constante et frénétique, et le bombardement des sons stimulants de notre environnement. Le silence peut nous détendre physiquement, mentalement et affectivement. Il peut nous donner la chance de nous ramener vers nous-mêmes et de nous remettre en contact avec notre paix intérieure et notre Puissance supérieure. C'est souvent dans le silence que nous découvrons notre *esprit*.

Nous pouvons créer un moment et un lieu pour le silence chaque jour. Il n'est pas nécessaire que ce soit pour plus de quelques minutes, du moment que nous nous permettons réellement de mettre de côté le bavardage mental et de vivre pleinement le silence. On peut le faire dès le réveil le matin, au coucher le soir ou les deux. On peut le faire à la pause-café au travail, pendant que nos enfants font la sieste ou entre deux cours. On peut le faire dans une salle de bain, dans une chambre à coucher, dans une voiture, dans une bibliothèque, un musée ou une chapelle.

Le silence est d'or en effet. Il peut nous apporter des trésors de paix, de calme, de tranquillité, d'équilibre et de conscience de notre spiritualité. Nous en ressortons reposés, rafraîchis et prêts à faire face à toutes les situations de notre vie avec équanimité. Il peut être le puits duquel nous tirons la force de notre tranquillité. Et il est à notre portée à tout moment de chaque jour. C'est à nous de l'utiliser.

Les vues

Ce que nous voyons autour de nous peut être plaisant, irritant, laid, beau, doux, dur, exaltant ou calmant. Ou encore déprimant, réjouissant, inspirant, touchant ou paralysant. Nous ne sommes peut-être pas toujours conscients des effets de ces vues sur nos humeurs, nos pensées et nos sentiments. Nous avons peut-être simplement l'impression de ne pas aimer un certain lieu ou édifice sans réellement savoir pourquoi. Nous nous sentons peut-être déprimés, excités, agités ou paisibles lorsque nous sommes entourés de certaines couleurs ou que nous nous trouvons dans des lieux encombrés, vides ou naturels.

Dans *The Power of Myth* (Le pouvoir du mythe), Joseph Campbell demande: «Où se trouve votre station de félicité?» Nous avons tous besoin d'au moins un lieu qui nous apparaît beau, paisible, sûr, heureux et spécial. Certains d'entre nous peuvent avoir un lieu préféré dans un parc public ou à la campagne. Nous aimons peut-être certains édifices, comme des lieux historiques, des musées, des églises ou notre propre maison. Il peut y avoir un jardin, une plage ou une forêt où nous nous sentons toujours merveilleusement bien. Ces lieux sont importants pour que nous y passions du temps seuls, à simplement *être* — à nous connaître nous-mêmes et à rétablir notre lien avec notre *soi* spirituel.

Joseph Campbell a dit: «Vous devez avoir une pièce, ou une certaine heure, ou même une journée où vous ne savez pas ce qui paraît dans les journaux ce matin-là, où vous ne savez pas qui sont vos amis, où vous ne savez pas ce que vous devez à quiconque ou ce que quiconque vous doit. C'est un lieu où vous pouvez simplement expérimenter ce que vous êtes et ce que vous pourriez être. C'est le lieu de l'incubation créatrice. Au début, vous aurez peut-être l'impression que rien ne s'y passe. Mais si vous avez un lieu sacré et l'utilisez, quelque chose finira par se produire.»

Dans notre monde moderne, nous ne semblons pas avoir bien des lieux qui nous semblent «sacrés». La cathédrale n'est plus le point central de nos villes ou de nos vies. Mais nous pouvons créer des lieux spéciaux pour nous-mêmes et, pour paraphraser Joseph Campbell, nous pouvons sanctifier nos propres paysages, revendiquer nos environnements et en faire des «lieux de pertinence spirituelle» pour nous. Nous pouvons trouver et créer nos propres «stations de félicité».

Les espaces verts

Nous n'avons pas beaucoup de contrôle sur ce que nous voyons lorsque nous sortons à l'extérieur. Mais nous choisissons effectivement bien des lieux où nous passons notre temps. Par exemple, si nous sentons que nous devons conserver un emploi où l'environnement nous semble déplaisant, nous pouvons faire des marches à l'extérieur pendant les pauses et à l'heure du midi. Ou, si nous avons le temps et un moyen de transport, nous pouvons nous rendre dans un parc, un jardin zoologique, une serre, un arboretum ou tout autre lieu naturel agréable pour y passer un moment. Nous pouvons quitter quelques minutes plus tôt le matin et emprunter la «route panoramique» pour nous rendre au travail, évitant la circulation et nous donnant l'occasion de commencer la journée de façon agréable.

Le besoin humain de partager un peu de temps et d'espace avec la nature est important. Joseph Campbell a dit qu'une «sensation de la présence de la nature est une disposition fondamentale de l'homme. Mais nous vivons maintenant dans une ville. Elle est toute faite de pierre et de roche, fabriquée par des mains humaines. Vous grandissez dans un genre de monde différent quand vous êtes là-bas dans la forêt, avec les petits écureuils et les grands hiboux. Toutes ces choses vous entourent comme des présences, représentant des forces, des pouvoirs et des possibilités magiques de la vie qui ne sont pas vôtres et pourtant, qui font toutes partie de la vie, qui l'ouvrent pour vous. Puis vous en retrouvez l'écho en vous-même, parce que vous êtes nature.»

Les urbanistes créent délibérément des espaces verts dans nos zones urbaines pour rompre agréablement la monotonie des édifices et des pavés de béton. Nous avons besoin de ces espaces pour l'oxygène que nous procure la verdure, mais aussi pour le repos visuel et le calme parmi l'environnement urbain. Nous avons besoin d'être près de la nature parce que nous en faisons partie. Nous pouvons tirer avantage de ces espaces, les utilisant aux fins pour lesquelles ils ont été créés. Nous pouvons également nous rappeler de planifier notre propre environnement avec autant de soin.

Il ne faut pas beaucoup d'espace ni d'argent pour créer des lieux naturels paisibles dans notre propre environnement familial. Un petit coin, une pièce, un balcon, une véranda, une jardinière de fenêtre, une terrasse ou une cour arrière que nous remplissons de verdure peut nous fournir une merveilleuse retraite. Nous pouvons faire pousser des plantes, des arbres, des fleurs et des légumes, même à l'intérieur. Nous pouvons apprendre à prendre soin des choses vivantes et passer un peu de notre temps entourés d'une magnifique verdure.

La lumière

Nous réagissons à la quantité de lumière de notre environnement, à la fois sur le plan de l'humeur et de la vivacité d'esprit. Une lumière tamisée peut avoir tendance à provoquer la fatigue, l'engourdissement ou l'ennui. Elle peut également contribuer à des sentiments de tristesse, d'anxiété et d'hostilité. Certaines personnes qui sont très sensibles au changement de la quantité de lumière solaire pendant l'année souffrent de dépression saisonnière. Même ceux d'entre nous qui aiment les jours pluvieux ont besoin d'un peu de soleil pour se remonter au bout de quelque temps.

La lumière est un élément que nous pouvons facilement contrôler dans notre maison en utilisant un éclairage fluorescent et incandescent dans des aménagements que nous trouvons agréables. Nous pouvons expérimenter différents niveaux d'intensité, diverses teintes et dispositions de nos appareils d'éclairage. Nous pouvons choisir avec soin nos tentures et nos stores ainsi que les moments et les quantités de soleil pénétrant dans notre maison.

Nous pouvons également nous rappeler de sortir à l'extérieur fréquemment pour avoir une dose de lumière naturelle. Même les jours nuageux, il y a une certaine lumière naturelle qui pénètre. Nous pouvons apprendre à prendre conscience des effets de l'éclairage sur nos humeurs et sur nos sentiments, et commencer à effectuer certains changements pour obtenir la lumière dont nous avons besoin. Nous pouvons également prendre soin de ne pas exagérer en passant de longues périodes dans le soleil brillant et direct. Nous risquons d'éprouver de la fatigue et d'avoir trop chaud. Il faut viser un équilibre lorsqu'il s'agit de déterminer le genre et la quantité de lumière dont nous avons besoin.

Nous pouvons analyser nos réactions à l'éclairage de façon pragmatique. Comment nous sentons-nous après avoir passé un après-midi dans une salle de conférence sombre? Après des heures passées en plein soleil? Après de courtes périodes passées dans un soleil

filtré ou un éclairage incandescent ou fluorescent?
Nous pouvons utiliser ces renseignements pour décider
du meilleur équilibre de la lumière pour nous.

La couleur

En choisissant les couleurs de nos vêtements, de
nos voitures, de nos maisons, de nos jardins et d'autres
éléments de nos environnements, nous pouvons encore
là adopter une approche pragmatique. Quelles couleurs
aimons-nous? Nous pouvons examiner toutes les raisons pour lesquelles nous portons ou achetons des vêtements ou des objets de certaines couleurs, comme
lorsqu'on nous dit que telle couleur nous va bien ou que
c'est la couleur «à la mode» cette année. Nous pouvons
commencer à nous demander quels effets certaines couleurs ont sur nous. Quelles pièces de vêtement aimons-
nous porter? Quels sont nos édifices, pièces et objets
préférés? De quelle couleur sont-ils? Nous pouvons
regarder autour de nous les couleurs que nous trouvons
plaisantes et attrayantes, et remplir notre environnement personnel des couleurs auxquelles nous réagissons le plus positivement.

Les décorateurs choisissent les couleurs selon
l'humeur ou le sentiment qu'ils veulent conférer à un
certain lieu. Par exemple, nous ne peindrions pas une
pièce d'un rouge brillant si nous voulions l'utiliser prin-
cipalement pour le repos — le rouge est une couleur sti-
mulante. Généralement, les couleurs douces et pâles
sont plus plaisantes et paisibles que les couleurs
brillantes ou foncées. Il existe de nombreuses théories
psychologiques et métaphysiques sur les effets de la
couleur sur les gens. Si vous trouvez de telles informations utiles, servez-vous-en. Mais je pense qu'une
approche simple et pragmatique peut être un moyen

efficace pour nous tous de choisir des couleurs qui contribuent à notre paix intérieure et à notre bonheur.

L'ordre

Un autre élément de notre environnement visuel est le degré d'encombrement et de désordre dans lequel nous nous trouvons. En accumulant les objets que nous voulons avoir et utiliser, nous risquons de nous retrouver avec un tel amas autour de nous que notre environnement paraît encombré. Il nous faudra peut-être faire le ménage de nos effets et décider si nous voulons réellement tout garder. Nous pourrions essayer de les organiser et de les ranger dans des armoires ou des placards pour conserver un espace vital plus dégagé.

La simplicité est généralement plus plaisante pour les humains. La surstimulation provoquée par un trop grand nombre de choses réclamant notre attention est stressante. Nous pouvons suivre le conseil de Henry David Thoreau: «Simplifiez! Simplifiez!» et créer un environnement visuel plus calme et plus paisible pour nous-mêmes. La propreté, l'ordre et les espaces ouverts dégagés peuvent être beaucoup plus plaisants et conduire davantage à la paix intérieure et au bonheur que tous les gadgets modernes que nous avons tendance à accumuler.

L'ordre est naturel dans l'univers, et peut-être est-ce la raison pour laquelle les gens y réagissent positivement. Un sentiment de calme, de satisfaction et de paix peut être l'effet d'un ordre simple dans notre environnement. Rendre notre entourage visuel moins complexe peut avoir un effet calmant sur nous — même si nous nous considérons comme des gens fondamentalement peu soignés. Cela ne veut pas dire que nous devons devenir rangés et méticuleux de façon obsessive. Mais nous pouvons trouver des moyens d'éliminer l'encombrement inutile et de simplifier les efforts requis pour conserver un environnement calme, paisible et ordonné.

La beauté

Henry David Thoreau a écrit: «La perception de la beauté est une épreuve morale.» Si nous percevons la beauté tout autour de nous, nous éveillons la beauté en nous-mêmes. Lorsque nous ne pouvons voir que la souffrance, la misère et l'austérité, cela ne veut pas dire qu'il n'y a pas de beauté en nous — cela veut dire que nous avons perdu le contact avec cette beauté. Lorsque nous redécouvrons la beauté en nous-mêmes, nous pouvons la voir tout autour de nous.

Nous pouvons percevoir la beauté dans bien des objets et des lieux si nous ouvrons simplement notre esprit à sa présence et prenons le temps de la chercher. Nous pouvons aussi délibérément aller à des endroits que nous trouvons beaux et créer notre beauté dans notre environnement. Nous pouvons visiter des galeries d'art et des musées, et remplir notre environnement de beaux livres, de tableaux, de tissus, de photos et de plantes ou de fleurs.

Après avoir subi une chirurgie, Hélène a consacré plusieurs jours à récupérer sur le divan de son salon. «C'était l'endroit le plus confortable pour me reposer, et je pouvais regarder le télévision si je le voulais, explique-t-elle. Mais je me suis rendu compte que ce n'était pas ce que je voulais faire. Je n'avais pas envie de lire ni de faire quoi que ce soit pendant les premiers jours. Je me rappelle avoir été étendue simplement là, parcourant la pièce des yeux, regardant tout. Les fleurs que mon mari m'avait apportées étaient la plus jolie chose que je puisse voir. Mes yeux se dirigeaient continuellement vers elles alors que j'étais étendue, et j'appréciais leur beauté d'une manière incroyable. C'était une expérience à vous couper le souffle.»

Hélène dit qu'elle avait toujours pensé qu'offrir des fleurs n'était qu'un cliché social, quelque chose que vous étiez censé faire. «Mais je ne le pense plus à présent, ajoute-t-elle. J'offre des fleurs tout le temps maintenant, et j'en garde toujours sur mon bureau. Je ne sous-estimerai plus jamais la valeur de la beauté. Grâce à elle, je me sens merveilleusement bien.»

La beauté visuelle peut en effet faire en sorte que nous nous sentions bien. Et elle ne requiert pas beaucoup d'argent non plus. Une pièce vide, soigneusement peinte, peut être un bel espace et une joie d'y être. Quelques graines pour jardin d'agrément peuvent pousser et s'épanouir en un jardin de merveilleuses fleurs colorées. Bien des villes offrent des coûts d'admission gratuits ou réduits à des musées remplis d'œuvres d'art, de meubles et d'autres beaux objets à voir. Ne sous-estimez pas l'effet que peut avoir la vue de belles choses sur votre humeur, vos sentiments et votre perspective.

La nature nous offre un grand nombre de belles expériences visuelles. Les lacs, les océans, les rivières, les ruisseaux, les arbres, les montagnes, les îles, les oiseaux, les papillons, les poissons tropicaux, les coraux et bien d'autres fêtes visuelles sont à notre disposition, où que nous vivions. Nous pouvons voir ces merveilles dans notre propre région ou dans des musées, des livres, des revues, des émissions de télévision ou des films. Nous pouvons acheter des affiches peu coûteuses représentant des merveilles naturelles ou des œuvres d'art de grands maîtres. Il existe plusieurs moyens de nous entourer de beauté. La première et la plus importante étape est d'y ouvrir notre cœur et notre esprit.

Les odeurs

Notre sens de l'odorat joue un rôle important dans notre expérience de tout environnement. Certaines choses sentent mauvais pour nous en raison de l'aversion naturelle de notre corps aux substances nuisibles, comme les aliments avariés. D'autres réactions aux odeurs viennent de nos souvenirs, à la fois conscients et inconscients. Par exemple, si nous tombons malades après avoir mangé un certain aliment, l'odeur de cet aliment peut nous indisposer chaque fois que nous le sentons, même si nous ne nous rappelons pas de l'incident initial.

Inversement, des odeurs précises peuvent être associées dans notre esprit à des souvenirs agréables, et évoquer une réaction plus positive. Le parfum porté par un être cher, nos aliments d'enfance préférés ou même un grenier poussiéreux que nous utilisions comme salle de jeu peuvent tous créer des souvenirs d'odeurs agréables. Une femme dit que les émanations des autobus urbains lui rappellent les voyages excitants et heureux qu'elle a faits, enfant, alors qu'elle grandissait sur une ferme. Toute odeur qui nous rappelle un événement plaisant ou une personne dans notre vie peut nous être agréable.

Il semble y avoir certaines odeurs que nous trouvons universellement attirantes. Bien des gens aiment les odeurs de l'herbe fraîchement coupée, de la pluie, du pain cuit au four, de la tarte aux pommes chaude, de la cannelle et d'autres épices, des fleurs, des herbes et des fruits frais. Le cerveau humain semble réagir à de telles odeurs avec relaxation, plaisir, vivacité et bien d'autres sentiments positifs. Les fabricants prennent beaucoup de soin à produire des produits domestiques que nous achèterons en raison de leur odeur.

Nous pouvons remplir notre vie des odeurs que nous aimons le plus. Le choix attentif de savons et d'autres produits odorants peut nous aider à nous entourer d'odeurs qui nous plaisent. Nous pouvons ouvrir nos fenêtres à l'air frais régulièrement ou suspendre notre lessive à l'extérieur plutôt que d'utiliser une sécheuse. Nous pouvons nous servir de bougies, d'huiles parfumées ou faire mijoter de la cannelle et d'autres épices dans l'eau sur la cuisinière pour donner à notre maison une odeur agréable.

Les autres

William George Jordan écrit: «Autour de tout être humain flotte une aura qui influe sur chaque autre personne.» Nous nous sommes tous trouvés en présence de personnes qui faisaient ressortir le pire en nous. Elles peuvent déclencher nos peurs, notre colère, notre inquiétude, notre anxiété ou nos attentes et réactions négatives. Elles portent en elles des attitudes et des comportements qui provoquent notre *ego* de toutes sortes de façons déplaisantes. Tout le monde *possède* une aura particulière qui affecte autrui.

Il est difficile de nous respecter nous-mêmes lorsque nous passons beaucoup de temps avec des gens qui ne nous respectent pas. Certaines personnes et certaines situations peuvent faire fortement appel à notre *ego* et nous embrouiller dans les jeux destructeurs de ce dernier. Nous faisons bien d'éviter une telle situation en évitant ces personnes. Nous savons tous comment d'autres personnes détruisent parfois notre paix et notre tranquillité. Nous savons tous comment l'ambiance de notre foyer peut être changée par la présence d'un invité. L'équilibre délicat des relations et de l'image de soi change.

Diane dit qu'elle se sent très différente lorsque le frère de son mari leur rend visite. «Il venait beaucoup plus souvent auparavant, et je n'observais aucun véritable changement quand il était avec nous, dit-elle. Mais à présent, le temps a passé et j'imagine que j'ai changé. Lorsqu'il vient maintenant, *tout* est différent. Je me sens agir différemment, parler différemment, même m'asseoir ou me déplacer différemment. Je sens que je me protège en modifiant mon attitude corporelle. Mon mari agit différemment aussi, et nous agissons différemment l'un envers l'autre. C'est un peu comme si nous n'étions pas *nous-mêmes* lorsque mon beau-frère est présent. Nous devenons d'autres personnes — des gens que je ne reconnais même pas.»

Nous pouvons atteindre un jour un niveau de maturité spirituelle qui nous permet de nous trouver en présence de *quiconque* et de conserver malgré tout notre paix et notre sens du *soi*. Mais jusque-là, nous devons nous aider à trouver et à conserver notre paix intérieure et notre sérénité en évitant les personnes négatives, et en faisant un effort pour nous trouver en présence des personnes plus plaisantes et plus paisibles, qui font ressortir nos meilleures qualités. Cela peut être difficile ou même impossible à faire si les gens négatifs dans notre vie sont nos patrons, nos collègues de travail, des membres de notre famille ou d'autres personnes que nous sommes obligés de fréquenter, au moins pendant un certain temps.

Nous pouvons éviter les gens qui nous affectent de façon négative sans éprouver de colère ni porter de jugement. Nous pouvons simplement choisir de consacrer notre temps ailleurs. Nous pouvons cesser de voir les gens qui ont un effet négatif sur nous de façon permanente, temporaire, ou nous pouvons leur rendre visite de temps à autre et toujours sous nos propres conditions — pas d'alcool, par exemple. Nous pouvons choisir soigneusement les personnes que nous invitons chez nous et éviter les endroits où nous savons que s'y trouveront des gens négatifs.

Nous pouvons faire un effort pour faire des emplettes dans des lieux où les commis offrent un service plaisant. Même s'il faut y mettre le prix ou se déplacer davantage, cela ne vaut-il pas la peine pour obtenir un sourire et une petite reconnaissance amicale de notre humanité? Un vendeur grossier et hostile peut gâcher notre journée. À moins de savoir que nous pouvons lâcher prise sans être affectés, il est préférable d'éviter de tels lieux et de trouver des ambiances plus agréables dans lesquelles faire nos emplettes.

Lorsque nous faisons tout notre possible pour éviter les gens négatifs, nous y gagnons une pause nécessaire pour prendre du recul et les accepter tels qu'ils sont. Nous pouvons renoncer à essayer d'argumenter avec eux, de les raisonner, de les attaquer ou de nous défendre contre eux. Nous pouvons simplement les accepter pour ce qu'ils sont, leur souhaiter du bien et continuer à prendre soin de nous-mêmes. Nous pouvons choisir de ne pas nous associer aux aspects les plus négatifs de l'*ego* des autres.

Composer avec autrui comporte également un autre volet, soit celui de cultiver des relations avec les personnes qui font ressortir le meilleur en nous. Les professeurs, collègues de travail, amis et membres de la famille qui font un effort pour nous respecter, nous comprendre, nous encourager et nous accepter peuvent nous apporter la nourriture spirituelle dont nous avons besoin. Ils nous écoutent sans émettre une foule d'hypothèses et de préjugés. Ils nous traitent avec respect, même s'ils ne sont pas d'accord avec nous. Le simple fait d'être avec de telles personnes semble améliorer notre perspective et notre image de soi.

Nous pouvons attirer et encourager les interactions positives, plaisantes, amicales, paisibles et heureuses en nous comportant de cette façon nous-mêmes. Nous ne pouvons pas nous promener en attaquant les gens par nos mots ou nos physionomies revêches et nous attendre à ce qu'ils nous traitent avec bonté. Lorsque nous permettons à notre *esprit* de monter à la surface et de s'exprimer, nous sommes toujours paisibles et bons. Nous comprenons les peurs et les doutes des autres, et passons outre. Nous acceptons les gens tels qu'ils sont, et faisons ressortir le meilleur en eux par la patience, la sérénité, la paix et la joie.

Les conditions d'ambiance

Nous pouvons trouver et créer des ambiances qui sont paisibles et affectueuses, qui conduisent à notre bonheur véritable et à notre bien-être intérieur. Nous pouvons examiner les conditions que nous pouvons changer dans notre environnement et choisir consciemment où nous voulons passer notre temps. Nous pouvons accepter les conditions que nous ne pouvons pas changer, et renoncer à nous battre contre les gens négatifs. Nous pouvons découvrir les effets de nos propres attitudes et comportements sur les ambiances dans lesquelles nous nous trouvons, et apprendre à faire une contribution positive. Nous pouvons transporter avec nous notre propre aura d'amour, de paix, de gentillesse et de joie, partout où nous allons.

À mesure que nous grandissons et évoluons dans notre voyage spirituel, nous pouvons constater que nos goûts changent sans effort de notre part. Diverses couleurs ou divers styles de vêtements, de meubles et d'architecture peuvent nous attirer à divers moments dans notre vie. Nos goûts en matière de musique et d'autres formes d'art peuvent changer continuellement à mesure que nous vieillissons.

Nous n'avons pas à nous juger nous-mêmes ni à juger les autres pour ces goûts qui évoluent. Ils ne sont pas «bons» ou «mauvais» — ils répondent à différents buts à des moments différents dans notre vie. C'est maintenant le temps d'examiner tous ces aspects de nos environnements, de découvrir lesquels contribuent le plus à notre paix et à notre bonheur, et d'utiliser cette information le plus judicieusement possible. Notre paix et notre bonheur ne doivent pas être mis à rude épreuve par des environnements déplaisants. Nous pouvons accepter ce que nous ne pouvons pas contrôler et changer ce que nous pouvons changer. Cet exercice peut même être très amusant.

Exercice un

Les sons. Identifiez les sons dans votre environnement qui sont plaisants, apaisants et paisibles pour vous. Quels sons sont irritants, bruyants ou déplaisants de quelque façon? Que pouvez-vous faire pour les changer ou les éliminer? Effectuez les changements nécessaires pour obtenir la meilleure ambiance sonore.

Exercice deux

Les vues. Y a-t-il un endroit où vous vous sentez paisible et heureux? Combien de fois y allez-vous? Y a-t-il des environnements naturels agréables que vous visitez régulièrement? Comment pouvez-vous prévoir des visites régulières à vos «stations de félicité»? Comment pouvez-vous améliorer vos environnements actuels sur le plan visuel pour rehausser votre paix intérieure et votre bonheur?

Exercice trois

Les odeurs. Remarquez les odeurs dans tous vos environnements. Quelles sont vos préférées? Comment vous sentez-vous? Comment pouvez-vous les multiplier dans votre environnement quotidien? Découvrez de nouvelles odeurs en visitant des boulangeries, des serres ou tout endroit qui pourrait renfermer des odeurs agréables pour vous. Faites cuire votre propre pain et vos tartes, si ces odeurs vous plaisent. Explorez d'autres odeurs et entourez-vous de celles que vous préférez.

CHAPITRE 12

Les choix positifs

Vous êtes-vous jamais arrêté à penser au nombre d'occasions que vous avez eues de vous réjouir et de ce nombre, celles que vous avez refusées?

— Un cours sur les miracles

Bien que nous ayons tous un *ego* avec lequel composer, il existe plusieurs façons de nous rappeler de considérer les choses d'une nouvelle façon, de nous conduire vers le point de vue de notre *esprit*, de nous préparer à faire des expériences spirituelles et de choisir d'être heureux. Mais nous ne pouvons pas tirer avantage de ces occasions si nous refusons de les voir ou de croire en elles.

Lorsque Rachel a traversé une longue période de tristesse, elle a fait un rêve récurrent. «Ce fut la seule fois dans ma vie où j'ai fait exactement le même rêve à répétition, dit-elle. Il commençait de façon très agréable. J'étais seule dans ma voiture, circulant sur une route de campagne. Le temps était magnifique et le vent gonflait mes cheveux alors que je longeais des

champs à perte de vue. Un énorme soleil orange commençait seulement à se coucher au loin, sur ma
gauche.» Rachel nous dit que cette partie de son rêve
lui semblait paisible et heureuse.

«Alors que je me promenais, enveloppée d'un sentiment de bien-être, continue Rachel, j'arrivai à un petit
passage à niveau. Il n'y avait pas de lumière ni de clo-
che, ni quoi que ce soit — c'était juste un de ces arrêts
que l'on voit sur les routes de campagne. Je m'arrêtai,
regardant de part et d'autre de la voie, et je commençai
à traverser. Mais juste comme j'arrivais en plein sur la
voie ferrée, ma voiture tomba en panne. J'essayai de
tourner la clé dans le contact, mais elle ne voulait pas
redémarrer. Puis j'entendis le roulement sourd d'un
train au loin, sur ma gauche. Le soleil m'aveuglait,
alors je ne pouvais pas le voir, mais je le sentais se rapprocher de plus en plus. Je m'évertuais à appuyer sur
l'accélérateur et à tourner la clé de contact, mais la voiture ne réagissait pas. Le roulement du train augmen-
tait de plus en plus. Je sentais la panique s'emparer de
moi tandis que j'essayais fiévreusement de faire démar-
rer le moteur. La situation me sembla durer une éter-
nité. Finalement, l'énorme silhouette sombre du train
apparût dangereusement proche, le roulement devint
assourdissant et *bang!* — je fus frappée. C'est là que je
me réveillai.»

Rachel dit qu'elle a fait ce rêve trois ou quatre fois
avant de se rendre compte qu'*il ne lui était jamais venu
à l'idée de sortir de la voiture* — et même là, elle n'y
pensa qu'une fois éveillée. Elle soutient: «C'était
comme une révélation lorsque cela me frappa — *Pourquoi est-ce que je ne sors pas tout simplement de la
voiture?* C'était si simple et si *évident*, mais ça ne
m'était jamais apparu auparavant. Je savais que ce

rêve essayait de me dire quelque chose au sujet de ma vie. Mon subconscient ou mon *esprit*, ou quoi qu'on le nomme, me livrait un important message.»

Cette histoire illustre clairement à quel point nous pouvons parfois être aveugles à tous les choix qui s'offrent à nous. Les choses que nous pensons impossibles à éliminer de notre vie peuvent être facilement laissées de côté si nous nous ouvrons autrement à l'épanouissement. Les choses que nous pensons impossibles à atteindre ou à intégrer à notre vie peuvent être facilement utilisables, si seulement nous nous permettons d'y croire. Tout ce que nous avons à faire, c'est de *sortir de la voiture.*

Les habitudes

Je crois qu'une des principales raisons de continuer à faire les choses que nous savons ne pas être bonnes pour nous et de ne pas faire ce qui rehausse notre paix, notre joie et notre bien-être, c'est simplement l'*habitude*. Commettre un acte familier d'une façon familière nous procure un sentiment de sécurité. Accomplir un acte nouveau d'une nouvelle façon peut paraître étrange et provoquer la crainte de notre *ego*.

Étant donné la façon dont notre cerveau fonctionne, c'est normal. Les modèles de comportement sont enregistrés dans notre cerveau et sont comme une seconde nature pour nous chaque fois que nous les répétons. Les nouveaux comportements exigent du cerveau qu'il crée de nouveaux modèles. Il faut du temps et des répétitions fréquentes pour former une nouvelle habitude, mais cela peut se faire. Et cela vaut le temps et l'effort nécessaires pour remplacer les vieilles habitudes négatives et autodestructrices par de nouvelles habitudes positives.

Nous entretenons des habitudes de penser de même que des comportements. Les choses auxquelles nous pensons et la façon d'y penser sont de vieilles habitudes formées au fil de notre vie. Si nous nous rappelons qu'il y a toujours une autre façon de voir les choses, nous commençons à nous libérer de ces vieilles habitudes de penser. Nos attitudes et nos croyances habituelles influent sur notre comportement; nous devons donc les examiner si nous voulons remplacer les vieux comportements par de nouveaux.

Renoncer à de vieilles pensées et à de vieux comportements habituels est plus facile lorsque nous savons par quoi nous voulons les remplacer. Je crois qu'il est beaucoup plus efficace de nous concentrer sur des choix positifs à faire que de simplement essayer d'éviter les choix négatifs. Nous pouvons nous servir de plusieurs aide-mémoire simples pour nous maintenir concentrés sur une perspective plus positive, entraînant des comportements plus positifs.

La simplicité

Nous, les humains, ne semblons pas aimer ce qui est difficile. Chaque fois que c'est possible, nous tendons à choisir la voie de la facilité. Les choses que nous aimons le plus faire sont habituellement celles qui nous viennent le plus facilement. Puisque nous connaissons cet aspect de nous-mêmes, nous pouvons nous orienter vers le succès en suscitant des changements de la façon la plus facile possible. Nous pouvons créer des changements positifs, une petite étape à la fois. Nous pouvons choisir des méthodes d'apprentissage et d'épanouissement qui font appel à nos habiletés et à nos intérêts. Nous pouvons nous débarrasser des vieilles habitudes indésirables en en acquérant de nouvelles.

Le changement exige du temps et des efforts, mais nous pouvons faciliter le processus par des moyens simples. L'uniformité et la répétition sont utiles. Nous pouvons nous rappeler d'assumer la responsabilité de notre environnement et de notre horaire quotidien. Nous pouvons prendre soin de nous-mêmes sur les plans physique, émotif, mental et spirituel. Nous pouvons examiner nos modèles de pensée et de comportement de façon pragmatique, en renonçant à tout ce qui n'améliore pas notre bien-être et notre bonheur véritables.

À mesure que nous laissons de côté les habitudes négatives pour les remplacer par des habitudes positives, rappelons-nous de nous concentrer sur l'uniformité et l'harmonie entre notre intelligence, notre corps et notre esprit. L'équilibre dans ces domaines entraînera un bien-être général et la capacité de contribuer positivement au monde. La simple conscience de ces diverses parties de nous-mêmes peut nous aider à effectuer les meilleurs choix. Sur une base quotidienne, nous pouvons nous rappeler de nous concentrer sur le présent et de nous donner du temps pour la relaxation, la méditation, la prière et le divertissement. Nous pouvons remplir notre environnement d'images, d'odeurs et de sons positifs. Nous pouvons utiliser des affirmations et des slogans pour nous ramener au point de vue positif de notre *esprit*.

Les slogans

Vous rappelez-vous à l'école primaire lorsque vous faisiez quelque chose d'interdit et que votre professeur vous faisait écrire cent fois que vous ne le feriez plus? Ce professeur avait raison quant au fait que les phrases répétées se fixent dans notre cerveau. Mais son erreur se trouvait dans la formulation négative de ces tâches. *Utilisez toujours une formulation positive dans vos slogans et vos affirmations.* Par exemple: «Je me sens détendu et en confiance» est susceptible d'avoir de bien meilleurs résultats que «Je ne m'inquiéterai plus». Bien des expressions sont déjà enregistrées dans notre cerveau et rejouent continuellement, influant sur notre perspective et notre comportement. En choisissant des slogans positifs, nous acceptons simplement la responsabilité de ces messages enregistrés.

Les slogans sont des affirmations de certains points de vue, de certaines idées. Nous pouvons les utiliser comme des aide-mémoire rapides et simples pour demeurer concentrés sur nos pensées positives ou y revenir. Nous pouvons les répéter sans cesse comme des *mantras* ou des affirmations, pour créer de nouveaux modèles de pensée dans notre esprit et remplacer les vieux modèles négatifs. Nous pouvons nous parler intérieurement en tout temps. Nous nous réveillons le matin et commençons immédiatement à penser. Pourquoi ne pas faire un effort pour commencer la journée par des pensées positives? Cela pourrait tout simplement nous aider à nous sentir un peu plus encouragés et heureux. De toute manière, cela ne fera pas de mal.

Les membres des Alcooliques Anonymes utilisent des slogans comme *Un jour à la fois*, *Agir aisément*, *Lâcher prise et laisser faire Dieu*, et *L'essentiel d'abord* pour s'aider à se rappeler les buts et les principes de leur programme. Nous pouvons utiliser des slogans et des affirmations de la même façon. Nous pouvons les écrire, les penser, les chanter ou les psalmodier de façon répétitive. Nous pouvons dessiner de petites affiches à disposer dans la maison ou dans notre lieu de travail pour nous en rappeler. Nous pouvons utiliser les slogans des AA, d'autres mots d'ordre fréquents ou des extraits de prière, ou nous pouvons en créer nous-mêmes.

«*Être ici maintenant*»

Cette expression toute simple peut être utilisée pour nous rappeler de nous concentrer sur le moment présent, de renoncer à l'anxiété face au passé ou à l'avenir. Elle peut nous aider à nous ramener sur la bonne voie lorsque nous réagissons au présent comme s'il était le passé. Elle peut nous aider à demeurer concentrés sur la relation ou la situation présente et à renoncer aux blessures, aux déceptions, aux frustrations et à la colère du passé.

La mémoire est une fonction vitale du cerveau humain. Mais se rappeler est différent de revivre — le processus fait appel à un degré de détachement et de perspective. Quand nous déterrons d'anciens sentiments appartenant au passé, nous ne nous rappelons pas. Nous transférons ces réactions au présent — et elles n'appartiennent pas au présent.

«*La vie, c'est la vie*»

Personne ne peut contredire la vérité de cet énoncé. C'est une variation de «La vie continue» et «Que sera, sera». Mais l'affirmation est axée sur le présent, sur ce qui *est*, non sur ce qui sera. Cet énoncé simple peut nous rappeler que la vie est pleine de changements, de déceptions et d'échecs inattendus. Il nous fait passer à une perspective de détachement et d'acceptation.

Ce slogan peut effacer les illusions de contrôle qui persistent à s'infiltrer dans notre pensée, et nous aider à renoncer à ce que nous ne pouvons pas changer. La vie, après tout, c'est la vie — toutes nos inquiétudes, notre colère et notre manipulation ne peuvent pas la contrôler. Avec une attitude d'acceptation de la vie telle qu'elle est, nous pouvons nous concentrer sur ce que nous *pouvons* faire — nous-mêmes. Nous pouvons choisir nos actions rationnellement et calmement lorsque nous avons dépassé les réactions initiales de notre *ego* aux événements que la vie nous fait subir.

«*La belle affaire*»

On peut le dire de bien d'autres façons: *Peu importe! Et puis? Laisse faire. Il ne faut pas s'en faire pour si peu. Est-ce réellement important?* Ces expressions nous aident à garder les choses en perspective. Après la réaction initiale de notre *ego* aux problèmes mineurs comme s'il s'agissait de catastrophes majeures, nous pouvons nous rappeler de nous calmer et de commencer à examiner la situation de façon plus réaliste. Nous pouvons nous demander en quoi consiste réellement le problème, quels pourraient être les résultats et pourquoi nous avons réagi aussi fortement. Puis, nous pouvons adopter une approche calme et rationnelle conduisant vers la résolution du problème ou son acceptation.

«C'est une question de principe» est devenu une justification cliché pour tenir jusqu'au bout. Si ce n'est pas important, ce n'est pas important. La «belle affaire» est habituellement notre *ego* qui fait des siennes. Nous pouvons apprendre à reconnaître ce qui n'est pas vraiment important. Nous pouvons lâcher prise, céder et nous sentir en paix.

Les slogans et les affirmations peuvent nous aider à contrôler nos réactions, nos sentiments et nos pensées. Ils peuvent être des outils utiles pour conserver notre sérénité et notre paix. Ils peuvent être une petite partie du processus par lequel nous assumons la responsabilité de nous-mêmes et de notre bonheur.

Le pouvoir de la pensée

Les slogans peuvent également être un outil utile pour ramener notre esprit à un point de vue positif lorsque nous nous retrouvons en train de retomber dans les anciennes croyances et attitudes négatives. Mais il y a plusieurs autres moyens à choisir pour penser à des choses positives sous un angle positif. Nous pouvons toujours revenir à un examen pragmatique de nos vieilles habitudes pour découvrir quelles pensées et quels comportements contribuent à nos points de vue négatifs et positifs.

Les *Upanishads* hindous, le *Dharmapada* bouddhiste et la *Bible* judéo-chrétienne nous parlent tous du pouvoir de la pensée. On nous rappelle sans cesse de prendre soin de bien choisir nos pensées. Mais il nous arrive souvent de présumer que tout ce qui passe dans notre esprit est indépendant de notre volonté. Nous croyons que ce qui nous vient de l'extérieur est incontrôlable et inévitable. Nous pensons que nos pensées sont des étrangers, bienvenus ou non bienvenus, se promenant librement dans notre esprit.

La vérité, c'est que nous exerçons un contrôle sur nos pensées et sur un grand nombre de stimuli qui pénètrent dans notre esprit. Dans le chapitre sur les ambiances, j'ai parlé d'aspects de notre environnement comme les sons, les couleurs, les odeurs et la verdure. Mais il existe de nombreuses autres sources de nourriture pour notre esprit. Que choisissons-nous de lire? Quelles émissions de télévision regardons-nous? À quoi pensons-nous?

En cette ère de prise de conscience de la santé, nous faisons attention à ce que nous laissons entrer dans notre corps. Nous surveillons notre consommation de gras, de calories, de cholestérol, de sel, de sucre, de nicotine, de caféine, d'alcool et d'autres drogues, d'additifs alimentaires et de polluants dangereux dans notre air et notre eau. Ne devrions-nous pas être au moins aussi attentifs à ce qui pénètre dans notre esprit? Si la tranquillité d'esprit et le bonheur véritables sont nos buts, nous devons au moins penser à ces questions : Que permettons-nous à notre esprit d'absorber chaque jour? Quels effets ces pensées ont-elles sur notre paix, notre tranquillité et notre joie?

Hugh Prather écrit: «Vous ne pouvez pas vous attendre de façon réaliste à ce que votre esprit fonctionne à un niveau supérieur à celui des idées par lesquelles vous le nourrissez continuellement.» Quel genre de régime donnez-vous à votre esprit? À quelles idées permettez-vous de pénétrer dans votre conscience chaque jour? Que pouvez-vous faire pour limiter les idées négatives et augmenter les idées positives? Nous pouvons nous rappeler qu'une grande partie de ce que notre esprit reçoit résulte de nos habitudes — de lecture, d'émissions de télévision, d'écoute de la radio, d'enregistrements, ainsi que de parole et d'écoute des gens. Nous avons notre mot à dire dans tous ces choix.

Lorsque nous les examinons de façon pragmatique, nous pouvons nous demander quels effets chacun d'eux a sur notre état d'esprit, nos émotions, notre paix et notre bonheur. La lecture de romans vous rend-elle déçu de la vie réelle? Le fait de parler avec certaines personnes vous remplit-il de ressentiment, de colère, d'un sentiment d'infériorité ou d'impuissance? Est-ce que l'écoute des informations vous effraie, vous met en colère ou vous déprime?

Examinons de façon pragmatique toutes les idées avec lesquelles nous remplissons notre esprit. Nous tenir informés sur toutes sortes de sujets sur lesquels nous n'exerçons aucun contrôle ou qui nous rendent craintifs, anxieux ou inquiets ne fait qu'encombrer notre esprit et nous empêche de consacrer notre temps et notre énergie aux actes positifs que nous *pouvons* accomplir.

Le divertissement

Nous n'avons pas à nous limiter aux lectures, aux films, à la télévision ou à la musique dits «éducatifs». Le divertissement pur est précieux. Nous avons tous besoin de récréation, d'humour et de relaxation. Mais nous pouvons apprendre à être sensibles aux effets négatifs que tout genre d'art ou de divertissement peut avoir sur nous, et à l'éliminer de notre vie. Il est important de nous rappeler que nous *pouvons* éviter la plupart des éléments négatifs qui entrent dans notre esprit.

Le divertissement positif fait en sorte que nous nous sentons bien — heureux, pleins d'espoir, inspirés, encouragés, détendus et paisibles. Avons-nous réellement besoin d'un genre d'*expert* pour nous dire que regarder des images sanglantes et des fantasmes malsains de cruauté diverse entre des personnes n'aura pas d'effets positifs sur notre perspective? Nous pouvons avoir suffisamment de dignité personnelle pour protéger la porte de notre esprit plus soigneusement. Le divertissement doit vous aider, non pas nuire à votre paix et à votre bonheur.

La nourriture de l'âme

Nous pouvons alimenter et nourrir notre cœur, notre *esprit*, notre âme ou notre *soi* supérieur de bien des façons. Dans son livre intitulé *Super Joy* (La joie ultime), Paul Pearsall appelle cela «alimentation spirituelle» ou «nourriture de l'âme». Ce genre de soin de soi commence par la nécessité de prendre soin de notre corps. Lorsque nous nous sentons physiquement bien, nous sommes mieux en mesure de concentrer notre attention sur autre chose. Si nous nous permettons de nous surmener, nous avons l'impression de ne pas pouvoir faire face lorsque surgit un événement qui exige notre attention.

Assumer la responsabilité de notre santé et de notre condition physique peut nous amener à consacrer du temps à des activités agréables. Les sports et les autres formes d'exercice peuvent être des occasions d'interaction sociale agréable avec d'autres personnes. Les soins que nous accordons à notre corps de même qu'à notre apparence peuvent également nous aider à avoir de l'assurance.

Nous pouvons prendre soin de notre corps sainement en mangeant de façon appropriée, en nous accordant suffisamment d'exercice agréable et de repos, et en renonçant à toute substance ayant un effet négatif sur nous — comme le sucre, la caféine, l'alcool et la nicotine. Faire ce qui est bon pour nous et renoncer à ce qui ne l'est pas n'est pas un autosacrifice — c'est prendre soin de soi et s'aimer soi-même.

La prière et la méditation

Lorsque nous élaborons nos horaires quotidiens, il est important d'accorder du temps à plusieurs activités différentes : le travail, les loisirs, la famille et d'autres relations, les soins physiques et le temps consacré à la nature. Il est également important de prévoir du temps chaque jour pour la prière et la méditation. Même si nous ne croyons pas dans la prière adressée à une Puissance supérieure ou à Dieu au sens traditionnel, l'acte de la prière nous aide à concentrer nos pensées et à nous ramener à notre point de vue spirituel.

Le début de chaque journée est un bon moment pour le rituel de la prière. Aucune croyance religieuse ou acte spécial préalable n'est nécessaire, cela veut simplement dire prévoir du temps au début de notre journée pour penser à nos buts, à nos idéaux et à nos croyances ultimes. Nous centrons nos attitudes sur notre point de vue spirituel et demandons des conseils et de l'aide — à Dieu, à notre Puissance supérieure ou à notre propre esprit. Nous nous aidons ainsi à prendre des décisions judicieuses et à faire des contributions inoffensives, utiles et aimantes où que nous allions.

La méditation ne veut pas nécessairement dire des visualisations, des psalmodies ou tout geste spécial autre que prendre le temps de renoncer à nos pensées égocentriques pour un moment. Nous pouvons nous permettre de nous laisser aller à un état d'esprit détendu et paisible, ou nous pouvons nous concentrer sur une question ou un problème, ouvrant notre esprit aux solutions possibles et à d'autres façons de le considérer. Il est important de consacrer du temps à la prière et à la méditation chaque jour, quelle que soit la façon de le faire. C'est un moyen d'aider pendant quelques minutes, sur une base régulière, à ouvrir notre *esprit* et à détendre notre *ego*.

L'apprentissage

Un des moyens les plus agréables de nourrir notre *esprit* est le processus d'apprentissage. Quel que soit notre âge ou le temps écoulé depuis que nous avons quitté l'école, nous pouvons tous continuer à apprendre durant notre vie. Nous pouvons le faire par des livres, des cours ou des voyages. Nous pouvons étudier une autre culture ou une autre langue, apprendre à jouer d'un instrument de musique ou lire un livre sur un sujet qui est nouveau pour nous. Nous pouvons apprendre à jouer au golf ou au tennis, ou à faire de l'équitation. Nous pouvons apprendre à cuisiner un soufflé ou à plâtrer un mur.

Il n'y a aucune limite aux nouveaux apprentissages que nous pouvons faire. Nous pouvons acquérir de nouvelles aptitudes et de nouvelles idées chaque jour de notre vie. C'est là une façon non seulement de garder notre esprit alerte et de bâtir notre confiance en nous-mêmes, mais de nourrir également notre besoin spirituel de croissance et d'expansion. C'est une façon de garder notre esprit et notre cœur vivants.

Prendre soin des êtres vivants

Nous avons parlé de nous entourer d'êtres vivants lorsqu'il s'agit de créer des ambiances positives. Mais il existe une autre raison de remplir notre vie de plantes et d'animaux. Leur présence autour de nous engendre pour nous l'activité de les nourrir. Ce genre d'activité est un don pour nous de même que pour les plantes d'agrément et les animaux de compagnie dont nous prenons soin. Prendre soin d'autres êtres vivants, les aider à vivre, à grandir et à s'épanouir nous apporte autant à nous qu'à eux.

Nous avons tous besoin de partager notre énergie spirituelle, d'encourager, de renforcer, de nourrir et d'aider d'autres êtres vivants. Nous pouvons nous entourer de plantes en pot, de jardins extérieurs ou de jardinières de fenêtre et d'animaux de compagnie. Nous pouvons faire du bénévolat pour la société de protection des animaux ou nourrir les oiseaux à l'extérieur. Nous pouvons arroser un jeune arbre ou planter un gland. Nous pouvons prendre soin de toute la terre en conservant l'eau et l'énergie, en recyclant, en utilisant des produits biodégradables, en réutilisant les contenants de plastique plutôt que de les jeter, et en disposant comme il se doit des substances toxiques. Nous pouvons tous contribuer positivement à toute la vie — dont nous sommes une partie inséparable.

Vivre le moment présent

Chaque moment présent nous offre quelque chose à expérimenter et est rempli de potentiel. Certains de ces moments passent inaperçus, tandis que nous nous inquiétons, avons peur, éprouvons des doutes et du ressentiment face aux réalités de la vie. Nous revenons souvent avec regret aux occasions perdues d'amour, de joie et de partage. À mesure que nous prenons davantage conscience de tous les éléments négatifs que nous pouvons éliminer de notre vie et de notre environnement, nous pouvons également prendre conscience de chaque beau moment à mesure qu'il se produit.

Lorsque nous renonçons à nous tracasser au sujet des regrets passés et des fantasmes futurs, nous pouvons nous éveiller au moment présent. Nous pouvons devenir conscients du toucher, du sourire, de la douce présence de l'amour, de la paix, de la joie et de la beauté tout autour de nous. Nous pouvons apprécier chaque moment spécial pour ce qu'il est. Nous pouvons cesser de passer à côté de toutes les merveilleuses occasions de joie. Nous pouvons nourrir notre âme de la paix potentielle que contient chaque moment présent.

L'ouverture d'esprit

Avoir un esprit ouvert est un des plus importants cadeaux que nous puissions nous faire. Lorsque notre intelligence est encombrée d'hypothèses, de préjugés et d'attentes, il n'y a pas de place pour la paix, l'amour et la vérité. Nous ne pouvons pas recevoir toute la nourriture dont notre *esprit* a besoin lorsque la porte de notre intelligence est fermée. Nous ne pouvons pas reconnaître et accepter ce dont notre *esprit* a besoin, et qui lui apportera la véritable paix intérieure et le bonheur, à moins d'y être ouverts.

L'ouverture d'esprit signifie le renoncement à toutes les hypothèses sur nous-mêmes, les autres et la vie. Cela veut dire renoncer aux griefs et aux défenses de notre *ego* face aux autres. Cela veut dire le pardon, la tolérance, l'acceptation et la volonté d'apprendre. Cela veut dire nous rendre compte qu'il y a toujours une autre façon de regarder toute chose. C'est le début de la compréhension de nous-mêmes et des autres, de la reconnaissance de notre *esprit* et du choix d'un point de vue aimant et heureux.

L'attention spirituelle pour les moments difficiles

Il y a des moments où nous sommes confrontés à des difficultés et nous nous sentons accablés. Il y a des moments où nous avons les «bleus» pour aucune raison apparente. Il y a des moments où les réalités de ce monde nous dépriment. Ces moments arrivent à *tout le monde*, mais il y a plusieurs façons de nous aider à les traverser. Nous pouvons prendre des mesures pour favoriser le retour à la sérénité, à la tranquillité, à l'acceptation, à l'équanimité, à la paix, à l'amour et au véritable bonheur.

Chacun de nous peut déterminer des activités précises et des environnements qui contribuent le mieux à nous remettre d'une dépression temporaire. Voici une liste d'activités utiles:

- la musique
- en parler avec une autre personne
- réfléchir
- accepter le moment difficile et le laisser suivre son cours
- lire de la littérature inspirante et édifiante
- écrire dans un journal
- la gratitude
- l'humour

- aider les autres
- faire des sorties spéciales
- prendre un bain
- un travail physique ou de l'exercice.

La musique

Un homme a dit: «Habituellement, quand je suis déprimé, j'écoute de la musique très déprimante au début. C'est vraiment ce que j'aime. C'est comme si la musique comprenait la façon dont je me sens, elle me connaît réellement et elle est déprimée tout comme moi. C'est un peu comme avoir quelqu'un là qui partage ma dépression. Et ce quelqu'un est parfait, parce que cette personne a écrit de la poésie pour moi et des mélodies qui parlent à mon humeur. Puis, lorsque j'en ai assez de la dépression et que j'ai besoin de passer à un tempo plus réjouissant, j'essaie de faire une transition en faisant jouer de la musique de plus en plus enlevante.»

Une femme affirme que toute musique qui est «pleine d'allant» lui procure un sentiment de bien-être immédiat. «Certaines musiques vont simplement changer mon humeur si je les écoute assez longtemps — reggae, Cajun, certains genres de rock. Toute musique vraiment animée et rythmée.» Une autre femme déclare qu'elle fait jouer de la musique douce et paisible, ainsi que des enregistrements de méditation calme et édifiante lorsqu'elle se sent déprimée. «Je trouve cette musique très guérissante pour moi», dit-elle. Nous pouvons expérimenter avec différents genres de musique pour déterminer ce qui fonctionne le mieux pour nous sous diverses circonstances. Nous pouvons accepter le don de la musique et utiliser son pouvoir guérisseur.

Échanger avec les autres

Bien des gens trouvent que parler avec d'autres personnes les aide à exprimer et à clarifier leurs sentiments, à éliminer leur frustration, à se sentir compris et à traverser une période de dépression. Une femme déclare: «Je partage ma dépression de façon à ne pas devoir la porter toute seule.» Quant à cet homme: «J'obtiens le point de vue d'un autre sur la situation et sur mes sentiments, de sorte que je ne suis pas seul avec moi-même.»

Lorsque nous partageons nos pensées et nos sentiments avec autrui, nous découvrons que nous ne sommes pas aussi seuls que nous le croyions. Nous pouvons examiner nos pensées et nos sentiments d'une nouvelle façon lorsque nous les étalons devant d'autres personnes pour en discuter. Nous pouvons découvrir une nouvelle intimité et un nouvel amour avec ces autres qui sont prêts à nous écouter et à essayer de nous comprendre.

Nous pouvons parler de nos sentiments avec un membre de la famille, un ami, un thérapeute, un membre du clergé ou un médecin. Nous pouvons trouver des endroits sûrs pour discuter de nos sentiments dans des réunions de groupe d'entraide. Nous pouvons désamorcer des sentiments qui couvent en les aérant. À la lumière du jour, nos inquiétudes, nos peurs et notre chagrin sembleront peut-être moins sombres.

Y réfléchir ou l'accepter

Certaines personnes disent que réfléchir beaucoup et faire de l'introspection les aide à faire le ménage dans leurs sentiments et à mieux comprendre les circonstances, les situations et les relations. Un homme affirme: «Je décortique le problème autant que possible, j'en examine les éléments et les raisons, et l'origine de mes sentiments. Je décompose le tout de façon à comprendre certaines des étapes qui m'ont conduit à la dépression. Si je sais que j'ai fait tout en mon pouvoir pour comprendre les circonstances, alors je me sens plus à l'aise d'essayer de modifier ces circonstances ou de m'y résigner. Puis, je permets à la dépression de suivre son cours aussi rapidement que possible, et de s'en aller.»

Mais d'autres personnes ont trouvé que l'acceptation des sentiments sans trop les analyser fonctionne mieux. Une femme déclare: «Je ne m'assois plus pour essayer de découvrir pourquoi je suis déprimée. J'accepte le fait tout simplement — et il perd alors beaucoup de son pouvoir.» Une autre affirme: «Je sais simplement que ça va passer. Je peux m'en sortir à force de volonté, parce que je sais par mon expérience passée que ce n'est pas la fin du monde et que tout ira bien pour moi.»

La gratitude

Nous avons tous entendu dire qu'à quelque chose malheur est bon et que nous devrions regarder le beau côté des choses et compter nos bénédictions. Mais parfois, ces mots encourageants semblent vides et sans signification. Nous nous sentons parfois totalement incapables de voir quelque élément positif dans notre situation ou dans une circonstance. Il nous semble parfois qu'il n'y a tout simplement pas de bénédictions à compter.

Ce sont souvent les moments où la gratitude est le plus utile. Une femme affirme que tout ce qu'elle a à faire pour renoncer à sa mauvaise humeur est de «me laisser aller, me rappeler où j'en étais il y a cinq ans et être reconnaissante». En regardant autour de nous et en cherchant les plus petites choses pour lesquelles être reconnaissants, nous ne manquerons pas de voir toutes les merveilleuses bénédictions que nous avons toujours tenues pour acquises. Si nous jetons un regard sur notre croissance et notre développement au fil des années, nous pouvons nous rendre compte du chemin que nous avons parcouru et ainsi, avoir de l'espoir pour celui qui s'étend devant nous. Il n'y a personne au monde, à quelque moment de sa vie, qui ne peut diriger sa reconnaissance vers un objet quelconque.

D'autres dons pour nous-mêmes

Comme le montre la liste précédente, il y a plusieurs autres moyens de nous aider à sortir de périodes difficiles ou pénibles. Nous pouvons lire de la littérature inspirante et édifiante; prendre un «temps de repos» pour nous dorloter ou simplement nous détendre; nous occuper à des activités qui aident les autres ou donnent des résultats constructifs, comme le jardinage, le ménage, la cuisine ou des projets d'artisanat. Nous pouvons chanter, danser, courir, marcher, nager, faire du vélo ou jouer à la balle pour activer notre circulation sanguine et les inhibiteurs naturels de stress. Nous pouvons passer un peu de temps dans nos lieux favoris, nous entourer de nos objets préférés et confier nos pensées et nos sentiments à un journal. Nous pouvons nous servir de tous les merveilleux dons qui sont à notre disposition dans le monde et en nous.

Faire l'expérience de notre spiritualité

L'expérience spirituelle est personnelle et individuelle. Nous ne pouvons pas la vivre en allant simplement à l'église ou en faisant de bonnes œuvres, ou en disant un nombre prescrit de prières. Nous ne pouvons pas créer des expériences spirituelles transformationnelles par la seule volonté, mais nous pouvons les favoriser en étant ouverts à elles, en les reconnaissant, en les acceptant et en portant attention à ce qu'elles nous enseignent.

Vivre notre spiritualité veut simplement dire en prendre conscience, lui être présents. Parfois, elle ne se produit que pour un bref moment, mais même là, nous savons que quelque chose de spécial s'est produit. Nous pouvons ne pas en tenir compte, l'attribuer à un état superficiel quelconque ou même en avoir peur. Mais si nous voulons ouvrir notre esprit à notre spiritualité, si nous sommes prêts à la vivre, elle est là pour nous.

Toutes les choses dont nous avons parlé dans ce livre peuvent nous aider à nous disposer à des expériences spirituelles. Lorsque nous renonçons au point de vue de notre *ego*, même pour un moment, nous nous ouvrons à la connaissance de notre *esprit*. La prière et la méditation aident bien des gens à se détendre loin du point de vue de leur *ego*, et à s'ouvrir à leur *esprit*. Mais une conscience et une sensibilité à l'aspect spirituel de chaque expérience, relation, rencontre ou événement peuvent également nous aider à tout voir du point de vue de notre *esprit*.

Les expériences spirituelles ne sont pas toujours des visions spectaculaires ou des révélations éclair. Elles sont parfois subtiles, tranquilles et brèves. Parfois, elles se faufilent furtivement quand nous nous y attendons le moins. Parfois, elles sont mal interprétées. Elles peuvent être aussi simples qu'un sourire ou aussi complexes qu'une percée scientifique. Elles sont partout, tout le temps. Il suffit d'ouvrir nos yeux et notre cœur à leur présence.

Les choix positifs

Nous ne faisons pas d'introspection et nous ne nous ajustons pas aux situations extérieures de notre vie pour créer le bonheur. Nous nous aidons simplement à nous rappeler notre centre, notre *esprit* et notre source de bonheur en tenant les distractions à distance. Nous examinons chaque choix que nous faisons de façon pragmatique pour voir s'il améliore notre véritable paix intérieure, notre bien-être et notre bonheur ou s'il y porte atteinte.

Dans ce livre, j'ai beaucoup parlé de la nécessité d'être pragmatique, d'examiner nos croyances, nos attitudes et nos comportements pour déterminer ce qui fonctionne pour nous. On peut lire dans *A Course in Miracles* (Un cours sur les miracles): «"Le bien est ce qui fonctionne" est un énoncé judicieux, bien qu'insuffisant. Seul le bien *peut* fonctionner, rien d'autre ne fonctionne.» Nous avons gaspillé suffisamment de temps et d'énergie sur ce qui ne nous rendra jamais heureux. Tenons-nous-en maintenant à ce qui fonctionne et abandonnons ce qui ne fonctionne pas, aussi logique que cela puisse sembler ou aussi désireux que nous soyons que ça fonctionne.

Si nos croyances, nos attitudes et nos actions ne causent pas de tort à personne et nous aident à vivre une vie plus pleine, plus saine et plus heureuse, que devons-nous savoir de plus à leur sujet? Dans le film *Crimes et délits*, le patriarche âgé d'une famille juive prétend que même si ses croyances s'avèrent erronées — c'est-à-dire qu'il n'y a pas de Dieu, pas de vie future ni de justice cosmique — *nous aurons vécu une meilleure vie pour avoir cru et agi comme s'il y en avait.* Accrochons-nous à ces croyances qui fonctionnent pour notre bien-être suprême, tout en nous permettant de grandir et de nous épanouir.

Puisque nous avons le choix, pourquoi le gaspiller à nous inquiéter du passé et de l'avenir? Pourquoi gaspiller notre temps et notre énergie à souhaiter que les choses que nous ne pouvons pas changer soient différentes? Pourquoi ne pas tenir compte de toutes les chances que nous avons de changer les choses que nous pouvons changer? Allez de l'avant — osez être optimiste. Osez être véritablement heureux. Qu'avez-vous à perdre? Être une Pollyanna ne peut absolument pas être pire qu'être un Harpagon. Essayez-le et voyez ce qui se passe.

Exercice un

Les slogans. Choisissez un slogan qui vous semble avoir un bon effet pour vous, sur lequel vous avez envie de travailler. Faites-en votre thème pour une semaine. Écrivez-le sur des cartons que vous placerez dans vos poches, dans votre sac à main, dans vos tiroirs, sur vos miroirs, dans votre voiture et à tout autre endroit où ils seront à la vue pour toute la semaine. Commencez chaque matin par répéter le slogan en prenant votre douche, en vous rasant ou en vous habillant. Prenez un moment pour répéter le slogan quelques fois pendant la journée. Avant de vous endormir, répétez-le à nouveau dans votre esprit.

Exercice deux

Protégez votre esprit. Portez attention à tout ce que vous laissez entrer dans votre esprit — télévision, radio, documents à lire, autres personnes et toute autre source d'information qui vous bombarde chaque jour. Lesquels pouvez-vous éviter? Lesquels ont un effet positif sur votre perspective, vos sentiments, vos attitudes et votre bonheur? Comment pouvez-vous en réduire les effets négatifs et en augmenter les effets positifs?

Exercice trois

La nourriture de l'âme. Pensez à toutes les façons dont vous nourrissez votre *soi* spirituel suprême. Par combien d'autres moyens pouvez-vous contribuer positivement au soin de vous-même sur les plans mental, physique, émotif et spirituel? Quels choix pouvez-vous faire pour vous aider à sortir de votre mauvaise humeur? Quels genres de cadeaux pouvez-vous vous faire en tout temps?

ÉPILOGUE

L'équanimité

La croissance est toujours un processus graduel,
un pont qu'on traverse lentement, sans tourner
les coins de façon abrupte.

— John Powell

Nous parlons souvent des expériences spirituelles ou des tournants décisifs comme des «renaissances» ou des «nouveaux départs», mais nous les considérons réellement comme des progressions. Nous pensons *Ouf!* *Dieu merci, cette partie de ma vie est chose du passé!* Nous oublions que renaissance veut dire une nouvelle enfance, de nouvelles leçons à apprendre et une croissance à vivre. La vie n'est jamais exempte de défis, de difficultés ou de souffrance. Mais nous pouvons modifier nos réactions à ces réalités de la vie et c'est en cela que se trouve notre maturité spirituelle ou équanimité.

Les gens disent qu'ils se sentent «plus intelligents», «plus conscients» et «plus disposés à accepter» à mesure qu'ils évoluent sur le plan spirituel. Ils sont toujours confrontés aux mêmes problèmes, mais ils «perçoivent les choses différemment». William James dresse ainsi la liste des effets des expériences spirituelles:

- une croyance et une confiance fermes en une Puissance supérieure
- un sentiment de liberté
- un déplacement de l'énergie vers l'amour des autres
- la patience, la tolérance et la douceur
- l'abandon des craintes et des anxiétés
- la tranquillité, quoi qu'il arrive
- vivre dans le moment présent
- la constance morale; un comportement reflétant des idéaux supérieurs
- l'acceptation de l'imperfection
- la simplicité
- l'optimisme
- le détachement; la perte des dépendances.

Ce sont là les résultats, les récompenses et les preuves de notre rapprochement avec notre être spirituel. Ils ne se produisent pas du jour au lendemain, et ils ne signifient pas que nous ne ferons plus jamais de choix. Mais choisir de voir avec les yeux de notre *esprit* aimant plutôt qu'avec ceux de notre *ego* craintif n'est pas un sacrifice — c'est une libération. Une libération de la prison que nous nous imposons, faite de peur, de doute, de colère, d'inquiétude et de chagrin, est sa propre récompense.

Lorsque nous apprenons à nous accorder cette liberté, nous devenons capables d'aider les autres. Il n'y a aucune scission entre faire du bien aux autres et nous faire du bien à nous-mêmes. Si nous faisons réellement ce qui est bon pour les autres, de bons effets rejailliront sur nous; si nous faisons réellement ce qui est bon pour nous, d'autres en bénéficieront. Notre paix individuelle et notre sérénité ne sauveront peut-être pas le monde, mais elles ne peuvent pas nuire. Une personne de plus se promenant avec une attitude aimante ne peut que rendre le monde meilleur.

L'équanimité vit à l'intérieur de chacun de nous en ce moment même. Elle attend doucement et paisiblement tandis que nous traversons notre vie conditionnelle comme des somnambules. Éveillons-nous à notre potentiel pour le bien. Regardons vers l'intérieur et voyons-nous réellement. Regardons vers l'extérieur et voyons réellement le monde autour de nous. Éveillons-nous à l'incomparable joie de vivre inconditionnellement.

Bibliographie
et lectures suggérées

ALLEN, James. *As A Man Thinketh*. New York: Putnam, 1959.

BEATTIE, Melody. *Beyond Codependency: And Getting Better All the Time*; traduit en français sous le titre *Au-delà de la codépendance: Comment se refaire une vie nouvelle et riche*. Montréal: Éditions Sciences et Culture, 1995.

BUSCAGLIA, Leo. *Bus 9 to Paradise*. New York: Ballentine, 1987.

CAMPBELL, Joseph, en collaboration avec Bill Moyers. *The Power of Myth*. New York: Doubleday, 1988.

CLEVELAND, Martha. *The Twelve Step Response to Chronic Illness and Disability*. Center City (Mn.): Hazelden Educational Materials, 1988.

COLLINS, Vincent P. *Acceptance*. St. Meinrad (In.): Abbey Press, 1960.

Foundation for Inner Peace. *A Course in Miracles*. Tiburon (Ca.): Foundation for Inner Peace, 1976.

HIRSHFIELD, Gerald. *My Ego, My Higher Power, and I*. Van Nuys (Ca.): HI Productions, 1985.

JAMES, William. *The Varieties of Religious Experience*. New York: Penguin Classics, 1982.

JAMPOLSKY, Gerald. *Goodbye to Guilt*. New York: Bantam Books, 1985.

JAMPOLSKY, Gerald. *Out of Darkness Into the Light: A Journey of Inner Healing*. New York: Bantam Books, 1989.

JORDAN, William George. *The Majesty of Calmness*. Center City (Mn.): Hazelden Educational Materials, 1980.

KUSHNER, Harold. *When All You've Ever Wanted Isn't Enough*. New York: Pocket Books, 1986.

KUSHNER, Harold. *When Bad Things Happen to Good People*. New York: Schocken Books, 1981.

MURPHY, Joseph. *The Power of Your Subconscious Mind*. New York: Bantam Books, 1982.

PEARSALL, Paul. *Superimmunity*. New York: McGraw-Hill, 1987.

PEARSALL, Paul. *Super Joy*. New York: Doubleday, 1988.

PECK, M. Scott. *The Road Less Traveled: A New Psychology of Love, Traditional Values, and Spiritual Growth*. New York: Touchstone, 1978; traduit en français sous le titre *Le chemin le moins fréquenté: Apprendre à vivre avec la vie*. Paris: Robert Laffont, 1987.

PHILLIPS, J. B. *Your God Is Too Small*. New York: Macmillan, 1961.

PITZELE, Sefra Kobrin. *We Are Not Alone: Learning to Live with Chronic Illness*. New York: Workman Press, 1986.

POWELL, John. *Happiness Is an Inside Job*. Valencia (Ca.): Tabor Publishing, 1989.

PRATHER, Hugh. *Notes on How to Live in the World... and Still Be Happy*. New York: Doubleday, 1986.

PRATHER, Hugh. *The Quiet Answer*. New York: Doubleday, 1982.

RADNER, Gilda. *It's Always Something*. New York: Simon & Schuster, 1989.

RUSSELL, A. J., ed. *God Calling*. New York: Jove Books, 1978.

SCHWARTZ, Lynn Sharon. *Disturbances in the Field*. New York: Harper & Row, 1983.

SIEGEL, Bernie. *Peace, Love, & Healing*. New York: Harper & Row, 1989.

STEARNS, Ann Kaiser. *Coming Back: Rebuilding Lives After Crisis and Loss*. New York: Ballentine, 1988.

STEARNS, Ann Kaiser. *Living Through Personal Crisis*. New York: Ballentine, 1985.

SAVOIR LÂCHER PRISE

« Un livre unique » *de méditations quotidiennes*

L'auteure revient aux éléments essentiels du cheminement pour vaincre la codépendance – nous permettre de ressentir toutes nos émotions, accepter notre impuissance et nous approprier notre pouvoir. Dans *Savoir lâcher prise*, Melody Beattie met l'accent sur la nécessité de porter toute notre attention sur les principes de la recouvrance.

Un livre de méditations pour vous aider à prendre un moment chaque jour pour vous rappeler ce que vous savez tous: chaque jour nous apporte une possibilité de grandir et de se renouveler.

L'auteure nous rappelle que les problèmes sont faits pour être résolus et que la meilleure chose que nous pouvons faire est d'assumer la responsabilité de notre souffrance et de notre préoccupation de soi.

AUTEUR: MELODY BEATTIE
COLLECTION HAZELDEN/MÉDITATION
FORMAT 14 X 21,5 CM, 416 PAGES
ISBN 2-89092-195-6

VAINCRE LA CODÉPENDANCE

Ce livre vous rend la liberté

Le classique incontestable des livres de croissance personnelle. Comment cesser de voler au secours des autres en leur sacrifiant votre propre épanouissement. Un outil indispensable pour acquérir une compréhension de la codépendance, pour changer notre comportement et pour avoir une attitude nouvelle envers soi-même et envers les autres.

L'édition originale, *Codependent No More*, a été inscrite sur la liste des best-sellers de Publishers Weekly durant plus de 24 mois et sur la liste des best-sellers du New York Times durant plus de 4 ans.

PLUS DE 3 MILLIONS D'EXEMPLAIRES VENDUS EN 7 LANGUES

AUTEUR: MELODY BEATTIE
COLLECTION HAZELDEN/CHEMINEMENT
FORMAT 14 X 21,5 CM, 312 PAGES
ISBN 2-89092-115-8

AU-DELÀ DE LA CODÉPENDANCE

Comment se refaire une vie nouvelle et riche

L'histoire incroyable de Melody Beattie et de son propre cheminement pour se bâtir une vie nouvelle.

Dans son premier best-seller *Vaincre la codépendance*, l'auteure a présenté les modèles de comportement autodestructeurs de la codépendance et a esquissé les principes de la préoccupation de soi. Ici, elle pousse au-delà de la compréhension pour explorer la dynamique d'un rétablissement sain, le rôle que joue le recyclage comme rouage normal de la recouvrance, l'importance des affirmations positives pour contrer les messages négatifs, et beaucoup plus encore.

Cet ouvrage est offert à tous ceux qui ont fait quelques pas dans leur cheminement pour vaincre la codépendance, à ceux qui ne veulent pas seulement survivre, à ceux chez qui la douleur a cessé et qui commencent à avoir le sentiment qu'ils ont une vie à vivre.

AUTEUR: MELODY BEATTIE
COLLECTION HAZELDEN/CHEMINEMENT
FORMAT 14 X 21,5 CM, 328 PAGES
ISBN 2-89092-161-1

TIRER PROFIT DE SON PASSÉ FAMILIAL

Croissance personnelle pour l'adulte qui a vécu dans une famille alcoolique ou dysfonctionnelle

Pourquoi je me sens ainsi? Pourquoi cela m'arrive toujours à moi? Ce que je répète, je le deviens. Si je ne change pas, rien ne change. Maintenant, qu'est-ce que vous allez faire? Mes modèles de comportements prédominants et mon profil personnel.

«Si nous ne faisons pas le travail sur notre famille d'origine et n'arrivons pas à découvrir les modèles de comportements et d'habitudes encore actifs dans nos vies, nous demeurerons figés à jamais dans la source de notre souffrance. Ainsi, à l'opposé de retourner dans le passé pour y rester accroché, la raison de ce retour en arrière est précisément d'arriver à se distancer de son passé et à l'utiliser comme levier pour aller plus loin. Notre but est d'identifier et de comprendre afin d'acquérir la capacité de laisser aller le passé, de cesser de le reproduire.»

Earnie Larsen

Ce que tu fuis... te suit.
Ce à quoi tu fais face... s'efface.

AUTEUR: EARNIE LARSEN
FORMAT 15 X 23 CM, 160 PAGES
ISBN 2-89092-219-7

BOUILLON DE POULET POUR L'ÂME DE LA FEMME

Des histoires
qui réchauffent le cœur
et remontent le moral
de la femme

Ces magnifiques histoires honorent la force et révèlent la beauté de l'esprit des femmes.

Vous trouverez inspiration, joie et réconfort dans les messages particuliers aux chapitres sur : l'amour, vivre vos rêves, savoir vaincre les obstacles, le mariage, la maternité, le vieillissement, l'action d'engendrer, l'attitude, l'estime de soi et la sagesse. Peu importe que vous soyez une femme de carrière ou une maman à la maison, une adolescente ou une aînée, une jeune femme débutante ou une femme du monde, ce merveilleux livre sera un compagnon précieux pour des années à venir.

AUTEURS : MARK VICTOR HANSEN, JACK CANFIELD,
JENNIFER READ HAWTHORNE ET MARCI SHIMOFF
FORMAT 15 X 23 CM, 288 PAGES
ISBN 2-89092-218-9

imprimerie gagné ltée